2018 年度全国教育科学规划国家一般课题
"教育现代化进程中学校变革的伦理追求与实践路径"（BEA180113）
研究成果

学校变革与教师教育
创新研究丛书

平等且卓越
中国基础教育改革与学校变革研究

程红艳 ◎ 著

华中科技大学出版社
http://press.hust.edu.cn
中国·武汉

图书在版编目(CIP)数据

平等且卓越:中国基础教育改革与学校变革研究/程红艳著.—武汉:华中科技大学出版社,2024.1

(学校变革与教师教育创新研究丛书)

ISBN 978-7-5772-0504-5

Ⅰ.①平… Ⅱ.①程… Ⅲ.①基础教育—教育改革—研究—中国 ②学前教育—教育改革—研究—中国 Ⅳ.①G639.21

中国国家版本馆CIP数据核字(2024)第007532号

平等且卓越:中国基础教育改革与学校变革研究　　　　　　　　　　程红艳　著
Pingdeng qie Zhuoyue:Zhongguo Jichu Jiaoyu Gaige yu Xuexiao Biange Yanjiu

策划编辑:	周晓方　张馨芳
责任编辑:	林珍珍
封面设计:	孙雅丽
责任校对:	张汇娟
责任监印:	周治超
出版发行:	华中科技大学出版社(中国·武汉)　　电话:(027)81321913
	武汉市东湖新技术开发区华工科技园　　邮编:430223
录　　排:	孙雅丽
印　　刷:	湖北金港彩印有限公司
开　　本:	710mm×1000mm　1/16
印　　张:	19.5　插页:2
字　　数:	437千字
版　　次:	2024年1月第1版第1次印刷
定　　价:	98.00元

本书若有印装质量问题,请向出版社营销中心调换
全国免费服务热线:400-6679-118　竭诚为您服务
版权所有　侵权必究

序 / 打好基础教育的『基础』

在机器越来越像人的时代，人的独特性在哪里？人意味着什么？教育意味着什么？我们的基础教育要培养的人应该是什么样的？研究中国基础教育改革与学校变革，离不开对人的研究。人是教育最重要的出发点。

当前中小学生身体素质下降，睡眠不足，焦虑、抑郁、自我伤害时有发生。高强度、高竞争的学校教育使得很多学生无法体会到学习的乐趣。学习本是人的天性，然而学业竞争制造了大量学校生活的"失败者"，他们无法找到自身的价值和意义。这不是基础教育者想要看到的。

"基础教育"中"基础"的重要性毋庸置疑。一种比较普遍的观点是，基础教育的"基础"首先指的就是"基础教育要为学生的未来发展或终身发展打基础"[1]。问题是，基础教育的"基础"指的是什么？究竟什么才是学生未来发展或终身发展的基础？当今社会依然有很多人认为，在所有的学习内容中，最重要的是基础知识。我们也常说"知识就是力量"。但实际上，知识和力量之间不是一个充要条件的假言判断，它只是一个必要条件的假言判断。也就是说，没有知识就没有力量，但是有了知识不一定就有力

---

[1] 石中英.穿越教育概念的丛林[M].北京：教育科学出版社，2019：22.

量。①知识不等于智慧，学习不仅是为了掌握知识。爱因斯坦说过，想象力比知识更重要；教育不仅是让人获得知识，还要训练大脑会思考。显然，基础教育的"基础"仅指"基础知识"的学习是远远不够的。教育强国不是考试强国。

有关基础教育中"基础"的第二种理解是"基础教育要为高等教育打基础"②。诚然，基础教育的任务之一确实是为高等教育输送人才。但这种观点似乎是说把学生送入大学，基础教育的任务也就完成了。由于缺少基础教育和高等教育的一体化设计，考上大学的孩子有相当一部分缺少求知动力、社会责任感和健全人格，他们除了迫于压力的"内卷"，只剩"躺平"。然而更不要忘了那些考不上大学的孩子，那些早早地感受到自己是"被忽视的""被淘汰的""被抛弃的""剩下的""无望的""不被期待"③的人。基础教育的"基础"不仅有"升学预备"，还有不可忽视的"就业预备"。对于这些考不上大学需要就业的孩子，我们的基础教育有义务为其打好人生的底色，让他们进入社会之后，依然能有学习的动力、自信，怀有对未来的美好憧憬，能够有尊严、有意义地生活、工作。

基础教育还要打好人一生的情感基础。恶性竞争可能导致情感淡漠。基础教育应通过学校改革，与家庭和社会协同，培养学生与他人建立起广泛的情感联结。教育是使人向善的活动，学做人是教育的目标，所以我们要在天、地、人、工具或者天、地、人、我、物的大背景下重新思考我们的教育。④作为成人，我们要蹲下来，看见儿童、倾听儿童、研究儿童、理解儿童，尊重儿童成长发展的内在规律，呵护儿童的想象力、好奇心和创造力，让基础教育阶段的儿童感到被爱，真正得到心灵、情感的滋养。

基础教育的"基础"绝不只是（甚至主要不是）知识的记忆，不是解题的技巧，不是考试的分数、竞赛的奖牌，而是在充满自由、尊重、宽容的环

---

① 引自孙正聿教授2023年11月25日在东北师大附小第八届"率性教育与儿童哲学"学术论坛发言。

② 石中英.穿越教育概念的丛林[M].北京：教育科学出版社，2019：23.

③ 林小英.县中的孩子：中国县域教育生态[M].上海：上海人民出版社，2023：1.

④ 于伟.从书斋走向田野：率性教育行思录[M].北京：北京师范大学出版社，2022：8-9.

境中，孩子所保持和发展的个性、天性、好奇心、探求欲，以及独立的思考力、自主的研究力和蓬勃的创造力；当然，还有玩的智慧、爱的品质、契约精神和强健的体魄……这些才是所谓"基础教育"的含义。[①]换句话说，这一切才是我们所要给孩子打下的坚实基础。

教育公平不是给有差异的学生一模一样的教育，做教育不能"一刀切"。遵循儿童的身心发展规律特点、尊重其差异、释放其潜能，给有差异的学生提供与其能力相当的教育，是高水平的教育公平。教育公平就是结合中国传统文化精髓之一的"中和位育、安所遂生"理念，让每一个孩子都能找到他在这个社会中的位置，并且拥有积极向上的努力空间；让每一所（不管是城市还是乡村的）学校都能扎根在其特有的天地系统中，以自信、昂扬的姿态生长。接受基础教育的孩子，他们的人生才刚刚开始，他们的人生有无尽的可能。人生最重要的就是可能性。我觉得这是我们作为教育人的愿景和期待。

世界百年未有之大变局加速演进，世界之变、时代之变、历史之变正以前所未有的方式展开。我们在看待中国教育的时候，要有国际视野，也要有历史视野。在推进中国式现代化的背景下，中国基础教育改革与学校变革在曲折中前进。

程红艳教授以基础教育改革与学校变革问题为切入点，带着对中国基础教育发自内心的责任感与使命感，基于扎实的田野研究，将理论与实践相结合。程教授针对攻坚期基础教育"改革阻滞"，系统地思考与回答基础教育改革与学校变革之路该如何走的问题。普惠还是精英？平等还是卓越？程教授着眼于从顶层制度设计来平衡这些矛盾，她提出了基础教育努力的目标：平等且卓越。要追求公平而有质量的教育，教育平等与教育卓越的组合设计是高质量教育体系的关键，也是教育系统提升人才培养效率和进行因材施教的关键。《平等且卓越：中国基础教育改革与学校变革研究》是一部具有较强实践指导意义的作品，在帮助基础教育同仁理解教育改革与学校变革理论的同时，也为教育改革与学校变革实践提供了丰富的解决思路和实践案例。

---

① 李镇西.基础教育的"基础"究竟是什么？[EB/OL].(2023-10-25)[2023-12-01].https://mp.weixin.qq.com/s/B9a7Ogee9OX35WwsoJL7Qg.

本书从教育现代化的高站位出发，聚焦基础教育的核心问题，兼顾公平与质量的价值追求，从教育改革与学校变革入手，力图构建平等且卓越的基础教育体系，探索现代化的人才培养模式，围绕人的成长发展规律来设计教育制度、配给教育资源。教育分流制度是保障平等受教育权和培养卓越人才两种诉求博弈的结果。我国的教育分流作为一项基础性的教育制度，应兼顾平等与卓越，致力于保障教育权利平等和机会均等，应促进人的自我实现，应重视提高培养人才的社会效率。本书提出了较为温和的中高考制度的协同变革，不失为一种借鉴。

本书做到了理论和实践相结合：这一方面体现在理论运用和资料收集，另一方面体现在"U-G-S-S"学校变革模式的创新。本书理论视野宽阔，创造性地运用了吉登斯的结构化理论、能力平等理论等，纵览各国的改革经验，与我国对比，提供借鉴。在教育改革中教师的变革能动性、区域应试教育的治理逻辑两章中，程教授深入改革一线，选用质性研究方法收集田野资料、个案研究，获得大量的一手资料。华中师范大学道德教育研究所发展出"U-G-S-S"学校变革模式，不仅关注优质学校，还关注薄弱学校，实现了理论与实践的深度融合。优质学校帮扶薄弱学校，优质学校教师又是理论与实践之间绝好的"转译者"，他们的实践能够促进大学研究者反思、修正与丰富自己的理论。华中师范大学道德教育研究所与玉泉小学及其结盟农村学校闵集乡中心小学的合作当属"U-G-S-S"模式的实践形态。"U-G-S-S"模式是一条可以促进学校共同发展、推进城乡义务教育均衡发展的可行路径，是在国内"U-G-S"和"G-S-S"的改革经验上的进一步创新。

我自2014年来到东北师范大学附属小学工作。来这里之前，儿童于我而言只是一个抽象的符号。时至今日，即便在这里工作了9年，即便我可以举出很多生动的例子描述儿童，我依然感觉对儿童的认识和了解十分有限。每一个儿童都是一个鲜活的生命，他们的身后都承载着一个个家庭的期待。看着这些儿童，我仿佛看到了国家的未来、民族的希望。我提出了率性教育这一办学理念：保护天性，尊重个性，培养社会性。率性教育也是成人的教育，是指向立德树人的。率性教育的愿景便是将儿童从狭隘的功利主义和成人本位的立场中解放出来，让学校变成学生的"慢步调自由空间"、儿童兴趣发展的"沃土"、可以体验探究的"智慧之家"和促进儿童想象力与创造力发展的"梦工厂"。①

我想，基础教育改革与学校变革的目标之一，就是让学校成为孩子们喜欢去的地方，甚至成为孩子的乐园。学校变革要深入课堂，让孩子们愿意上学，愿意上课，喜欢学校，在学校能快乐一些、自由一些，能对未来的生活充满向往，生活得更有意义。

基础教育搞得越扎实，教育强国步伐就越稳、后劲就越足。诚如保罗·朗格朗在《终身教育引论》中所言："在维持和保证社会运转的机构当中，最难以改变的当属学校。"布迪厄提出，实践具有紧迫性。当前，中国社会改革正向深水区迈进，在建构高质量教育体系的背景下，思考未来社会对于人才的需要，并按照人的成长规律来设计教育系统。中国教育现代化要扎根于中国优秀的教育传统，从基础教育阶段就开始培养富有自由精神和创造能力的中国人。

面向未来，中国基础教育改革与学校变革道阻且长，但一直在路上！从现在起，每一位教育者都应播下一粒改变的种子，并用心浇灌它，打好基础教育的"基础"，加快扭转教育功利化倾向，如此中国基础教育自会发芽，自会茁壮成长。

（东北师范大学附属小学校长）

2023 年 12 月

---

① 于伟."率性教育"：建构与探索[J].教育研究,2017,38(5)：23-32.

目 录

导论 /1

教育改革与发展理念篇

- 第一章　公平与质量：中国教育的价值追求 /9
  - 一、本体性价值 /10
  - 二、构造性价值 /16
  - 三、活动性价值 /21
  - 四、诸价值之关系审视 /27
- 第二章　平等且卓越：中国基础教育体系的理想构建 /32
  - 一、中国教育体系反思 /33
  - 二、平等且卓越：基础教育的理想价值 /40

基础教育改革现实篇

- 第三章　攻坚期基础教育改革阻滞与突围 /51
  - 一、攻坚期基础教育改革阻滞表征 /52
  - 二、基础教育改革阻滞的原因剖析 /55
  - 三、攻坚期基础教育改革阻滞的突围之道 /64

第四章　对我国教育分流制度的审视与反思　/ 70
　　一、比较视野中的教育分流制度　/ 72
　　二、我国教育分流制度的特点　/ 76
　　三、我国教育分流制度的问题审视　/ 78
　　四、重建我国教育分流制度的路径探析　/ 82

第五章　区域应试教育的治理逻辑　/ 87
　　一、研究背景　/ 88
　　二、A区教育现状概览　/ 90
　　三、区域应试教育的治理机制　/ 94
　　四、区域强弱学校个案白描　/ 102
　　五、研究结论与建议　/ 109

第六章　教育改革中教师的变革能动性　/ 114
　　一、研究背景　/ 115
　　二、理论视角与研究设计　/ 116
　　三、教师在教育改革中的角色类型分析　/ 120
　　四、教师成为变革能动者的制约因素　/ 123
　　五、教师成为变革能动者的因素分析　/ 128
　　六、研究结论　/ 133

中小学学校变革与改进篇

第七章　创新型学校研究　/ 137
　　一、学校变革研究综述　/ 138
　　二、中国创新型学校个案　/ 146
　　三、创新型学校成功的关键　/ 166

第八章　创新型小微学校研究　/ 171
　　一、创新型小微学校的内涵及发展背景　/ 171
　　二、创新型小微学校的特点　/ 173

三、创新型小微学校的价值反思　　/ 179
四、对创新型小微学校发展的建议　　/ 182

- **第九章　"U-S"式学校变革模式研究**　　/ 185
  - 一、"U-S"式学校变革的意义与价值　　/ 185
  - 二、阻碍"U-S"式学校变革成功的因素　　/ 187
  - 三、成功的"U-S"式学校变革应具备的条件　　/ 192

- **第十章　"U-G-S-S"学校变革模式研究**　　/ 200
  - 一、"U-G-S"模式的作用及局限　　/ 200
  - 二、"U-G-S-S"模式的特征　　/ 202
  - 三、"U-G-S-S"模式的具体实施　　/ 203
  - 四、"U-G-S-S"模式的成效　　/ 205
  - 五、"U-G-S-S"模式成功的要素　　/ 206

教育改革前瞻篇

- **第十一章　中国教育现代化的文化选择**　　/ 211
  - 一、教育现代化的理论困境　　/ 211
  - 二、教育中国化的实践尝试　　/ 214
  - 三、教育中国化的风险　　/ 218
  - 四、教育现代化与中国化关系之再审视　　/ 221
  - 五、教育中国化与现代化的深度融合　　/ 224

- **第十二章　信任、合作与参与：教育改革的社会基础**　　/ 227
  - 一、教育嵌套于社会之中　　/ 228
  - 二、社会信任：教育改革的社会心理基础　　/ 232
  - 三、社会合作：教育改革的多维动力机制　　/ 236
  - 四、社会参与：教育改革的制度革新机制　　/ 241
  - 五、夯实教育改革的社会基础　　/ 243

- 第十三章 考试评价改革的制度创新 /246
  - 一、中考与高考制度应协同变革 /246
  - 二、能力平等视域下教育质量公平的意蕴 /262
  - 三、能力平等视域下教育质量公平的分配原则 /273
  - 四、能力平等视域下教育质量公平的制度保障 /277

- 第十四章 中国教育现代化进程中人的精神重建 /281
  - 一、精神的内涵 /282
  - 二、精神教育的特点 /285
  - 三、精神教育的价值 /288
  - 四、精神教育的条件 /292
  - 五、精神教育的方法 /295

参考文献 /300

导论

19世纪以来，伴随着资本主义的扩张，现代化浪潮逐渐席卷全球，并呈浩浩荡荡发展之势。世界各国，顺之则昌，逆之则衰。一般认为，现代化涉及政治、经济、社会、文化四种历史进程之间的多元互动与动态生成的关系。现代化在政治方面体现为世俗政治权力的确立和合法化、现代民族国家的建立；在经济方面体现为市场经济的形成和工业化过程；在社会方面体现为传统社会秩序的衰落和个人自由的崛起；在文化方面体现为宗教的衰微与世俗文化的兴起。这些进程深刻地反映了现代社会的形成并非单一的过程，而是充满了矛盾和对抗。[①]

中国教育现代化滥觞于19世纪60年代，是在不断借鉴和移植西方教育体系的过程中形成的，其始于直接引进原版教科书、外教师资、科技课程，继而逐渐系统地引入了一套教学组织形式、教育管理制度及学位制度。[②]1922年，中华民国政府颁布的"壬戌学制"标志着中国新式教育制度体系逐渐建立和完善。迄今为止，中国教育现代化已经走过了160余年的发展历程，形成了世界上规模最大的教育体系。义务教育普及化、高等教育大众化，中国人力资本水平得以大幅

---

① [英]戴维·弗里斯比.现代性的碎片[M].卢晖临，周怡，李林艳，译.北京：商务印书馆，2003：7.
② 程红艳，周金山.传统文化复兴与教育中国化的探索[J].教育科学研究，2018(3)：76-81.

提升，教育制度体系逐步完善和优化，教育系统各领域、各层次、各要素之间的结构关系从无序走向有序、从集中走向分权、从规制走向赋能、从管理走向治理，基本形成了以政府办学为主体、全社会积极参与、公办民办学校共同发展的办学体制。[①]但是，教育现代化的任务尚未完成，仍然是中国教育孜孜以求的目标。《中国教育现代化2035》提出：到2035年，总体实现教育现代化，迈入教育强国行列。今天，中国教育现代化还有哪些任务没有完成呢？还留下了哪些矛盾没有解决？未来中国教育现代化的道路要通向何方？如何走？本书试图在推进中国式现代化教育的背景下，以研究学校变革问题为切入点，系统地思考与回答这些问题。

在笔者看来，中国教育现代化的核心任务即人才培养模式的现代化还没有很好地完成。从教育系统来看，中国教育还是一种粗放的、流水线式、工业化培养模式，还没有按照人的成长规律来设计教育系统；从教育系统与社会发展关系来看，中国教育滞后于社会转型与经济发展，还未能很好地为社会经济发展培养一流创新型优秀人才和高素质的劳动者，也还没有做好应对知识经济和人工智能迅猛发展的时代挑战的准备。因此，教育现代化的核心任务是继续探索人才培养模式的现代化，实现围绕人的成长发展规律来设计教育制度和配给教育资源的目标。这一目标的实现至少有三个从微观到宏观的具体表征。

从微观层面来看，课堂教学模式发生了变化，学生学习实践和学习体验发生了根本性变化，被动性学习变成了探索性、交互性、多渠道学习方式，学生看到了知识在现实世界中解决问题的效用以及知识与现实世界的联系，体会到了学习未知事物的快乐。

从中观层面来看，教育分流制度、学校评价制度、绩效考核制度、考试评价制度等支持人才培养和选拔的高利害性核心制度具有灵活性和弹性，能够兼顾平等与效率的双重诉求，并能够以人为本，按照人发展的多样性和差异性来设计，学校教育机构生机勃勃，真正变成"以学习为中心"的学习性组织，教育各有特色、百花齐放。

从宏观层面来看，教育系统的公平和质量均得到大幅提升，建成了平等且卓越的教育体系——教育城乡差距和校际差距缩小，教育权利平等和教育机会

---

① 范国睿.教育变革的制度逻辑[J].探索与争鸣，2018(8)：19-21.

均等得到切实保障；教育系统适应社会发展和经济转型升级发展的需要，培养人才的质量不断提升，既培养了具备国际竞争力的创新型高科技人才，又源源不断地为经济发展提供了数以亿计的高素质劳动者；社会大众的教育获得感和体验感不断提升，实现了"办好人民满意的教育"的目标。

整体上看，教育体系增强了对外部社会的适应性及其内部的灵活性与开放性，让人人接受适合的有选择的教育。①这便是当前中国教育现代化要达成的目标。

虽然中国教育一直朝着这个目标在努力，但目前距离这一目标尚有一定的距离。一系列教育现代化的要素已经具备，然而整合这些要素的有效机制还未形成，因此综合教育改革还需要持续推进，对于当前教育改革和学校变革还需要进行系统性的审视与反思。本书围绕教育现代化这一背景，在教育公平与教育质量的双重价值指导下，从教育改革与学校变革这一视角出发，分为教育改革与发展理念篇、基础教育改革现实篇、中小学学校变革与改进篇与教育改革前瞻篇。

第一，教育改革与发展理念篇。本篇主要论述了教育改革与发展中的三大价值，即本体性价值（个人自由、社会和谐）、构造性价值（教育公平）和活动性价值（教育质量）三者之间的关系，认为三者的价值冲突主要体现在平等与效率、精英教育与全民教育的关系之中。本书反对仅从工具理性的效率观出发去看教育质量，认为教育质量观应受本体性价值和构造性价值的指引，换言之，教育质量观应是融合了多种视角的多元质量观。当前中国教育面临系统、组织、主体和社会协同等方面的困境，在上述三种价值视角的引导下，我们可以发现当前中国基础教育的核心矛盾在于无法达成平等与卓越的平衡，或者说无法实现全民教育和精英教育之间的平衡。因此，改革基础教育的首要目标是在价值理想上追求平等且卓越的教育。

第二，基础教育改革现实篇。本篇主要指出，当前教育改革进入攻坚期，各项改革虽取得局部进展，但整体上教育质量与公平仍面临挑战，应试教育方式方法也没有得到根本改变。第三章对于我国当前基础教育改革的现状进行了反思，认为当前我国基础教育陷入"改革阻滞"状态。第四章对构成我国基础

---

① 范国睿.学校的转型性变革：回归育人本质[J].教育现代化，2014(1)：13-16.

教育结构的核心制度——教育分流制度进行了审视，认为当前高竞争的硬性教育分流制度与多元化的人才培养方式尚不协调。第五章对我国区域教育治理体系进行了个案研究，认为区域教育的封闭结构、同质化赛道、压力传导机制对于应试教育的维系和持续推进负有不可推卸的责任。第六章进一步思考教师在教育变革中的作用。虽然教育结构对于教师的变革能动性有很强的约束作用，但借用吉登斯的结构二重性理论，研究者也发现，在变革资源比较丰富的学校，少数教师可以局部突破教育结构束缚，成为教育改革的能动者。

第三，中小学学校变革与改进篇。本篇对于中国中小学学校变革的经验进行了较为充分的回顾与总结，并结合研究者实际参与学校变革的经验提出了学校改进的新模式。第七章对于中国当前中小学学校变革的新形态——创新型学校进行了个案研究，并指出创新型学校的成功是较为开放的学校环境、较为人本的精神文化（包括尊重儿童的教育价值立场和倡导教师创新的自由探索精神）、较为宽松的弹性制度等各方面协同变革的结果。第八章对近些年出现的创新幅度大、学校规模小的创新型小微学校进行了研究，并倡导教育政策给这些学校更多的生长空间。第九章对于"U-S"（大学与中小学合作）式学校变革模式进行了研究，并提出了优化该模式的具体建议。第十章认为"U-G-S-S"四方合作模式是对"U-S"模式的升级，能够克服"U-S"模式的弱点，实现知识信息分享的多元化和理论与实践的有机结合，对于城乡学校一体化变革更为有利。

第四，教育改革前瞻篇。本篇对于人才培养模式现代化的路径进行了前瞻性的理论建构和路径畅想，指出人才培养模式现代化包括四大支持性关键要素（见图0-1）：文化价值系统、体制结构系统、教育治理系统和个体人格系统。要实现人才培养模式的现代化转型，学校教育必须在这四个系统中实现整体转型或飞跃式发展。其一，在文化价值系统方面，首先需要在文化传承的基础上处理好教育的民族性和世界性的关系，即教育的中国化与西方化的关系。本书在第十一章探讨了这个问题，认为现代化不是西方化，而应该实现现代化与中国化的有机结合，以中国精神文化为本，在课程建构上融贯中西文化之长。其二，在体制结构系统方面，要打破教育结构的封闭性和功能的单一性，使得教育系统具有多样性、融通性和灵活性，能够有效地满足人们终身学习和终身发展的需求，满足社会对于多样化的人才的需求。而教育结构的开放性，只靠教育系统自身的转型是不可能实现的，必须强调社会参与，改变政府、社会与学校三者传统的关系模式，形成教育与社会同频共振的发展模式。本书在第十二章探讨了教育改革的社会基础问题，提出教育改革嵌套于社会之中，社会信任、社会合作与社会参与是教育改革的社会基础。其三，在教育治理系统方面，治理的关键在于制度现代化。教育制度设计必须更具弹性与适应性。本书第十三章探讨了考试评价改革的制度创新问题，提出要优化教育分流制度，改进教育考试与评价制度，中考制度与高考制度应该协同变革、系统设计。教育评价制度应重视教育质量公平，基于能力平等视角建构多层级教育质量公平监测制度和问责制度，改变政府的注意焦点，使其从只重视优秀率到注重缩小学生之间的能力差距，确保弱势学生群体能力达到门槛标准。其四，在个体人格系统方面，教育改革要留出人重建生命意义的自由空间，使得师生可以寻找安顿心灵的精神家园。本书第十四章探讨了与精神教育相关的问题，将精神教育看作狭隘功利主义教育的"解毒剂"。

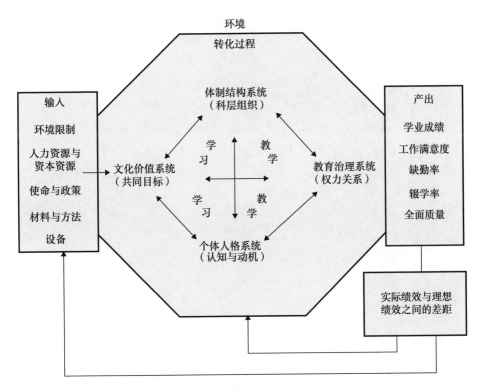

图0-1 学校教育-社会系统模型

叶澜教授曾用四个短语形容当前中国基础教育改革与发展的现状——"成绩斐然""过程艰难""问题丛生""任重道远"。①科技的更新迭代、ChatGPT的出现及人工智能发展的前景或将让中国教育的传统优势荡然无存。②面向未来，科技创新的竞争升级和国际形势严峻多变带来的危机和挑战迫在眉睫，中国教育改革依然在路上！

---

① 叶澜.中国基础教育发展呼唤解放思想的深化[J].基础教育，2009，6(3)：3-5.
② 钱颖一.人工智能或将使得中国教育的优势荡然无存[EB/OL].（2023-02-12）.https：//www.sohu.com/a/639901994_113042.

1 教育改革与发展
理念篇

第一章

公平与质量：
中国教育的价值追求

人类生活的核心问题是价值问题。①通俗地说，价值便是善、好，是事物对于人的意义。更严谨地说，价值是一种关系范畴，揭示了客体与主体之间的相互关系，是客体对于主体生存、完善与发展的效应。②人类按照自身对于理想社会的构建，提出了对现实世界的价值要求，并依据这种应然的价值去指导和改造社会实践活动。一般来说，价值可以分为内在价值和外在价值，前者是本身就善的事物，如美德；后者则不是因为本身善，而是达成善的工具，比如金钱。另一种类似的分类是将价值分为本体性价值和工具性价值，前者与人存在的根本意义和终极关怀密切相关，而后者只是实现人类目的的手段。

教育是一种培养人的社会实践活动，它既包含人类对于什么是美好生活、美好社会、美好教育的应然追求的叩问与思考，也包含对于如何理想地达成美好社会与美好教育的制度、手段和工具等问题的实践与探索。日本教育家藤田英典认为，教育受经济、政治、文化、社区等多元因素的综合影响，相应地表现出对效率、平等、自我实现和共存四大核心价值的追求。现代教育便经历了在上述四大核心价值的推动下不断从精英教育走向全民教育的过程。③受其观点启发，同时又与其观点有所不同，笔者认为人类教育既是一种

---

① 冯平.重建价值哲学[J].哲学研究，2002(5)：7-14+80-81.
② 王玉樑.论理想、信念、信仰和价值观[J].东岳论丛，2001(4)：62-66.
③ [日]藤田英典.走出教育改革的误区[M].张琼华，许敏，译.北京：人民教育出版社，2001：94.

关乎实现人类本性、促进人类解放、提升人类尊严的文化活动，又是一种在有限时空中利用有限资源实现公共善、建构合目的性与合规律性相统一的制度安排的政治实践活动，也是一种教育者与被教育者、教师与学生之间进行的流动的、交互的、多元的人际交往活动。简而言之，教育活动至少包含三个层面或三种意蕴：追求合乎人类本性的文化价值活动、政治实践活动、人际交往活动。教育实践要追求的价值相应地分为三个类别：第一类是本体性价值，它出自人类长期积淀传承而来的文化系统的要求，是赋予人类生活意义的最基本的价值准则与道德规范；第二类是构造性价值，它出自人类实践活动尤其是政治活动的要求，也具有重要的内在价值，它不仅仅关联人的观念系统和意义系统，更重要的是将这些价值观念转变成可行的制度，并以此分配人类社会中的利益和协调人类社会的关系；第三类是活动性价值，它是贯穿于教育教学活动每一事件、每一过程之中的价值，是重要的工具性价值。在中国社会的背景中，从本体性价值来看，教育中最重要的两大本体性价值便是个人自由与社会和谐，教育应促进个人的潜能开发与自由发展，教育应促进社会和谐，这几乎已成为中国教育界最为广泛认可的两大共识；从构造性价值来看，教育中最重要的构造性价值便是教育公平，这里的公平包含平等与效率的平衡，既具有道德价值也具有政治价值；从活动性价值来看，各种教育活动与教育事件之中一以贯之的首要的价值关切便是提升教育质量。因此，个人自由、社会发展、教育公平、教育质量便是中国教育实践活动所追求的核心价值（见表1-1）。

表1-1 教育实践活动所追求的价值

价值类别	价值层面	价值要求
本体性价值	文化观念层面	个人自由、社会和谐
构造性价值	政治制度层面	教育公平
活动性价值	教育活动层面	教育质量

一、本体性价值

人类本体性价值围绕着人类本性与生存意义系统展开，其中有真、善、美等多种价值追求。对于教育实践活动来说，最基本的价值便是个人自由与社会发展，两者构成了既相互矛盾又辩证统一的有张力的关系。这一基本关系在中国传统的伦理本位社会中非常重要，主要表现为人我关系、公私关系和义利之辩。在传统价值中，个人利益并没有合法性，被认为是"私欲"，是被鞭挞和压制的对象；在现代社会中，个人利益、个人发展、个人幸福、个性发展等逐渐获得了合法性，并且被市场经济、民主政治、城市生活等多种因素维护与巩固，逐渐可以与社会价值相博弈和抗衡。总的来看，个人自由是以个人尊严、个人幸福为中心的一系列相关价值的组合，个人自由如同伞一样包容和收纳着这些价值，形成个人化维度的价值谱系；社会发展也是如此，它是以社会利益为中心的价值组合，其中包括国家安全、经济发展和社会和谐等要求。由于社会发展的概念综合性非常强，并且其中"发展"的概念不可避免地糅合了经济发展与经济效益的要求，"发展"这个被经济学严重影响的概念并不能真正体现社会维度的核心价值。因此，本文试图用社会发展中的核心要求——"社会和谐"来代替"社会发展"这一术语。事实上，"社会和谐"是比"社会发展"更为源远流长、更具中国特色的社会价值的表述。

（一）个人自由

总体来看，人类追求自由的根源是人类的三大渴望：其一，人对于不断追求能够满足自我生存及发展的物质与社会保障的幸福渴望；其二，人对于支配世界和他人的权力渴望；其三，人对于超出自身及人类局限的永恒性、绝对性、确定性等终极价值的精神渴望。中国传统文化中亦有对超脱凡尘、不役于物的心灵自由的追求。然而，传统社会中的这种自由对大多数人来说是可望而不可即的。自启蒙运动追求人类解放以来，个人自由观点从理念到制度、从文化生活到经济生活被牢固地全方位地建构起来，成为现代社会的核心价值。个人自由包含三个基本要素，即个人尊严、个人权利、自我实现。经过几个世纪的发展，个人尊严、个人权利从之前的专属于社会精英，逐渐朝外朝下扩展，直到对所有人都适用。[1]因此，个人自由也包含着人人平等的

---

[1] [英]迈克尔·罗森.尊严：历史和意义[M].石可,译.北京：法律出版社，2015：7.

价值诉求。

康德对于人的尊严做了著名的论述，他指出，"一个有价值的东西能被其他东西所替代，这是等价；与此相反，超越于一切价值之上，没有等价物可替代，才是尊严"①。人身上不能用物质或金钱衡量的东西越多，人所拥有的尊严也就越多。他提出了"人是目的"的时代命题，认为只有一种事物具有内在的、无条件的、不可比拟的价值，即道德以及具有道德能力的人性。②人类是道德法则的肉身化，而道德法则的尊严使得人类值得被尊重。人的尊严体现在道德法则的崇高性上，人能成为道德法则的立法者。人具有两重性，在物理世界中，人必须遵守生老病死等因果规律，没有自由；在道德世界中，人可以为自己立法，按照自己选定的道德法则行动，因此人是自由的。在康德道德哲学的基础上，现代社会形成了对每个人平等尊严的普遍认可。尊重人就是承认人的尊严，就是承认他有自己的目的和价值，而不是为了其他的、外在的目的而存在；就是承认每个人无论美丑、是否残疾、智商高低等都有其生存和发展的权利。这种新的人性观、伦理观为个人权利思想的普及与个人权利保障制度的完善铺设了道路，提供了合法性论证。尊重人的尊严、人格、人性成为法律制度的一项基本原则，而且是法律上的基础关系。黑格尔认为，法的命令是成为一个人，并尊敬他人为人。③

个人权利最初是一种少数公民所拥有的能够参与公共事务决策的社会特权。17世纪，自由主义奠基人洛克提出了自然权利，认为人具有天赋的自由权利，即平等权、自由权、生存权、财产权；政府对人们的统治是建立在人们同意并授权的基础上的；在社会之中，人们通过自愿的、平等的契约，把他们自然拥有的一部分自由和权力移交社会，由社会中唯一的司法机构来处理人与人之间的争端，而立法机构的立法权力也必然是出于人们的委托；政府权力不能僭越和倾轧个人自然权利；奴隶们不知道明天要干什么，因为他们完全受制于某个奴隶主的利益和情绪爱好，可是，自由的人们可以预见自

---

①[德]康德.道德形而上学原理[M].苗力田,译.上海：上海人民出版社,2005：53.
②[英]迈克尔·罗森.尊严：历史和意义[M].石可,译.北京：法律出版社,2015：26.
③宋云博.对民法伦理基础的初步考察——以德国民法的人格主义为视角[J].道德与文明,2010(4)：140-144.

己行为的结果,因为他们不再受制于具体的个人,而是受法律约束。"处于社会中的人的自由,就是除经人们同意在国家内所建立的立法权以外,不受其他任何立法权的支配;除了立法机关根据对它的委托所制定的法律之外,不受任何意志的统辖或任何法律的约束。"①

在洛克提出自然权利之后,随着18—19世纪资产阶级革命摧枯拉朽般地推进,个人权利观取得了实质性进展。权利的觉醒,首先发生在成年男性公民之中,之后蔓延到女性,女人开始争取选举权和受教育权;首先发生在公共领域,之后蔓延到家庭领域,未成年人也被认为是有权利的主体。权利逐渐覆盖于全人类,人的权利被看作"人们仅凭其作为人就享有的权利"②。每一种权利包含两个必要的因素:其一,权利具有道德属性,每种权利都是当事人的一种正当、合理、道德的要求和利益诉求;其二,这种要求和诉求相应地对他人的行为提出了一种限制甚至要求。因此,公民权利为国家行为铺设了边界,意味着有些事情国家是不能做的,比如无故剥夺公民的财产;公民权利同时也向国家行为提出了要求,敦促国家必须去做某些事情,比如为公民提供义务教育。

现实地看,个人权利需要在国家的制度框架中得到保障与实现,即必然地体现为公民权利和公民自由。公民权利和公民自由是一个人在法律允许的范围内不受他人、社会与政府干涉生活的自由权。马歇尔关于个人权利的三分法广为流传,他认为公民应具有三种权利——公民权利、政治权利和社会权利。公民的要素由个人自由所必需的权利组成——包括人身自由、言论、思想和信仰自由、拥有财产和订立有效契约的权利以及司法权利。"政治的要素,我指的是公民作为政治权力实体的成员或这个实体的选举者,参与行使政治权力的权利。社会的要素,这一方面指的是从某种程度的经济福利与安全到充分享有社会遗产并依据社会通行标准享受文明生活的权利等一系列权利。"③马歇尔追溯了三种权利的历史,他认为公民权利形成于18世纪,政治

---

① [英]洛克.政府论(下篇)[M].叶启芳,瞿菊农,译.北京:商务印书馆,2011:15.
② A.J.M.米内尔,夏勇.关于人权的观念[J].环球法律评论,1991(5):1-6.
③ T.H.马歇尔,安东尼·吉登斯,等.公民身份与社会阶级[M].郭忠华,刘训练,编.南京:江苏人民出版社,2008:10-11.

权利发展于19世纪,而社会权利则成熟于20世纪,社会权利是对公民权利和政治权利的发展与补充。教育被认为是一项所有人都应享有的社会权利。

弗罗姆指出,"纵观现代史上争取自由的历史,人们总是把注意力集中于推倒原存的权威和砸碎原存的枷锁上。……人们往往不能清醒地认识到,尽管我们已摆脱了自由的传统敌人,各种新的敌人还会接踵而来;自由的敌人,不仅有那些外在的枷锁,而且还有那些阻碍我们充分实现人格自由的内在因素"①。在人作为人类一员和社会公民获得更多自由时,他的个人生活领域越来越清晰地呈现在他的面前,成为继人类解放和公民权利两个领域之后,要求获得更多自由的最后一个领域。没有这个领域的解放,个人的自由仍然有限。自我实现是个体实现自己的潜能和能力全面发展,在精神、理智、审美、情感等诸方面都达到个人所能达到的最好状态,脱离平庸状态;自我实现也是实现个人存在的意义和发展的可能性,脱离盲目从众状态,自我选择并承担责任,解答"我是谁""我能做什么""我能希望什么"等问题。这些问题不能由他人代为解答,必须依靠个体自身的尝试、探索和冒险。当然,自我实现也需要外部社会为个人发展提供充分的条件和公平的机会。

个人尊严、个人权利和自我实现,揭示了个人自由的多维图景:个人尊严从形而上学的角度确立了个人自由的道德依据;个人权利从法律和社会制度层面为个人自由提供保障,扫除阻碍个人自由的偏见、歧视和暴力等社会因素;自我实现则敦促个人充分利用被赋予的自由,实现个人生活的解放。至此,个人自由作为个人层面核心的价值观,贯穿于现代社会的各种实践活动,对于教育也产生了深远的影响。现代教育的主体旨趣,无论是家庭教育还是学校教育,都是让儿童成为独立的、自由的、快乐的主体,具有追求美好生活和建设美好社会的意愿和能力。教育被看作促进人的自由发展、实现人的自由的艺术,它帮助人实现精神启蒙与追求精神自由,引导人走出由物质利益、权力、虚假意识形态等共同参与编织的僵化"洞穴",使人发现更多的可能性。

---

① [德]埃里希·弗罗姆.逃避自由[M].陈学明,译.北京:工人出版社,1987:142.

（二）社会和谐

和谐社会是中国传统社会延续至今的价值追求。传统上，我国是建立在血缘关系和差序格局基础上的宗法社会，强调群体主义。和谐社会一般指国泰民安、政通人和、和平安宁的社会发展状况。现代和谐社会在承继传统的基础上内涵更为丰富，包括人与自然之间的和谐、人与人之间的和谐、社会结构之间的和谐，是一种稳定有序、开放而充满活力的社会。[1]更重要的是，由于我国独有的文化传统，社会和谐还有另一种意义，即强调以社会为本位，强调"为大家舍小家"，强调为了更高的社会共同利益而放弃个人利益，推崇爱国主义和集体主义。

从价值层面来看，社会和谐至少包括三重意蕴——社会共生、社会关爱、社会参与。共生的原意是两种不同生物之间所形成的紧密互利关系，这里用来指代在现代社会合作分工系统中，人与人之间的依赖性与互补性，人们共同生活、相互依赖，脱离了社会便无法生活。社会共生实际上就是把社会看作一个利益共同体、一个有机体，共同体或有机体与它的部分相互依赖，须臾不可分离。和平有序、和睦共处、稳健发展是社会共生追求的理想状态。

社会关爱则把社会看作一个情感共同体。在这个团结的共同体中，人们对社会成员产生了如同对待家庭成员一样的感情。如《礼记·礼运篇》中描述了"以天下为一家，以中国为一人""大道之行也，天下为公"的理想社会，其中就包含博爱的观念，"人不独亲其亲，不独子其子；使老有所终，壮有所用，幼有所长，矜寡孤独废疾者皆有所养"。再如，北宋《西铭》中有言："尊高年，所以长其长；慈孤弱，所以幼其幼。"它倡导人们把天下残疾孤苦、受苦受难、无处申告的弱势群体，都视为自己的兄弟姐妹。[2]社会同情、社会关爱是连接社会共同体的重要情感纽带，它使得人超越了狭隘的"自利经济人"假设，追求更广大、更高远的价值理想。

同时，随着社会现代化的推进，社会参与的热情也越来越高涨。社会参

---

[1] 中国社会科学院课题组.努力构建社会主义和谐社会[J].中国社会科学，2005(3)：4-16+205.
[2] 刘学智.民胞物与[N].光明日报，2018-01-11（2）.

与体现了社会群体的自治需求，也体现了现代社会治理的转变——社会情感、社会意义需要在持续参与政治事务和社会实践事务的过程中不断被激发和维系。人们愿意投入时间和精力关注社会共同之善，彼此分享经验，并承担社会责任。这便是杜威所强调的民主生活共同体的真实含义。舍却此过程，社会情感便是静态的、狭隘的、惰性的，社会价值也是无活力的。

社会共生、社会关爱、社会参与揭示了社会和谐价值的多维性。社会既是休戚相关的利益共同体，更是亲密团结、荣辱与共的情感共同体与责任共担的实践共同体。

二、构造性价值

个人自由、社会和谐是社会实践活动中两大贯穿始终的价值。然而，这两者之间不可避免地会发生冲突。这时候就需要另一种价值——公平来协调个人利益与社会利益之间的冲突。可以说，公平既是一种道德理想，也是一种关乎基本社会制度构建的政治理想。本文所使用的公平概念，约等于公正、正义，但不同于平等。平等是一个强调人人相同、无差异的价值，而公平则包含了对平等与功利（效率）的综合考量，强调该平等时人人平等，不该平等时则不可人人平等。因此，公平是平等性公平与差异性公平的统一。

（一）公平的内涵

在西方文化中，正义是一个非常重要的概念。亚里士多德的正义观在西方文化中影响深远。他从美德的角度理解正义，认为正义是对他人的善，是一种完整的德性、总体的德性，更是所有德性之首。正义意味着守法与平等，是得与失之间的适度。"城邦以正义为原则。由正义衍生的礼法，可凭以判断（人间的）是非曲直，正义恰恰正是树立社会秩序的基础。"[①]政治正义至关重要，它关乎应得的分配，包括善物如荣誉、职务、机会等的分配，也包括不善之物如惩罚、义务、损失等的分配。而在政治生活中，分配正义要保证政

---

① [古希腊]亚里士多德.政治学[M].吴寿彭，译.北京：商务印书馆，1965：9.

治制度使得平等的人被同等对待（按数量平均分配），不同的人被差异对待（按比例分配）。亚里士多德更为看重的不是按数量分配的平均主义，而是按比例分配的差异性平等，他认为，社会荣誉与政治职务应分配给有美德的人，他们为城邦道德目的的实现做出了更大贡献。自古罗马以来，"给人以其应得"成为正义概念的核心。古罗马法学家乌尔比安指出："正义就是给每个人以应有权利的稳定而永恒的意志。"①古罗马皇帝查士丁尼下令编写的《法学总论——法学阶梯》沿袭了这一定义，书中开宗明义地写道："正义是给予每个人他应得的部分的这种坚定而恒久的愿望。"②基督教文化进一步加固了前述正义的作用。"甚至人间最好的法律也只是真正的正义的'残片'或'镜像'，这种正义只存在于上帝之城"③。古希腊罗马和基督教的正义观经过历史传承以及启蒙运动的改造，促进了西方民主政治的诞生，也较为稳妥地解决了一群自由而平等的人如何达成合作秩序这一历久弥新的现实难题。时至今日，社会贫富差距变大，政治生活极化现象日益突出，一些地区社会团结与共识面临破裂，国际和平与正义也面临新的威胁。在价值多元和利益多元的情况下，对于公正原则到底应该是怎样的以及如何建构与达成，人们依然有众多争议。但是，公正原则在社会生活中的主导性和优先性是毋庸置疑的。学界有这样一个普遍存在的观点——它在罗尔斯的《正义论》中被引人注目地表达出来——正义关涉如何在社会合作体系中分配权利、机会、基本善，这是整个社会基本结构和基本政治制度建构的基础。

正义是一个综合性的概念，其类型也有多种，如关系正义、文化正义、多元正义等，但分配正义无疑是其中最为核心的要素。关于分配正义的论述，罗尔斯在《正义论》的观点广为流传。他提出了偏向平等主义的总体分配原则，"所有社会价值——自由权和机会、收入和财富以及自尊的基础——都应平等地分配，除非对任何价值或所有价值的不平等分配符合每一个人的利益"④。也就是说，他认为所有的善都应平均分配，除非不平均分配能够促进

---

① 张恒山.正义追寻之始[N].学习时报，2006-07-03(6).
② [古罗马]查士丁尼.法学总论——法学阶梯[M].张企泰，译.北京：商务印书馆，1989：5.
③ 何建华.《圣经》中的正义思想辨析[J].上海师范大学学报(哲学社会科学版)，2016，45(4)：21-26.
④ [美]约翰·罗尔斯.正义论[M].谢延光，译.上海：上海译文出版社，1971：68.

社会处境最不利人群的利益。这个总原则实际上包含两条原则，即平等原则和差异原则：平等原则关涉基本自由权，人人一份，没有差异；而差异原则需要考虑社会功利诉求，促进社会总体福利以及弱势群体的利益提升。于是，这两条原则又可以进一步细化为三条原则，它们可以通俗简要地表述为权利平等原则、机会均等原则和差异对待原则（或关照弱势群体）原则。三者按照字典式顺序排列，排在前面的原则在重要性上优先，前面的原则得到满足后才考虑后面的原则。罗尔斯坚持认为，个人权利比社会功利更为重要，权利平等原则于是成为社会公平的第一要义，制度不应容忍特权与歧视；机会均等原则实际上是"机会向有才能者开放"的自由竞争原则，它使得社会精英获得更多的机会、更高的职务、更好的报酬，产生了贫富差距，但这种差距有利于社会整体功利水平和效率的提高；而差异对待原则体现了社会团结与博爱，在制度设计中对于弱势群体的利益不是年终慰问式地表达象征性关心，而是贯穿于始终的重要考量。

罗尔斯的正义观较为妥善和具有说服力地处理了正义所关涉的三对基本关系：正当与善的关系，平等与效率的统一，公民权利与义务的平衡。在每一对关系中，他都重视前者，但也承认后者，试图通过反思性平衡、重叠共识、公共理性等达成制度的平衡。他也试图在富裕阶层与平民阶层之间做出更为合理的政治制度安排，关注处境不利的穷人，减少社会贫富差距，强调社会公共善意识。这一诉求与中国传统"不患寡而患不均""等贵贱，均贫富"等思想不谋而合。虽然罗尔斯的正义理论受到保守自由主义、社群主义者等多个理论流派的轮番批判甚至攻击，但这一理论依然与个人关于公正问题的直觉情感及社会生活经验有很高的匹配度，同时表现出与不同文化体系的较高程度的兼容性。因此，这一理论对于理解中国教育公平问题仍极具启发意义。

（二）教育公平价值的诉求

罗尔斯的正义观在错综复杂的正义概念丛林中开辟了一条清晰的道路，为理解中国教育公平价值的诉求提供了理论工具。每个人都受同样教育的平均主义教育观显然不具有合理性，考试公平所体现的"机会向有才能者开放"

的机会均等观也有其局限性，尚不足以建构教育公平理论的大厦。因此，中国教育公平观迫切需要反思尚停留在日常经验和传统思维的公平观，建构更适应现代社会需求、更具综合性的教育公平观。

罗尔斯的正义观让我们认识到：实际上，教育公平的核心诉求是教育权利平等和教育机会均等。教育权利平等和教育机会均等搭建了教育公平的基本制度框架，而关注弱势群体的立场则在制度设计和制度实施中对这些普遍主义的制度进行了适当的修正，使之更有利于弱势群体的利益，至少不损害弱势群体的利益。大体来说，学界认为，教育权利平等关注的是反对歧视与排斥，让所有的儿童都能上学、享有受教育权，教育机会均等关注的是让所有的儿童受质量大体相同的教育的问题。①但这一观点有待商榷。事实上，让所有儿童受质量大体相同的教育，是教育权利平等与教育机会均等的共同诉求，或者说是两者的交集。显然，教育权利平等不仅仅意味着有学上，这只是形式上的平等，而必然意味着作为教育权利平等集中体现的义务教育，质量必须大体均衡，区域差距和校际差异不可太大。这是权利平等的实质性要求。同时，义务教育质量均衡，也是教育机会均等的要求，显然义务教育是儿童参与教育竞争和社会竞争的起点，如果义务教育质量差异太大，机会均等的诉求一定没有得到满足，这种教育就不利于社会阶层实现向上流动。

一般来说，教育权利平等是一种无差异的平等，即所有人的受教育权都得到无差异的满足，没有人得到更多，也没有人得到更少。在现代教育中，权利平等一般集中体现在义务教育阶段，接受义务教育被看作公民的一项基本权利。当然，教育权利平等也不局限于义务教育阶段，随着社会权利这一概念被广泛接受，高等教育大众化观点进一步普及，接受高等教育也会逐渐被建构为一项基本人权。但在我国，公民权利意识觉醒是伴随着改革开放而来，随着市场经济的推进而得到普及的。在这短短几十年的时间里，权利观点和权利保障还不够深入人心。因此，将权利平等集中在义务教育阶段，要求义务教育提供均等化、质量相当的公共服务是更为务实的诉求。

教育机会均等的实质在于围绕机会获得展开公平竞争，讲究起点公平和规

---

① 杨东平.从权利平等到机会均等——新中国教育公平的轨迹[J].北京大学教育评论，2006(2)：2-11.

则公平，即机会具有开放性，规则具有透明性，不设置信息障碍和较高的门槛障碍，机会向所有符合条件的人开放；讲究程序正义，主要靠表现取胜，如同运动会的竞争，谁跑得最快、跳得最高，谁就是冠军，关系和内幕都不起作用。正如弗里德曼所指出的，机会均等的含义是"前程为人才开放，任何专制障碍都无法阻止人们达到其才能相称的，而且其品质引导他们去谋求的地位"①。可见，机会均等是能力至上的，因此有利于挑选精英。正所谓"陈力就列，不能者止"，公务员、教师队伍的"逢进必考"在"机会均等"的意义上可以视为是公平的。中国科举制度之所以延续千年，成为中国制度文明的瑰宝，甚至被西方人学习，根本原因就是其通过公平竞争提升了选拔人才的效率。考试公平也是在这个意义上讲的，"分数面前人人平等"，不符合标准的人被挑选进去就是不公平的。然而，正如人们越来越清楚地认识到的那样，"分数面前人人平等"还是不充分的机会均等，因为这个竞争起点不均等。分数并非个人才能的真实体现，其中家庭因素对于个人发展影响较大。机会均等论者主张学校应消除外部障碍，尤其是家庭障碍，保证孩子们在同一起跑线上，通过自由公平的竞争取得升学、就业机会。罗尔斯认为机会均等意味着禀赋、能力、志向、动机相同的人享有大致相同的机会，"在社会的所有部分，对每个具有相似动机和禀赋的人来说，都应当有大致平等的教育和成就前景。那些具有同样能力和志向的人的期望，不应当受到他们社会出身的影响"②。罗尔斯意在阐明真正的机会均等是建立在个人天赋和努力意愿上的公平竞争，而不应掺杂其他社会因素，尤其是不应受到家庭因素的不利影响。真正机会均等的学校教育是让赤贫之家和富裕之家的孩子能在同一个起跑线上竞争。教育机会均等的最高理想是每个在学校中受教育的孩子都有同样获得人生幸福和成功的机会。这个意义上的机会，不是一两次短暂的机会，而是贯穿人生发展的各种机会之和。

与权利平等相比，机会均等是一个更为古老的概念，也是浸染在科举教

---

①[美]米尔顿·弗里德曼，罗斯·弗里德曼.自由选择：个人声明[M].胡骑，席学媛，安强，译.北京：商务印书馆，1982：135.

②[美]约翰·罗尔斯.正义论[M].何怀宏，何包钢，廖申白，译.北京：中国社会科学出版社，1988：69.

育传统中的中国人所熟识的一种教育公平；权利平等则是伴随着启蒙运动出现的现代意义上的平等。机会均等强调精英主义，而权利平等强调众人平等。两者之间既有交集，也有冲突甚至对立，体现了精英主义教育与民主主义教育之间的紧张关系。精英主义教育强调卓越，认为教育中的好东西只能留给才能最出众的人，他们最有资格享有好的教育资源和教育机会；民主主义教育强调平等，要求教育中所有好东西要尽可能地大家一起享有，如果不能共享，那至少要保障不能平等共享的原因是促进社会整体福利的提升。因此，人们对于教育公平的诉求，其实也是混合、杂糅的，某种程度上甚至是冲突的。至于是精英主义教育的诉求占上风，还是民主主义教育的诉求占上风，则是一个在历史进程中不断流变、动态平衡的过程。总体来看，作为权利平等和机会均等重叠的要求，基础教育尤其是义务教育做到保障所有儿童平等的受教育权，是至关重要的。如果一个国家无法提供质量相当的均衡的基础教育，则高等教育也会受到掣肘，无法摆脱平庸化的现状。一些对于日本、韩国经济发展的研究表明：东亚经济体分配政策的核心是促进机会均等，机会均等可以在促进社会公平的同时提升经济效率。公共服务均等化是机会均等的重要保障，为国民提供机会均等的教育、医疗和住房资源，既会促进共同富裕，又能避免经济效率损失。[①]可见，义务教育服务均等化对于国民经济发展意义重大。

三、活动性价值

本体性价值通过影响人的情感和意义系统来影响教育价值取向，构造性价值通过影响教育制度的形成来影响教育价值取向，而活动性价值则是直接贯穿教育活动、围绕教育目的的实现而发生作用的价值。教育作为人类有目的地培养人的实践活动，是否合乎教育目的，以及在一定的处境条件下如何有效达成教育目的，这些基本而首要的考虑贯穿教育实践活动的始终。我们通常称这些考虑为"教育质量"。教育行动及其影响因素如图1-1所示。

[①] 陈斌开，马燕来.公平和效率如何兼得：共同富裕的国际经验[J].国际经济评论，2022(12)：1-26.

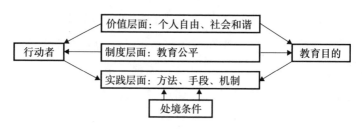

图 1-1　教育行动及其影响因素

（一）教育质量是效率诉求

最早对教育质量进行论述且得到广泛接受的定义是胡森提出的，其认为"质量是指学校里进行某种活动的目标达到什么程度"[①]。可见，教育质量实际上是教育实践活动及其结果的效率诉求，即对于教育效果的评价，其中心旨趣是如何利用有限的资源最大程度地达成教育目标。大体上，教育效率诉求可以分为两个方面：其一，从长远上谋求教育系统总体功利最大化，追求教育对社会发展和人的发展的贡献度，即教育效能；其二，从当下来看，如何快速又节省成本地达成既定目标，它考虑的是投入与产出的比例关系，反映的是教育资源的利用率，是教育资源消耗与教育直接产出成果的比较[②]，此即狭义的效率概念。教师思考如何在一节课中实现既定的教学目标主要是效率考量；校长思考如何利用有限的师资促进学生发展、教育部部长思考如何利用教育资源的投入产出更多的人力资本，显然不可避免地兼具效能和效率的诉求。教师教学质量、学校质量等，既与资源配置实现预期目标的效率有关，又与学校效能有关。本文使用的"效率"一词是广义的概念，包括教育活动的长期社会收益（即教育效能）与当下效率。实际上，这两种思考是密切相关的，教育实践活动如同下围棋，我们既要考虑每一步落棋后产生的当下后果，也要考虑其对整个形势发展的长远影响。只顾眼前取胜的棋手是蹩脚的。教育质量实际上是对教育整体效益与实践效率的概括性、综合性考量。

然而，教育往往要实现多维目标，教育中的效率诉求与效率评估是非常

[①] 托斯坦·胡森,施良方.论教育质量(特约稿)[J].华东师范大学学报(教育科学版),1987,17(3):1-10.
[②] 褚宏启.城乡教育一体化：体系重构与制度创新——中国教育二元结构及其破解[J].教育研究,2009,30(11):3-10+26.

复杂的。哪种目标更为重要？这取决于人们的教育观——教育存在的目的是什么？什么样的教育是美好教育？教育要培养什么样的人？

一种代表性的教育质量观，受工业主义影响，将教育看作人才培养的生产性活动，认为质量即一组固有特性满足要求的程度。[1][2][3]这里的"固有特性"是指产品具有的技术特征，"满足要求的程度"是指将产品的固有特性和要求相比较，根据产品"满足要求的程度"对其质量的优劣做出评价。[4]而高质量则是严格按照质量标准或规格进行生产，产出符合消费方要求的产品。[5]因此，当"质量"的概念延伸至教育领域时，质量诉求导向的教育质量观是指教育（产品）固有特性符合一定的质量标准。这种生产导向的质量观将学生看作学校生产的产品，为培养的学生应达到的知识、能力、素养设置标准，并用这些标准来衡量教育质量的水平高低。

另一种教育质量观，将教育看作满足学生需要的专业服务性活动，强调教育的服务属性，认为要从不同利益主体需求出发衡量教育质量，侧重于不同利益主体对教育服务特性的满意程度。[6]换言之，依据 ISO 9000 系列标准界定产品质量来满足顾客要求[7]，顾客要求的实现程度是衡量教育质量的依据。因此，作为一种服务，教育质量比普通的产品更加复杂，教育所具有的质量特性会满足多元利益主体，包括学生、家长、政府、社会等的需求。[8][9]具体而言，对学生和家长来说，教育是一种服务，教育质量被理解为教育输入、教育过程和教育结果特性满足学生要求并使学生、家长满意的程度；对政府来说，教育既具有生产属性，又具有服务属性，政府比较关心学校教育

---

[1] 刘广第.质量管理学[M].2版.北京：清华大学出版社，2003：35.
[2] 王敏.教育质量的内涵及衡量标准新探[J].东北师大学报（哲学社会科学版），2000(2)：20-23.
[3] 班振，刘洋.复杂理论视角下教育质量观的审思[J].教学与管理，2019(21)：1-3.
[4] 刘广第.质量管理学[M].2版.北京：清华大学出版社，2003：35.
[5] 金生鈜.高质量的教育如何成为好教育[J].教育研究，2022，43(4)：28-38.
[6] 魏宏聚.教育质量观的内涵、演进与启示[J].教育导刊，2010(1)：5-8.
[7] 程凤春.教育质量特性的表现形式和内容——教育质量内涵新解[J].教育研究，2005(2)：45-49，67.
[8] 温恒福.确立现代教学质量观 追求正确的教育质量[J].基础教育参考，2012(12)：3-6.
[9] 程凤春.教育质量特性的表现形式和内容——教育质量内涵新解[J].教育研究，2005(2)：45-49，67.

提供的产品，即毕业生，因此关注教育结果（输出），也关注教育过程，此时教育质量被定义为教育过程和教育结果特性达成政府制定的标准程度；用人单位与高一级学校关注的是教育结果，教育的生产属性更加突出，教育质量被视为教育结果特性满足要求的程度，主要通过教育结果体现。①

生产导向的教育质量观侧重于结果取向，往往倾向于将教育质量理解为教育结果，较多地关注教育的产品与产出，在质量价值观上形成"标准-结果"评价方式，未能在深层次关注学生的成长过程，把学生视为"物品"或一刀切的"产品"，实际上这是一种狭隘的教育质量观；而服务导向的教育质量观则因为难以兼顾多元主体的不同诉求，在实践中难以实施。

（二）教育质量观被多元社会价值形塑

如前所述，教育质量观是一种效率诉求。这种效率是指向客观世界的有用性和便利性，因此具有客观属性。比如人们自然会选择又快捷又省钱的出行方法，而不会选择又耗时又费钱的方法。然而，当多种有用性并存的时候，评估何种有用性更为有用、对谁有用等问题则是受价值观调节的，因此效率也具有主观属性。

价值观如何影响质量观呢？教育活动是一种价值性活动。本体性价值影响了人们对教育本质属性和人的本质属性的看法。个人自由价值提出诉求——实现人的自由而全面发展的教育才是高质量教育；社会价值提出诉求——有利于社会发展的教育才是高质量教育，一方面教育要培养优秀人才，另一方面教育要提高公民的预期寿命、就业率、职业成功、社会福利、心理健康等。构造性价值使得质量观与制度建构相互形塑，教育制度要体现平等与效率的统一、教育公平与教育质量的平衡。因此，教育质量被个人自由、社会和谐与公平等多元社会价值形塑。纯粹的效率考虑、毫无争议的效率最大化选择在教育活动中自然也有，但是相对较少，多数效率的考量都要受个人价值、社会价值和公平理念三大价值的干预和调节，尤其要在公平制度铺

---

① 程凤春.教育质量特性的表现形式和内容——教育质量内涵新解[J].教育研究，2005(2)：45-49，67.

设的预定轨道中进行。正如美国经济学家阿瑟·奥肯所倡导的，指导社会和政治权利领域的原则应把平等置于优先位置，经济效率次之。①在教育活动中，对于教育效率的考虑包含促进经济效率的目的，但是，显然对个人、社会和政治的考虑要先于经济效率。

（三）多元教育质量观：警惕教育质量观的脱耦风险

笔者试图综合多元价值，结合生产导向的质量观和满足需求导向的质量观，提出拓展教育质量观的多元教育质量观。

无疑，多元教育质量观的重叠共识是培养人的效率，即怎样有效地培养社会需要的人。这种有效体现在以下两个方面：一是有效达成已经预设的具体目标，这主要是利用工具理性来计算和推演，即利用既有的物质条件，以成本最低的方式产出既定目标下的最大效益，比如学校尽量减少辍学率，学生在有限的复习时间里尽快地温熟要考的知识，教师在一节课的时间里围绕教学目标采取各种方法准时而又较好地完成教学任务；二是在多元教育目标中理性地进行综合、权衡与选择。对于学生的发展，是重知识还是重能力？是看重学术性成绩的发展，还是注重社会性和情感性的发展？是全面发展还是个性发展？是当下发展，还是长远发展？用哪一种质量观评价学生的发展？用哪一种质量观评价学校和教育系统的效能？由于学生发展的综合性、丰富性、长期性和复杂性，效率并不是显而易见的，也没有很好的、为所有人认可的测量方式和评价标准。即便有，这种无所不包的终身化的测量方式和评价标准实施起来也成本不菲、代价很高。因此，教育质量的评价标准不可避免地带有文化性、价值性，其中重要的不是科学性与精确性，而是多元主体之间的共识。

首先，从社会价值入手，教育需要思考未来社会对于人才的需要，建构合乎时代的教育人才观。联合国教科文组织指出，教育质量大体有两项因素至关重要：一是确保学习者认知能力的发展；二是强调教育在促进学习者的

---

① [美]阿瑟·奥肯.平等与效率[M].王奔洲，译.北京：华夏出版社，1987：86.

创造力和情感发展以及帮助他们树立负责任公民应有的价值观和处世态度方面所发挥的作用。优质教育应该有利于个体获取知识、技能和具有内在价值的处世态度，并且有助于实现重要的人类目标。[1]这一界定主要重视的是学生的认知能力发展及公民的社会技能发展，强调作为社会建设者和参与者的未来公民所需要具备的知识、能力和品质。我国学者对于21世纪中国学生核心素养和关键能力的研究，也体现了这一生产导向思路。教育部颁布的《关于积极推进中小学评价与考试制度改革的通知》，从道德品质、公民素养、学习能力、交流与合作、运动与健康、审美与表现六个方面建构了对学生综合素质的要求。当前，面向知识经济的国际教育更加强调高阶能力的培养，强调对知识进行深度分析和转换、灵活地将其运用于不同问题情境的能力。这包括高阶思维能力和高阶社会情感能力，其中，高阶思维能力主要是交流（沟通）能力、合作能力、创新能力及批判思维、问题解决能力，而高阶社会情感能力主要强调的是包括合作与沟通能力在内的社会情感能力。[2]

其次，将个人价值与社会价值统一起来，警惕教育质量观中个人价值的缺失。哈维斯和史蒂芬斯对教育质量本身的要素提出了系统的解释，认为教育质量意味着以下四点：一是实现目标的效率（更好地利用现有的资源）；二是实现相关的情景（嵌入社会和文化的、学习者可以理解的并与个人实现潜力相关的情景）；三是需要进行系统调查的需求，比如谁的需求、时限、迫切需求和长期需求、不同层次的需求（心理需求、安全需求、爱和归属的需求、自尊的需求和自我实现的需求）；四是超越效率和相关性的与追求卓越和人类生活改善相关的要素。[3]这种界定试图将效率、满足学生需求及人类共同价值结合起来，更为强调对人性需求的满足。

综合来说，教育质量观必须围绕社会发展需求和个人实现需求的目标建构。有质量的教育是既能满足社会需求、促进社会发展，又能满足学生、家

---

[1] 谈松华，王建.追求有质量的教育公平[J].人民教育，2011(18)：2-6.
[2] 刘宝存，徐辉，饶从满，等.教育公平、创新与变革——联合国教育变革峰会主题笔谈[J].比较教育学报，2022(6)：3-17.
[3] 维纳雅阁·奇纳帕，谷小燕.教育改革：仍然在公平与质量之间权衡吗？[J].比较教育研究，2012(2)：18-25.

长等多方面需求的教育,如实现个人幸福、健康成长、快乐学习、全面发展等。社会发展需求和个人实现需求是互为表里的。如果只强调生产取向的教育价值观,教育就会如同18—19世纪的普鲁士教育系统一样,虽然会生产大量训练有素、有战斗力的士兵,但他们只是工具人;当然,教育价值观只强调满足个人需求,也是不切实际的。我们只有将这两者结合起来,才能产生更加稳健的教育体系。

在教育实践中,我们必须警惕教育质量观与社会多元价值脱耦的风险。如果教育脱离了社会基础,教育系统缺乏与外部社会的联系与互动,缺乏社会参与,教育质量观就无从反映社会主体的多元诉求,会窄化为拥有话语权和决策权的主体的质量观,成为教育管理者的质量观。于是,学校教育质量的评价标准就成为达成教育系统内部设置的考核目标的效率,并进一步窄化为升学率。升学率高的学校就是好学校。学校教育实践中便出现教育质量观的种种异化——将教育质量等同于生源质量,认为生源质量决定教育质量;将教育质量窄化为教学质量,忽视了教育过程中学生的作用;将教育质量等同于结果质量,甚至异化为冷冰冰的分数;将教育质量简单化为学业质量,忽视了学生系统性、程序性行为表现的方面。[1]因此,必须防止教育质量观的片面化、工具化、科学化与标准化。只有让教育质量体系回归社会实践属性,追求好教育,实现教育实践的伦理性、正当性、价值性、艺术性,才能实现教育的善品质。[2]

四、诸价值之关系审视

藤田英典认为,效率、平等与共存是教育的制度性价值,而自我实现是教育的活动性价值。[3]笔者认为,结合中国教育的现状,实际上自我实现并不是贯穿教育活动始终的活动性价值,效率(或质量)才是。因此,笔者对于藤田英典的教育价值图进行了重构(见图1-2)。

---

[1]苏启敏.中小学教育质量观:误区、反思与重构[J].中国教育学刊,2017(1):3-9.
[2]金生鈜.高质量的教育如何成为好教育[J].教育研究,2022,43(4):28-38.
[3][日]藤田英典.走出教育改革的误区[M].张琼华,许敏,译.北京:人民教育出版社,2001:35.

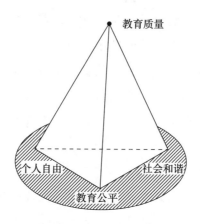

图 1-2 教育系统价值

（一）诸价值之关系

总的来说，个人自由、社会和谐、教育公平与教育质量四个价值对教育的影响并不在同一个平面上，而是在观点、制度和活动三个方面对教育实践产生作用。

作为本体性价值，个人自由、社会和谐赋予教育活动以意义，将教育与完满人性与美好社会的追求与实现紧密相连。作为本体性价值，个人自由、社会和谐主要以价值理念的形态影响教育。同时，个人自由与社会和谐也形成了一对既相互联系又有张力的矛盾体，在两者的重叠处构成了强价值导向；但在两者的抵牾冲突之处，可能会产生系列矛盾，因此需要制度来调节。于是，便产生了对构造性价值的需要。

作为构造性价值，教育公平被个人自由、社会和谐观点影响，同时公平观念尤其是公平制度也参与协调两者的矛盾。公平观念指导社会基本制度的建立，确立了国家与社会、社会各团体之间利益交换和利益分配的基本原则；教育公平也奠定了教育制度建构的基本价值。教育公平制度协调着平等与效率的诉求，形塑了教育体系的基本结构样态，决定了教育利益（包括资源、机会等）的基本分配形式。

作为活动性价值，教育质量即效率诉求，贯穿教育活动的始终，成为教育活动中最直接最普遍的价值诉求。如图 1-2 所示，教育质量被三种价值观影响，成为三种价值观共识的汇聚之处。可见，教育质量并非纯粹以货币形态存在的经济效益计算，而是融合了多元价值观、经教育主体反思性平衡之后的产物。

（二）平等与效率的价值关系审视

由于构造性价值影响制度的建构和利益的分配，而活动性价值也直接参与决定教育实践的形态和教育利益的分配，因此，两者在教育中时常相遇、正面交锋，甚至发生冲突，直接表现为教育平等与效率的冲突。

在教育现实情况中，由于资源的有限性（稀缺性）与人的发展需求的无限性总会出现平等与效率（效益）的冲突——人的发展，到底是一部分学生的发展，还是所有学生的发展？在学生基本的受教育机会得到保障的情况下，教育资源与教育机会的增量是优先满足优秀学生的需要，还是优先满足学业落后学生的需要？教师有限的时间如何分配？学校有限的教育资源又该如何分配？

我们可以试着做一个思想实验：假定有1000万元资金，是给贫困地区的500个学生改善宿舍、食堂和教室条件，添置图书与实验仪器，还是在当地几所最好的初中或高中遴选并资助最优秀的100个学生，为他们聘请最好的教师，开展英才科学教育计划？从投资的产出率来看，如果资助100个天资聪颖的学生，10年之后从中就可能产生几名小有名气的科学家或发明家，通过技术创新改善当地的民生；如果资助500个贫困学生，受制于落后的教育水平，这些学生无一人有能力进行科学研究或科技创新，但由于学校教育环境得到了改善，降低了辍学率，大多数学生经过之后5—8年的学习可以成为当地合格的劳动者，通过劳动摆脱贫困。

由于教育的长期性与复杂性，很难说资助500个贫困学生资金的配置效率一定高于（或低于）资助100个优秀学生。如果效率的衡量不只是以经济的产出作为指标，而是将综合降低贫困发生率和犯罪率、增加社会和谐等因素也纳入其中，那么前者的社会效益甚至高于后者；如果只注重可见的、物质的效益和短期的效益，则后者也许是更好的选择。因此，需要多元主体参与教育管理，表达对教育质量的诉求，达成公共理性，以实现教育质量观兼顾社会发展和个性需求的双重目标。

社会制度必须寻求平等与效率的结合,没有平等的效率(效益)只是少数精英者的游戏,会带来贫富差距的扩大和社会的分裂;没有效率的平等只是同质化的平均主义,也不利于社会的发展。同样,对于教育系统来说,没有平等的效率只注重少数精英的选拔和培养,这种教育一定是以牺牲大多数人的发展为代价的,因此,它实际上的效率(效益)是很低的;不考虑效率将所有教育资源和机会都进行平均分配的平均主义也是不可取的。

现实地看,当前必须强调:所有的教育质量都要结合教育公平来考虑,没有实现公平诉求的教育不可能是高质量的教育。高质量的教育体系一定是提供均等化的公共教育服务的体系,而不是存在较大校际差异的体系。对于教育质量的评估不能离开对教育公平的考量。比如全球最有名的PISA(国际学生评估项目)对于各国学校系统是否成功的评估,不是单纯看成绩排名,而是使用教育质量与教育公平构成的二维评价体系,不仅评价学生阅读、数学学习状况,也评价学校系统的教育公平状况。[①]

如前所述,虽然平等与效率存在多重矛盾,但多国教育实践表明,教育机会均等是同时满足平等与效率两大诉求的最好方式。一个能保障机会均等的教育系统是既平等又有效率的教育系统。而教育机会均等,从广泛的意义上来说,是每个中国孩子都能通过教育实现对幸福生活的平等追求的机会;从更直接的意义上来说,教育机会均等是让所有的学习者都有获得优质教育的机会,都有取得同样进步的机会,都有成功的机会,让所有的学习者从同一个起跑线起跑,"不让一个学生掉队",最大限度地消除城乡差异和家庭贫困带来的发展障碍,实现公共教育服务的质量均等化。当前,促进中国基础教育发展的更好选择是教育机会均等先行,通过促进教育机会公平来提高整体教育质量。

因此,对于一个成功的教育系统来说,必须妥善思考和稳妥处理平等与效率的关系问题。在教育制度设计上,首先,要切实保障能实现双重价值的教育机会均等,向各类人群提供质量大体均等的基础教育服务,尤其要优先

[①] 吴佳妮.成功学校的关键特征及启示——PISA2009报告《什么造就了学校的成功》述评[J].外国教育研究,2013(1):39-45.

考虑弱势群体和边缘化群体的平等的受教育机会，包括农村留守儿童、进城务工人员子女、城市贫困人群等；其次，在各级各类教育体系的制度设计中要灵活而有弹性地处理好全民教育和精英教育、常规教育和天才教育的关系；最后，在教育活动中，要牢固地树立让所有学生都成功的因材施教理念，并紧紧围绕这个理念开展教育实践活动。

第二章

平等且卓越：
中国基础教育体系的理想构建

世界范围内，教育被视为提高人力资本和国家竞争力的重要武器。因此，教育成为一个重要的政治问题，它关涉国家根本利益。然而不幸的是，许多国家的民众对于教育的满意度并不甚高。个中原因在于人们对于学校教育秉持一种相当理想的看法，期待学校教育能够增进学习者的信心、开发学习者的潜能，而受制于物质资源匮乏、师资队伍参差不齐、行政制度束缚、教育系统内部惰性等多种因素，学校常常不能满足社会大众对于教育的理想期望。理想是彩色的，现实却是灰色的。其实，世界范围内的教育危机与教育问题都是相似的：日益陈旧的课程内容与知识增长及学生现实学习需求之间的不平衡；教育与社会发展需要之间的不相适应；教育与就业之间日益严重的不协调和不平衡以及社会各阶层之间严重的教育不平等；教育费用的增加；各国将资金用于教育的能力与愿望之间日益扩大的差距。[1]对于我国来说，经济发展、产业结构升级与科技的日新月异，使得教育与经济发展需要越来越不相适应，教育难以培养支持和革新经济系统的人才；同时，教育既被视为促进公平的手段，也被视为再生产社会不平等的工具；教育还无法满足社会各阶层的多元教育需要。

更令人担忧的是，我国整个教育系统中学生的负担很重，学得很累，但整体效率不见提高，既不能满足人民群众对于美好教育的多方面需求，也不能培养在全球有竞争力的创新型人才，甚至高等教育在国际教育的比较中还

---

[1] 菲利普·库姆斯.世界教育危机[M].赵宝恒，李环，等译.北京：人民教育出版社，2001：3.

有质量下滑之虞。显然，当前的教育系统还未能实现教育公平和教育质量的双重要求。

今天，中国教育体系主要面临两大挑战。其一，教育与外部社会的互动关系问题——中国教育能否适应社会需要，促进社会发展？其二，教育体系的内部重构与改革问题——中国教育体系能否围绕人的成长规律来设计，培养身心健康的合格未来公民和社会建设所需要的多方面人才？

一、中国教育体系反思

新中国成立之后，借鉴于西方的体制化教育因与社会生产实践脱节、未能保障社会大众的受教育权而受到猛烈批评。自改革开放以来，对于中国教育的批评反思更是不绝于耳，并且随着时代发展，教育批评的力度越来越强。尤其是20世纪90年代以来，中国教育面临着时代转型的挑战，一方面，教育要适应市场经济形势，重构与市场的关系；另一方面，高等教育大众化冲击了教育传统的封闭金字塔结构，改变了教育与就业市场之间的关系。由于高等教育对于基础教育的辐射与引导作用，这一局部改变也引起了教育的系统性变化。在双重挑战的夹击下，中国教育取得了举世瞩目的成绩——在21世纪初成功普及义务教育，并建构了世界上规模最大的研究生教育体系。然而中国教育体系僵化笨重的身躯和缓慢变革的步伐，在艰难适应社会转型的同时留下了重重危机。这些危机体现在教育系统、教育组织、教育主体层面以及层面间的协调，并汇聚成教育的系统性危机（见表2-1）。其中，最直接的危机是，学历社会来临，学历贬值导致学历军备竞赛升级，过度教育成为常态，应试教育愈演愈烈，学生和家长负担愈来愈重。在这一危机背后，教育体系正在遭遇教育系统危机、教育组织危机、教育主体危机和社会协同危机。

表2-1　教育危机及其表现

层次	教育理想	教育现状
教育系统层面（体制）	结构开放、功能多样、公平优质的教育体系	结构封闭、制度僵化、符码操控、身份制造

续表

层次	教育理想	教育现状
教育组织层面（学校）	自主、创新、多样、有活力、有效	千校一面、办学自主权弱
教育主体层面（人）	自主发展、幸福体验、自由学习、创新能力	负担过重、缺乏选择自由、缺乏乐趣、缺乏学习的意义感
层面间的协调（社会）	市场机制、社会机制、社会参与、多元共治	社会参与渠道有限，教育系统自我复制、自我维持

（一）教育系统危机

改革促进了社会结构的分化，功能专一的组织和角色群体的出现与增加逐渐导致国家与社会、政治与经济、经济与行政、行政与法律及意识形态的初步分离。总体性社会结构向分化性社会结构变迁[①]，中国社会从传统控制型社会走向现代开放型社会，社会制度也从传统的汲取性制度转型为包容性制度。

教育系统是由教育结构与功能组合而成的体系。教育结构是按照一定的秩序和规范构成的相对稳定的教育功能定位及资源分配关系，其中，纵向的结构关系包括学段关系，即从学前教育到研究生教育；横向的结构关系包括类型关系，即同一层次不同类型学校教育之间的关系，主要表现为职业教育与普通教育、重点学校与非重点学校、公立学校与私立学校等不同类别和属性学校教育之间的关系。教育制度塑造了教育分流的形态和教育机会的分配，维系着教育基本结构的稳定。改革开放以来，尤其是高等教育大众化以来，教育结构也相应地从封闭保守走向与外界互动和不断调适，提供了更多的教育机会与教育选择，促进了教育的民主化与多样化。

一个公平高效的现代教育体系应该具有十大特性——全民性、终身性、易得性、完整性、多样性、融通性、协调性、均衡性、开放性与灵活性，表现出"面向全民、服务终身、方便易得、种类齐全、定位清晰、形式多样、

---

① 孙立平，王汉生，王思斌，等.改革以来中国社会结构的变迁[J].中国社会科学，1994(2)：47-62.

衔接顺畅、比例协调、布局均衡、开放灵活"的特点。①然而，我国教育结构还未能全然符合上述特征，尤其是在后五个系统特性方面比较滞后。相对于社会需求来说，当前我国教育结构依然封闭，教育功能仍然单一。教育结构依然以金字塔式结构为主，纵向结构中高一级教育对于相邻的低一级教育具有支配性作用，结构的顶端是清华大学、北京大学等精英大学，这些精英大学在整个结构中具有中心位置的支配性地位；横向结构是普通教育相对于职业教育的优越性地位，普通教育与职业教育相对隔离、无法融通。这一单向化、等级化、隔离化的结构影响着教育功能和资源分配，导致同质化的竞争赛道和同质化的教育形态，致使教育难以形成多样化和差异化发展、相互融通的教育生态。虽然，当前中国教育已突破了以制造身份、符码操控为主的传统功能，然而依然维持着强大的筛选功能。筛选为主、机会单一、同质化赛道共同塑造了中国教育高控制、高竞争的系统特征。中国的教育系统仍以传承既定知识、维持社会稳定为主要特征，难以实现"以人为本"的人才多元化理想，不能服务于个人成长的多方面个性化需求。

总体看来，我国尚未在各级各类教育之间搭建起前后沟通、畅通衔接的人才成长立交桥，教育结构体系调整相对滞后，这制约着整个教育系统的运行效能。②这种相对封闭、彼此隔离的教育结构，催生了一种"结构紧张"（structural strain）的局面，即社会文化所塑造的人们对成功的期望值，与社会结构所能提供的获得成功的手段之间陷入了一种严重失衡的状态。学生角逐的教育成功即考上精英大学，但精英大学提供的机会非常有限，于是便产生了种种教育失衡现象——普遍的教育焦虑、过度的教育竞争、扭曲的身心发展……从独木桥式同质化竞争赛道转向人才成长立交桥，充分发挥每个公民"天生我材必有用"的潜能，而非只是筛选精英，是教育结构转型和功能转型所要完成的重要任务。如此，教育才能发挥服务于人的终身发展和自我实现的功能，而不只是一场场选拔社会精英的升学锦标赛。

---

① 褚宏启，杨海燕，曲正伟.构建高效公平的中国现代教育体系[J].人民教育，2009(19)：6-9.
② 刘宝存，荀鸣瀚.中国式教育现代化：本质、挑战与路径[J].中国远程教育，2023，43(1)：12-20.

（二）教育组织危机

教育系统危机在组织层面突出地表现为机构持续臃肿、缺乏变革活力。制度化学校自其诞生之初，就饱受诟病，人们认为其复制了机器生产流水线式的生产模式。美国学者伊里奇、古德莱德等人不遗余力地抨击了学校制度，伊里奇甚至认为学校消亡也无妨，可被自由学习组织取代。美国学者约翰·泰勒·盖托撰写《上学真的有用吗》一书，质疑学校"以漫长的学期、囚室风格的教室将学生和教师禁锢起来，如同一座虚拟的生产幼稚和无知的工厂"[①]。彼得·格雷列举了学校教育的"七宗罪"：没有合理的理由和法定程序就剥夺自由；阻碍了儿童个人责任感和自我指导的发展；削弱了儿童的内在学习动力（把学习变成工作）；以助长羞辱、自恃、作弊及愤世嫉俗的方式评价学生；阻碍协作力的发展，助长恃强凌弱的风气；抑制批判性思维；减少技能和知识的多样化。[②]

中国学校教育更是不容乐观。以中小学为例，千校一面、同质化严重、学校缺乏办学活力，被绑在应试教育的赛车上无法脱身。现代学校制度的建设目标尚未实现，学校依法自治的办学自主权难以保障。政校关系没有厘清，校长缺乏与教育局博弈的能力，越来越多的校长感觉自己只是个教务主任，越来越失去对于学校的控制权；学校与家长的关系也没有厘清，家长参与学校管理的途径和渠道没有疏通，导致家校矛盾突出，难以形成教育合力。学校教育办学质量的评价同质化，学校质量的生源决定论依然盛行，学校难有自主创新的动力。一些学校甚至走上了强调精细管理、量化评价、竞争至上的准军事化工厂模式或者学店化模式，产生了"劣币驱逐良币"的示范效应。在这种情况下，强调特色学校的建设是无济于事的。特色学校的差异只是表象，如同布匹上的花纹之间的差异，而非布匹材质的差异。

近些年，频繁的出国、培训、参观、学习开阔了校长的眼界，校长也受

---

① [美]约翰·泰勒·盖托.上学真的有用吗[M].汪小英，译.北京：生活·读书·新知三联书店，2010：2.

② [美]彼得·格雷.玩耍精神：会玩的孩子真的有出息[M].洪萃晖，译.北京：北京联合出版公司，2015：78-94.

到许多新思想和新事物的影响。许多校长想解放教师、解放学生、把课堂还给学生，但是又担心学生成绩因此下滑而没有勇气去真正实施。校长在高控制、高竞争的教育制度下自主行动的空间较小。同时，许多校长也面临着先天不足的知识短板和视野局限。据调查，"许多校长缺乏深厚的学识背景"，持这一认识的中小学校长比例达64.9%。"许多校长有实践积累，但缺乏理论思考"，赞同这一看法的校长比例高达81.9%。[①]教育的理论与实践脱节严重，许多校长与教师喜欢拿来即用、立竿见影的"药方"，深入思考教育规律的校长和教师似乎并不太多。一些校长缺乏社会责任伦理意识，面对一些不公正的社会现象和教育现象选择性失语；处理学校之间和学校内部利益关系时采取了一些"以邻为壑"和"掠夺弱者"的"挖墙脚"做法[②]……先进而不冒进、引领而不专制、直面现实而不投降的教育家式的校长何其少！然而，缺乏培养这种校长的组织环境和文化生态、缺乏促使这种校长成长的自由空间，则更令人担忧。

（三）教育主体危机

教育主体危机一方面表现为学校培养人的质量危机，另一方面表现为学生、教师等教育主体因意义感的匮乏、幸福感的缺失而体验到的存在性危机。

一方面，学校过于重视学术性知识，学生的学业负担沉重，学习效果却不佳，学生实践能力和动手能力缺失，并且习惯接受标准答案，盲从潮流，对问题进行澄清、分析、评价和论证的批判性思维缺失。在科技迅猛发展的21世纪，这些依靠形式逻辑进行论证的"无主体、无选择、无生活、无情感、无温度"的论证会在很大程度上被人工智能取代。学生科学素养缺失，擅长计算及与所学的知识内容相关的推理，而不善于通过虚构实验背景、观察现象、判定证据、验证假设、证伪的科学方法进行推理。PISA的评分显示中国学生在创造力、企业家精神和批判性思维方面落后于许多国家的学生。在"像科学家一样思考的能力"上，中国学生的分数位处全球倒数20名。[③]

[①] 张晓峰，胡玲玲."教育家办学"视野下校长专业成长研究[J].教师教育研究，2015(2)：81-87.
[②] 高鸿源.教育家校长的职业责任伦理与社会责任伦理[J].中国教育学刊，2010(9)：5-8.
[③] 华强森，成政珉，梁敦临，等.中国的技能转型：推动全球规模最大的劳动者队伍成为终身学习者[R].上海：麦肯锡全球研究院，2021：56.

有人形象地说:"许多学生经过多年苦学,学习了大量的科学概念、规律,做了许多习题,却不能有效地提高科学素养。他们的科学学习如同开了中药铺子,科学知识都被分散地放在药柜上不同的小匣子里,由于缺少科学方法而不能形成一个有机的整体……许多人靠加倍的努力来改善这一状况,结果却是在药柜上开了更多的匣子。"[1]可见,学业负担重、学习时间长,并没有促进学生综合素质的相应提升,因为学生将大量时间花在对考试知识点的熟练掌握和自动化反应上,为了提高分数反复训练,而不是在自己感兴趣和擅长的领域进行深入的拓展学习,因此浪费了时间和精力。

另一方面,与学生个人生活关系密切、在社会生活中发挥重要作用的社会情感能力、社会合作能力等知识和能力在学校教育中甚少涉及。学生的身体素质持续下降;道德素养堪忧,情感冷漠、关心缺失、校园欺凌的状况让人担忧;此外,高竞争与高负担的学校教育使得大多数学生无法体会到学习的快乐,幸福感偏低。学业竞争制造了大量学校生活的失败者,他们无法找到自我价值和意义,深受恐惧、抑郁、焦虑、孤独、无助等情绪的困扰。一项针对2010年以来3248179名大、中、小学学生的心理健康研究表明:我国大、中、小学生抑郁、焦虑、睡眠问题和自我伤害检出率偏高,其整体心理健康状况堪忧,需要引起全社会的高度警觉。小学生心理健康问题检出率由高到低依次是睡眠问题(25.2%)、抑郁(14.6%)、焦虑(12.3%)、攻击行为(4.1%)、退缩(3.8%)、违纪行为(3.7%)、躯体化(3.6%);初中生心理健康问题检出率由高到低依次为焦虑(27%)、抑郁(24%)、自我伤害(22%)、睡眠问题(17%)、自杀意念(17%)、自杀计划(7%)、自杀企图(未遂)(4%);高中生心理健康问题检出率由高到低依次是抑郁(28.0%)、焦虑(26.3%)、睡眠问题(23.0%)、自我伤害(22.8%)、自杀意念(17.1%)、躯体化(9.8%)、自杀计划(6.9%)、自杀企图(未遂)(2.9%);大学生心理健康问题检出率由高到低依次是睡眠问题(23.5%)、抑郁(20.8%)、自我伤害(16.2%)、焦虑(13.7%)、自杀意念(10.8%)、躯体化(4.5%)、自杀未遂(2.7%)。[2]从小学到高中,受抑郁和焦虑两大负面情

---

[1] 程红艳.为了公平与质量——基础教育学校变革探究[M].济南:山东人民出版社,2015:52-53.
[2] 俞国良.中国学生心理健康问题的检出率及其教育启示[J].清华大学教育研究,2022,43(4):20-32.

绪滋扰的学生比例随学段变高而整体攀升。值得指出的是，这种高负荷的学习方式不仅对学业成绩不良的学生产生了严重的负面影响，对学习成绩优良、在竞争中出类拔萃的优秀学生也产生了严重的负面影响。最令人触目惊心的是北京大学精神科医生徐凯文的报告，它显示在北京大学有四成学生认为活着没有意义，有三成学生不喜欢学习，还有相当一部分学生因为缺乏意义感的支持而患上"空心病"，情绪低落、兴趣减退、快感缺乏、了无生趣，"不知道为什么要活下去"，其中一些人甚至选择终结生命。[①]

（四）社会协同危机

社会协同危机主要指教育系统较为封闭、保守甚至僵化，与社会其他系统之间的互动较少，因此教育很难适应社会发展需求，教育发展逐渐滞后于社会发展。社会协同危机表现在主体、制度与系统三个层面。

从主体层面来看，校长和教师的生活空间相对封闭，社交网络同质化程度较高，更多的是与同行交流。在学校，教师与家长的沟通以解决学生问题为主，两者交流较少，且时有冲突产生；在社区，教师与社会其他行业从业人员交流较少，主要在个人生活圈交流，基于教育目的产生的合作行为较少。

从制度层面来看，市场行为作用于教育的制度保障基本建构完善，如由政府或学校购买第三方教育服务已较为常见。但是，保障和促进多个主体平等交往、自愿合作的社会机制尚未建立。如教育利益相关者参与学校教育、参与学校管理还停留在理论呼吁层面，尚未形成有效制度来进行保障；家、校、社协同育人的制度化建构也刚刚起步。尤其是需要跨界合作的职业教育，传统的条块分割、多头管理的治理体系难以适应现代职业教育的跨界需求[②]，产教融合、校企合作的设想遭遇管理阻滞，难以落实与制度化。

从系统层面来看，虽然整体上教育促进了文化繁荣与经济发展，提升了人力资本，扩大了消费需求[③]，但是教育系统与社会文化系统、经济系统还比

[①] 徐凯文.学生空心病与时代焦虑[EB/OL].(2017-08-25)[2023-10-15]. https://www.sohu.com/a/167174789_770822.

[②] 滕道明.人才培养与产业需求"两张皮"原因何在[N].中国教育报，2019-04-23(9).

[③] 闵维方，余继，吴嘉琦.教育在扩大内需拉动经济增长中的作用[J].教育研究，2021，42(5)：12-22.

较脱节。教育传承已有的文化积淀，却无法参与建构现实流动的社会文化；经济发展所需要的人才，尤其是高技术人才、科技创新人才与高素质管理者，教育系统尚无法有效地培养；高等教育的扩张提升了人力资本水平，但教育系统仍沿袭惯性培养人才，专业设置与社会需求契合度不够，专业结构与产业结构匹配度不够，导致教育发展与经济发展出现错位，高校毕业生在劳动力市场上就业率逐年走低，而经济发展所需要的人才又严重短缺。①类似于美国硅谷的产学研合作、在高等教育与区域经济发展之中形成良好互动关系的创新集群，在中国尚属罕见。面向未来，随着人工智能的升级与普及，中国广大劳动者还面临着提升素质、技能转型升级的要求。据估计，到2030年，中国可能有多达2.2亿的劳动者（占劳动力总数的30%）需要变更职业，22%~40%的中国农民工受自动化的影响，被迫减少工时，平均每人每年减少57~105天工作时间。②当前，教育还无法充分满足经济创新与技术创新对于前沿性人才的需求，也还无法有效地满足科技更新对广大劳动者素质转型升级的要求，中国经济依然存在陷入"中等收入陷阱"的隐患。

二、平等且卓越：基础教育的理想价值

如前所述，公平与质量是教育的两大基本价值。对于保障权利平等和机会均等的基础教育来说，公平更加显著地表现为平等，平等意味着消除了教育特权；质量则可以进一步明确地界定为卓越，卓越意味着摆脱了教育平庸，教育效能卓越。这里的卓越具体表现为教育组织机构卓越、教师卓越、教学效果卓越与学生卓越。卓越是多元卓越，是差异化发展与动态生成的卓越。其中的学生卓越不是仅表现为学术人才的认知卓越，而是体现在数理逻辑、语言、情感、社交、艺术以及体育等多个领域，成为社会各行各业所需要的具有不同能力、掌握不同技能的卓越人才。

---

① 褚宏启.中国教育现代化的几个关键问题[J].中国国情国力，2022(9)：1.
② 华强森，成政珉，梁敦临，等.中国的技能转型：推动全球规模最大的劳动者队伍成为终身学习者[R].上海：麦肯锡全球研究院，2021：3.

（一）平等与卓越的要义：全民教育与精英教育的平衡

如前所述，公平与质量或者说平等与效率构成了教育系统中一对最基本的价值矛盾。从发达国家的教育改革实践来看，在教育现代化的长期探索中，它们大体寻找到教育平等与教育卓越价值平衡互补、教育平等与教育卓越在教育系统中相互嵌入与巧妙组合的适合本国国情的制度设计与实践操作方式，教育与社会发展形成了良好的互动关系。美国早在20世纪50年代便开展英才教育，并在天赋甄别、教育方式、师资培育各方面逐渐趋于专业化，同时通过巧妙的制度设计，使得英才教育有效嵌入普通教育体系，实现平等与效率的融合。在东亚教育体系中，日、韩基础教育在追求基础教育平等方面不遗余力，在学校教育均衡化、教育标准化方面的表现可圈可点。同时，在平等主义的主导价值下，英才教育或者说精英教育也成为日、韩高质量教育体系的必要补充。2000年，韩国颁布了《英才教育振兴法》，建立中央英才教育振兴委员会，制定英才教育综合计划，将英才教育推向了实质性发展的阶段。韩国逐步构建了教育机构多样化、选拔方式自主化、判定工具科学化、经费来源多样化的英才教育体系。[①]

不能很好地从顶层制度设计来解决平等与卓越之间矛盾的教育系统是百弊丛生的。中国教育在平等与卓越这两方面都还有很大的提升空间。目前的"齐步走"教学方式和"一刀切"评价方式忽视了学生的能力发展差异和兴趣差异。这种教育系统对位于两端的学生都非常不友好：一端是天赋超常的学生，另一端是数理逻辑能力不佳、学业基础不良的落后学生。筛选式的教育迫使所有学生在同质化的赛道上参加全员竞争，这种竞争"一边迫使英才教育平庸化，一边把竞争的枷锁不必要地套在了所有人身上，导致参与到教育系统中的人数越多，内在矛盾也就越大，竞争的烈度越不正常。结果，大众的受教育需求和国家的选才育英机制互相构成了严峻的限制"[②]。正如钱颖一

[①] 刘文杰,刘颖.全球英才教育的政策导向与实践动向[J].世界教育信息,2022,35(12):26-32.
[②] 陆一,朱敏洁.美国的"少年班"何以成立：一种高选拔适度竞争的英才教育路径[J].国家教育行政学院学报,2019,(9):61-68.

所言，中国大规模的基础知识和技能的传授很有成效，同一年龄段、同一学术学习阶段横向比较而言，中国学生在知识水平方面"均值"较高，但人才水平"方差"小，缺少拔尖人才，这影响了中国的发展后劲。[①]必须坦率地承认，这种教育既不平等也不卓越，既无法很好地保障平等也无法很好地培养拔尖人才。正如"钱学森之问"显示的一样，中国教育系统目前还不能培养出像乔布斯、比尔·盖茨、马斯克之类的引领时代科技发展方向的战略性科技创新人才和横跨商界与科技界的跨界型科技创新人才。

可见，教育平等与教育卓越的组合设计是高质量教育体系的关键，也是教育系统提升人才培养效率和实现因材施教的关键。时至今日，改革目标不是要再设一条封闭而神秘的拔尖创新人才特殊轨道，而是要将整个教育系统建设成为中国式的因材施教体系，挖掘和促进各类一流人才的涌现。[②]

为什么平等与卓越在价值与制度上的平衡如此重要呢？这是因为教育实践与政治实践具有非常密切的内在联系，事实上，教育实践可以被看作实现政治理想的一部分。因此，政治问题对于教育影响深远。政治问题关涉权力运用与权利保障，即谁有权力支配他人的命运，哪些权利必须在社会共同体中得到保障等。现代社会是平等的自由人在合作基础上建立的契约社会，因此公共权力在民众中的共享至关重要。但是，随着学历社会和知识经济的到来，专家治国和精英统治日趋盛行。精英虽然享有主导权与话语权，但民众人数众多，他们也享有参与权。因此，对于政治体系来说，基本的问题便是如何在大众群体与精英群体之间达成价值平衡，以及如何实现大众统治与精英统治的制度平衡。民主制度是一种重要的政治平衡机制，教育在营造民主文化和维系共同价值观方面也意义重大。因此，对于教育系统来说，必须实现全民教育与精英教育之间的平衡，否则便无法协调社会各阶层之间日益高涨的对优质教育的需求。

为了解决平等与卓越之间的矛盾，教育必须在平等主义的基础上，为所

---

① 钱颖一：中国教育高"均值"低"方差"影响发展后劲[EB/OL]．(2014-12-14) [2023-10-15]. http：//edu.people.com.cn/n/2014/1215/c1053-26205095.html.

② 陆一．完善造就拔尖创新人才的现代化教育体系[J].人民教育，2022(24)：18-21.

有公民建构一个公平竞争的起点，让他们不受家庭环境和居住地域的影响。这便是义务教育要承担的任务——面对教育这项公共服务，尤其是在义务教育阶段，没有儿童应该在道德和公民权利上享受比其他人更好的教育权利。义务教育阶段的校际差距、城乡差距是不合理的。当义务教育结束时，应该确保所有的智力正常的儿童都达到基本的能力标准。如此才能确保每个儿童都有机会参与社会、获得幸福生活。从社会发展来说，公民不受家庭因素影响，可以在一个大致相同的起点参与对高一级教育机会和未来社会机会的公平竞争，起点公平、过程公平，才能保证真正的精英脱颖而出。此处的精英，主要是有较高天赋和较强学习动机的儿童，而不是优势社会阶层家庭的儿童。有天赋的儿童之所以被给予更多的个性化教导、被投入更多的教育资源，是因为他们的天赋充分运用有利于整个社会的发展，而不是为了让他们陶醉在以竞争取胜赢得地位或特权的虚幻的个人成就感之中。换言之，义务教育领域中任何教育资源的分配倾斜，一部分儿童被特殊优待和给予更多教育资源，都必须从道德上得到论证，其道德理由只能是罗尔斯所列的两个理由之一：向弱势群体倾斜的人道主义原则；有利于社会共同体的共同利益的功利主义原则。

全民教育与精英教育之间的平衡，也意味着培养人才与培养人（公民）之间的辩证统一。如果教育不能很好地培养人（公民），则人才培养是没有根基的。只有全民教育的质量得到提升，精英教育的质量才能水涨船高。当前教育体系强调优秀人才的培养、拔尖创新人才的培养，然而，如果不能妥善处理全民教育与精英教育之间的关系，将会带来精英教育的错乱——基础教育强调培养人才，忽视了人的教育，反而造成高等教育生源基础不牢；高等教育强调培养拔尖人才，造成了普通大学与精英大学之间差距的持续扩大，反而掣肘了高等教育整体质量的提升。基础教育精英化必然会导致高等教育平庸化，一个个孩子在小学时出类拔萃甚至能说几门外语，到大学毕业时在国际人才竞争的舞台上却没有表现出优胜的竞争力。这不能不说是令人遗憾的！

如前所述，教育是一个被多元价值影响的多维复杂系统。从其本质属性来看，教育是一种社会实践，而实践则如围棋对弈一样在既定价值规范和规则前提下具有毫不重复的动态生成性。因此，正如亚里士多德所言，实践智慧追求的是合宜性，在合适的情况下做合适的事情。^①这意味着虽然可以一般地说，基础教育应以平等价值为主，以追求卓越为辅，平等价值比卓越（或效率）更为重要，但两者在教育实践中却不是机械分割、非此即彼的，而是像骑自行车一样，会根据路况不断地调整方向，实现路径的最优化。也就是说，并非在任何情况下平等价值都要碾压效率，在某些情况下，放弃较小的平等，可以获取更大的效率，在依照正当程序达成共识的条件下，在满足增进群体共同福祉的标准下，平等可以适当为效率而牺牲。如人们经常讨论的哈佛大学招生，它可以招收若干分数稍低一些、但为学校奉上百万捐款的学生，因为这些捐款能有效改善学校的办学条件，从而惠及广大学生。

（二）迈向平等且卓越的教育系统变革

面向未来，教育平等与教育卓越必须在价值理念和制度设计上既各安其位、各尽其责，又相互补充、实现动态平衡。要迈向平等且卓越，我们需要在教育价值系统、教育结构系统、教育治理系统、教育组织系统、教育实践系统实施综合变革。教育改革的教育诉求如表2-2所示。

表2-2 教育改革的教育诉求

系统	具体诉求方面
教育价值系统	平等与效率、竞争与合作
教育结构系统	稳定性与开放性、中心化与去中心化
教育治理系统	集权与分权、行政主导与社会参与
教育组织系统	学校标准化与多样化
教育实践系统	全面发展与个性发展、接受知识与发现知识

其一，在教育价值系统，要处理好平等与效率、合作与竞争之间的关系。平等与效率的价值，反映在社会生活之中便集中表现为合作与竞争的人际关系与利益分配原则。重视平等会更强调人们共同体成员的身份，强调人们对于群体的依恋感，也会形成更重视合作的氛围；而强调效率则会更加重视个体之间或群体之间的竞争，个体或群体之间合作的空间比较有限。反之亦然，

---

① [古希腊]亚里士多德.尼各马可伦理学[M].廖申白，译.北京：商务印书馆，2003：47.

合作氛围浓厚与合作行为频繁的群体也更容易培育平等主义的态度，竞争行为盛行的群体则更看重个人功利和效率。当前教育体系就是过于看重基于考试成绩的学业竞争，将教育看作生存机会竞争的角斗场和社会竞争的起点，导致学生在学校中压抑、封闭，感受不到关爱，缺乏社会合作技能，这对于他们的成长和社会发展都是不利的。

其二，在教育结构系统，要处理好稳定性与开放性、中心化与去中心化的关系，使得教育结构既有明显的边界，又有面向外部社会的开放性、多样性和灵活性，而不能成为自我参照的循环闭合系统；既重视纵向衔接，又重视横向有效融通、协调发展，将单一化、等级化的独木桥式上升通道变成立体网状的立交桥式结构；拆除各种带有排斥性和限制性的制度壁垒，建立起给予人平等竞争机会、激励人终身学习的包容性制度；既表现出一定的公立主导性、城市中心化趋势，又表现出城乡协同发展、公立教育与民办教育协同发展、优秀学校遍地涌现的去中心化态势。教育系统发挥多种功能，既可以满足经济生产的各类人才需求，又可以充分满足民众的多种潜能发展需求。

其三，在教育治理系统，要处理好集权与分权、行政主导与社会参与之间的关系。这是教育制度创新的关键。集权与分权首先表现为中央政府与地方政府之间的关系问题，需要妥善处理中央管辖权与地方自主权，防止教育集权带来的决策失误与效率低下。除此之外，还要处理好国家、社会与市场之间的关系。国家要向社会让渡权力，促进教育行业自治与社会参与管理；教育不可市场化，但市场机制在教育资源的分配中可以提升资源配置的效率。有效的教育治理格局是政府机制（管理导向）、市场机制（服务需求与提高效率导向）、社会机制（自治导向）三种机制共同作用的结果。多元主体的协同治理正是教育治理的真谛，也是教育平等与教育卓越之间达成制度平衡的关键。一个长期习惯于依赖政府管理的社会，要实现三种机制共同作用的社会治理模式，必须做到以下几点：一是在观念上形成共识——"强政府-强社会"关系模式下的协同治理才是最优目标；二是在治理主体方面明确社会主体角色——把治理对象变为治理主体，为政府之外的其他社会主体的成长发展提供空间；三是在治理体系方面推进增强系统开放性的改革，建立广泛包容和吸纳非政府主体和非政府机制的制度，努力完善"党委领导、政府主导、社会协同、公民参与、法治保障"的中国经验。①

其四，在教育组织系统，要处理好学校标准化与多样化的关系。学校教育之间不应是"千校一面"地比拼升学率的同质化发展，而应是多样化发展，各种不同的学校充满活力、各有特色。要处理好精英学校与普通学校之间的关系，总体上说，义务教育阶段不宜有精英学校或重点学校，可以有特色学校；而在高中阶段则可以建立专门的英才学校。科技高中针对英才学生开展特殊教育，这种学校师资力量强，课程与教学具有挑战性和灵活性，以培养学生的科技创新能力为首要任务。美国的托马斯·杰弗逊科技高中和布朗克斯科学高中、韩国的首尔科学英才学校、奥地利的卡尔·波普尔学校等，都是办学卓有成效的英才学校。②当然，中国如果试办高质量的精英高中，对于这类学校的数量、招生比例必须有比较严格的控制，对于学生的挑选要有科学的甄别方法，对于学生和学校的评价要有不同的标准，防止这些新型精英学校成为当前重点学校的翻版或成为社会优势阶层的"自留地"。

其五，在教育实践系统，要处理好全面发展与个性发展、接受知识与发现知识之间的关系。一方面强调学生的全面发展，另一方面鼓励学生的特长发展和超常发展，开展多种形式的英才教育。比如国外常见的随班就读式的英才教育模式，天赋出众的孩子在常规班学习的同时，接受单独的、课外的加快学习与拓展学习内容。我们要改革教学方式，突破强调唯一标准答案的思维，让学生自由学习、自由思考。

关于平等且卓越的教育系统，我们有很多的展望和期待：平等且卓越的教育是保障机会均等的公共服务体系；平等且卓越的教育是多样化的高质量教育；平等且卓越的教育是学校有活力的教育；平等且卓越的教育是学生自由学习和幸福成长的教育；平等且卓越的教育是人民满意的教育。在平等且卓越的教育系统下，学校获得了民众信任，义务教育阶段就近入学成为首选，择校成为比例极小的"意外"选择。

---

①燕继荣.中国社会治理的理论探索与实践创新[J].教学与研究，2017(9)：29-37.
②褚宏启.英才教育的争议分析与政策建构——我国英才教育的转型升级[J].教育研究，2022，43(12)：113-129.

平等且卓越的教育系统，不仅依赖于学校系统的自我革新、教育系统与外部社会系统的互动互构，更依赖于我国社会系统的整体转型，尤其是政治系统的整体改革。而政治系统改革所面临的最大挑战，往往在于现行政治体制既是改革的对象，又是推行改革所依赖的组织手段。[①]教育改革依然在蜿蜒前行。

---

① 徐湘林.以政治稳定为基础的中国渐进政治改革[J].战略与管理，2000(5)：16-26.

2

基础教育改革现实篇

第三章

攻坚期基础教育改革阻滞与突围

自1977年恢复高考以来,中国教育历经30多次大大小小的改革[1],大体可以划分为以下四个阶段:恢复重建变革时期(1977—1984年),教育体制改革时期(1985—2001年),综合改革期(2002—2010年),全面纵深改革期(2011年至今)。21世纪以来,随着义务教育的全面普及,基础教育改革进入综合改革和全面纵深改革的攻坚期。各项改革密集进行,课程改革、考试改革、评价改革相继实施。然而,改革过程表现出"量的增加、质的停滞"特征,出现改革内容浮于表面[2]、指导改革的思想和理论储备不足[3]、以发展来替代改革[4]、公众力量参与不足、改革的社会基础薄弱[5]等问题。改革攻坚期的突出特点就是容易解决的教育局部问题基本上都已经解决了,剩下的都是改不动、改不好的"硬骨头"和"老大难"问题。这些问题往往是牵涉教育管理体制、教育基本结构与核心利益分配的系统性问题,其解决非一日之功,并且当前既有的改革模式对于这些问题的解决往往是无能为力的。因此,基础教育改革陷入了"老问题"年年讲、"新观念"年年出、"有改革无实质改

---

[1] 王后雄,詹先君.中国高考改革40年艰难探索历程及价值追求[J].中国考试,2017(1):37-42.
[2] 吴全华.全面深化基础教育改革应处理好的几个基本关系[J].教育发展研究,2020,40(Z2):1-6,22.
[3] 蔡宝来,晋银峰.我国基础教育改革的现实境遇与未来抉择[J].上海师范大学学报(哲学社会科学版),2010(1):92-102.
[4] 吴康宁.改革·综合·教育领域——简析教育领域综合改革之要义[J].教育研究,2014(1):41-46.
[5] 邹慧明.公众参与教育改革:可为、难为与应为[J].教育研究与实验,2020(6):24-31.

进"的改革阻滞状态。理性反思基础教育改革本身的问题，探明基础教育改革关键领域遭遇瓶颈的根本原因，对于促进基础教育高质量发展具有重要的意义和价值。

一、攻坚期基础教育改革阻滞表征

从改革成效来看，基础教育改革呈现局部改进、整体生态不容乐观的态势。局部来看，每一项教育改革都旨在修补当前制度的漏洞，比之先前均有进步，如高考改革促进了考试方式多样化、课程改革促进了教学方式的变革，取得了有目共睹的成绩；然而，整体来看，教育公平和质量未能得到有效提升与保证，应试教育与考试焦虑愈演愈烈，教育体系面临日趋"内卷"的系统性危机。攻坚期基础教育改革阻滞的"硬骨头"和"老大难"问题突出地体现在以下三个方面：从宏观教育发展战略来看，教育均衡改革未能促进实质上的教育公平；从育人方式来看，考试制度改革和课程改革未能促进创新型人才选拔与培育，未能切实减轻学生身心负担和推进学习方式的变革；从教育管理改革来看，现代学校制度未能建立，学校仍缺乏活力。

（一）教育实质公平保障乏力

社会贫富差距拉大和阶层固化掣肘着基础教育公平的发展。世界经济论坛（WEF）发布的《2020年全球社会流动性报告》显示，中国社会流动指数为61.5分（满分为100分），在82个国家中位列第四十五；日本以76.1分的成绩位列第十五，韩国以71.4的成绩位列第二十五。相比于其他亚洲国家，中国在平等的工作机会、教育机会和社会保护方面存在明显的短板。[①]截至2020年，我国九年义务教育实现基本均衡的县（市、区）比例达到95%。[②]教育均衡改革虽然在整体上促进了学校办学条件与物资设备的均衡化，但未能促进生源均衡和师资均衡。

---

① The World Economic Forum[EB/OL]. (2020-01-03) [2023-12-01]. http://reports.weforum.org/social-mobility-report-2020/social-mobility-rankings.

② 王烽.高质量发展：基础教育的挑战与应对[J].人民教育，2021(1)：21-24.

基础教育实质公平主要体现为教育权利平等、教育机会均等和教育质量公平。然而，当前基础教育发展的教育机会不均等情况依然突出，更遑论教育质量公平。

1. 城乡教育差距进一步拉大

教育筛选对农村学生不友好的排斥功能明显：职业中学农村学生比例远大于城市学生，省级示范高中和重点大学的农村学生比例都呈逐年下降趋势，精英大学的农村学生比例也不断下降。

2. 区域间教育发展严重不均衡

大城市教育发展的虹吸效应明显：省会城市高中垄断精英大学升学率的态势越来越明显，县级高中与省会学校的教育质量差距拉大；省会城市、教育质量较高的地区和学校不仅没有成为推进高质量教育公平的动力源，反而成了教育劣势地区的资源抽水机。[①]

3. 区域内校际差距过大导致教育竞争激化和教育焦虑蔓延

重点学校发展的马太效应日益凸显，强者越强，弱者越弱。[②]重点学校聚集更多优秀教师（包括特级教师）和更多来自较高社会经济地位家庭的学生，与普通学校之间呈现越来越大的教育质量差异，"择校热"盛行不衰。

与此同时，教育产业化趋势依然暗流涌动，资本渗入、裹挟教育现象屡见不鲜。教育品牌成为资本逐利的对象，公办学校从事营利性办学，利用输出品牌谋取利益；一些地区的义务教育资源通过"资本化"过程不断蕴含在房屋价格之中，并由公共品逐渐转变为消费品[③]；另一些地区出现教育的拉丁美洲化[④]（教育的拉丁美洲化即在人口收入差距显著的社会中，大量中高等收入的家长可能逃离公共教育体系而在私立部门中寻求更高水准的服务，公立

[①] 陈栋. 新时代教育公平的挑战与想象[J]. 教育研究与实验，2020(6)：16-23.
[②] 郭丛斌，林英杰. 精英大学入学机会校际差异的马太效应研究[J]. 北京大学教育评论，2020(4)：151-167，189.
[③] 张浩，李仲飞，邓柏峻. 教育资源配置机制与房价——我国教育资本化现象的实证分析[J]. 金融研究，2014(5)：193-206.
[④] 王蓉，田志磊. 迎接教育财政3.0时代[J]. 教育经济评论，2018(1)：26-46.

学校特别是基础教育阶段的公立学校逐渐成为低劣质量机构的"代名词"），公立学校地位被弱化。2021年，教育"双减"政策的强力出台，有效遏制了校外培训机构和资本市场对于学校教育的裹挟，但其长期效果尚有待观察。

（二）育人方式改革遭遇瓶颈

21世纪伊始，全国推广实施新课程改革促进了自主学习、合作学习等教学方式的变革。然而，由于考试改革滞后及社会动员不足，课程改革取得的成果有限。之后，与中国学生核心素养、学科核心素养相关的文件相继出台，但尚未触发基础教育教学的进一步改革。学生的学业负担依然沉重，学生的学习方式仍以接受学习为主，缺乏以有意义的方式来解决真实世界挑战的学习体验。学习负担大多源自社会比较的竞争压力和大量重复训练的时间压力，从长期来看，这磨损了学生学习的内在动力，不足以推动学生掌握应对未来科技变革与社会变革所必需的能力。

考试选拔制度的改革长期持续进行，一系列改革举措旨在突破考试对人才培养的负面影响，培养和选拔社会发展所需的创新型、复合型人才。2014年以来，高考改革力度增大，给予学生适度的考试科目选择权，试图通过综合评价和多元录取打破"以分取才"的僵化标准。改革的初衷无疑是很好的，然而从多地实践来看，新制度未能促进学生的差异化发展，反而造成考试频繁、学习碎片化、学生负担加重等弊病。与此同时，旨在选拔"怪才""偏才"学生的自主招生制度也遭遇滑铁卢。在教育系统中，如何通过教育考试制度、学校评价制度和课程教学改革促进学生的创新精神和实践能力，形成适应学生成长规律的更为人性化的学校育人方式，依然道阻且长。

（三）管理制度改革裹足不前

1985年以来，实行简政放权、扩大学校办学自主权一直是教育管理改革的主导趋势。2010年通过的《国家中长期教育改革和发展规划纲要（2010—2020年）》继续强调以转变政府职能和简政放权为重点，明确各级政府责任，促进管办评分离，形成权责明确的教育管理体制。2015年颁布的《教育部关于深入推进教育管办评分离 促进政府职能转变的若干意见》、2019年印发的《中共中央 国务院关于深化教育教学改革全面提高义务教育质量的意见》都提出了推进现代学校制度建设，确保学校办学自主权。

虽然教育政策反复强调确保学校办学自主权、厘清政校关系，建立依法治校、自主管理的现代学校制度，倡导推进教育治理现代化，然而，所有这些诉求都指向教育行政部门，要求权力在学校与教育行政部门之间重新划分与相互制衡，但行政部门的自我革命和自我放权并不容易，而学校也缺乏足够的资源与地方行政部门展开平等的权力博弈。近年来，随着技术治理的推进以及行政体系功能的拓展，地方教育行政管理机构越来越庞大，人员越来越多，对学校的管控越来越深入和细致，"痕迹管理""精细化管理"让学校深陷制度桎梏，学校越来越缺乏活力和特色，办学体制改革困难重重。

二、基础教育改革阻滞的原因剖析

教育改革是在价值、制度、实践等方面进行的利益重组活动，本质上更是一种制度变迁过程。制度变迁是权力与利益在个人、团体、组织之间分配格局的再造，同时涉及各种思想观念之间的交锋、博弈和深层社会文化价值的重构。制度变迁涉及三个层面：正式规则，非正式约束以及实施机制。攻坚期基础教育改革阻滞的原因更为复杂，既有作为正式规则体系的制度创设、决策方式的制约，也有制度实施过程中不得不面对的错综复杂的多元利益格局的掣肘，更受文化系统中长期积淀的深层价值观等非正式约束的锁定效应影响。

（一）教育制度创设的有限理性

制度创设即改革政策对于制度的设计、安排和选择，是多种观点和价值博弈之后的产物。当前，教育制度的创设虽然是理性的，却是有限理性，即管理者寻求的是令人满意的决策，而不是最优决策，因为他们缺乏使得决策最优化的实践能力和认知能力。[①]

[①] [美]韦恩·K.霍伊,塞西尔·G.米斯克尔.教育管理学：理论·研究·实践[M].7版.范国睿,主译.北京：教育科学出版社，2007：291-292，302-303，84.

第一，教育改革的价值导向存在多重制度逻辑冲突。制度变迁是由拥有不同利益诉求的个人和群体相互作用而推动和约束的，而不同群体和个人的行为受其所处场域的制度逻辑制约。[①]教育改革处于相互竞争的三重制度逻辑之中——社会逻辑、经济逻辑和政治逻辑。从教育改革的社会逻辑来看，教育改革要促进和谐而繁荣的社会，体现社会正义和社会共同体的团结；从教育改革的经济逻辑来看，教育改革要促进经济增长、提升效率；从教育改革的政治逻辑来看，教育改革要维持社会稳定和增强统治的合法性，提升大众的教育满意度。三种不同的制度逻辑推动教育改革朝着不同的方向发展：政治逻辑强调推进教育公平，经济逻辑却鼓励效率至上和拉开差距，将经费投入可以产生更大回报的教育领域；社会逻辑强调社会团结，主张教育要促进所有人共同发展，而经济逻辑和政治逻辑则更关注培养高端的精英人才。自然，围绕不同的价值观建构起来的不同制度也会彼此竞争。比如，对于教育资源分配是公平优先还是效率优先，教育政策是促进民办教育还是限制民办教育，选拔考试是提高质量考核标准还是降低考核标准等，这些年一直存在拉锯式反复，无法达成共识。

第二，制度创设的有限理性也表现为对于制度改革后产生的多重后果或制度意外预期不足，改革缺乏"成本-效益分析"。制度改革设计具有一定的针对性，能解决现实中的一些教育问题，但是长期实施过程中产生的负面作用抵消了其积极意义。比如课程改革宣称会降低学习内容的难度，然而由于考试竞争白热化，出现"学得容易考得难"的情况，导致"学校不教校外教"，反而进一步增加了家长购买教育服务的经济负担；又如自主考试制度的设计，虽然是基于选拔"偏才""怪才"的考虑，却导致这一制度为社会中上层人群打开了"方便之门"。可以说，当前中国教育制度改革的风险在于——所有试图在统一的强制性政策或规范性政策上"撕开口子"、给予某些弹性和自由的改革，都会有被强势群体滥用的风险。

第三，制度创设的利益博弈。改革受到既得利益者和强势集团的阻挠，比如推行教育均衡发展势必会与学校非均衡化的态势相抵牾，遭到重点学校及其支持者的反对；去行政化改革试图削减管理人员的权威和权力，也势必

[①] 周雪光，艾云.多重逻辑下的制度变迁：一个分析框架[J].中国社会科学，2010(4)：132-150，223.

会遭到一些行政体系人员的反对。对于一些缺乏代表性的底层社会群体，如留守儿童、流动儿童，推进其教育利益的改革往往变革迟缓，而落实改革精神的具体条例规定也往往会设置多种条件和门槛。还有少数教育制度的改革不是出于增进公共利益的考虑，而是基于有关部门利益最大化的考量。由于制度设计缺乏公开辩论与公众参与的环节，它无法监控权力和利益借改革之名进行自我复制和自我膨胀的野心，也无法约束精英主导下的改革偏好，因此改革的成本和效益在社会各阶层中的分配无法达到帕累托最优和罗尔斯标准。

第四，制度创设的理想难以落地。尽管制度设计的初衷是很好的，但实际上成为"无根的水芹"。政策供给与学校实际需求差异较大。某些决策人员不太了解学校教育的实际情况——"绝大多数教育改革失败是因为改革者没有看到学校文化这一因素。改革者设计新的政策，但这些政策似乎是在真空中实施的，而不是在有着多个世纪文化传统的机构环境中实施的"[①]。一些制度设计不接地气，缺乏对教育实践多样性的回应，对文化差异和地区差异预计不足；另外一些制度设计则直接从西方文化中采取简单的制度移植方法，实践的本土途径尚属未知，对于教师能力要求很高，同时缺乏切实的经费支持和技术支持，很难得到一些教师的真心拥护。吴康宁曾生动地描述这种改革中出现的典型行为——"三心二意、空喊口号、虚与委蛇、忽悠作秀、借改革之机谋名逐利"，其典型过程是"起初轰轰烈烈，其后冷冷清清，继而徒有虚名，最终偃旗息鼓"[②]。

总结起来，教育制度创设的有限理性如表3-1所示。

表3-1 教育制度创设的有限理性

有限理性	原因	结果
多重逻辑	三重制度逻辑相互竞争： 社会逻辑（重正义、团结）； 政治逻辑（重社会稳定、统治合法性）； 经济逻辑（重效率）	教育改革在指导原则和一些重要问题上出现"拉锯战"

[①] [美]弗朗西斯·C.福勒.教育政策学导论[M].2版.许庆豫，译.南京：江苏教育出版社，2007：249-250，300-301，195，252.

[②] 吴康宁.教育改革的"中国问题"[M].南京：南京师范大学出版社，2015：1.

续表

有限理性	原因	结果
制度意外	制度改革产生意料之外的后果； 解决旧问题的同时产生了新问题	教育改革背离初衷，负面效果抵消了积极效果
利益博弈	既得利益者的阻挠； 部门利益最大化的考量； 弱势群体的失语和制度的精英偏好	教育利益分配无法满足帕累托最优和罗尔斯标准
脱离实际	制度移植，缺乏本土性； 实施要求高，缺乏配套资源	教育改革无法实施、不了了之

（二）教育改革方式的外围渐进模式

改革开放以来，中国教育改革一般采取决策的外围渐进模式。外围渐进式改革是针对既有问题的修修补补，改革的循序渐进有利于缓和矛盾冲突、维持政治稳定和社会安定。通常，外围式改革根据问题难易程度推进实施，改革多从外围入手，容易的先改，难的后改，绕过核心矛盾和关键问题，致使教育痼疾纹丝不动，教育问题积重难返，成为改革中很难"啃动"的"硬骨头"。以基础教育学校均衡发展为例，在当前学校发展格局下，推行师资均衡和生源均衡遇到的阻力很大，因此，只能进行比较容易推行的局部细微调整，比如通过教师支教交流来促进教师均衡、以建立学校联盟的学区制和学校结对来促进优秀学校对薄弱学校的帮扶。无疑，这些改革对于促进均衡发展效果非常有限，不啻杯水车薪。

渐进式改革倾向于将新事件视为另一个老问题并用老方法去解决，改革只是在既定格局中进行规则微调，不能推动各项改革整体协调、配套进行。[①] 渐进式改革着重于短期目标，追求有限变更，注重"稳定存量、搞活增量"，表现出一种维持现状的保守倾向。由于系统设计缺乏整体思维，改革措施重重叠加、叠床架屋，学校教育疲于应对。各种单项改革互不关联、各自为政，以至于最终"孤掌难鸣"。[②] 改革虽然使得局部教育系统换上了"新零件"，但

---

① [美]韦恩·K.霍伊，塞西尔·G.米斯克尔.教育管理学：理论·研究·实践[M].7版.范国睿，主译.北京：教育科学出版社，2007：291-292，302-303，84.

② 吴康宁.深化教育改革需实现的三个重要转变[J].南京师大学报（社会科学版），2013(3)：5-11.

支撑其加速的"发动机""变速箱"等核心组件依然低效。叠加式的改革无法实现"小马拉大车"的愿望。以育人方式改革为例,考试的选拔功能和竞争强度没变,只是在考试选拔方式和选拔标准上不断改进、不断精致化与复杂化,只会使得考试压力越来越大、社会成本越来越高、教育越来越"内卷";减负改革进行了一轮又一轮,但改革措施只是对学生学业负担重的一些表面问题进行修补和堵截,学校的筛选功能和考核方式不变,减负改革依然只是徒劳。所以,众多看似进步的局部改革,最终却使得教育系统整体更加负重前行、尾大不掉。

我国教育改革多以政府为主导,政府几乎是教育创新制度供给的唯一主体。在这种改革方式中,政府能决定改革目标和主导改革过程,其优点是政府能保持教育系统稳定和减少无序现象,其缺点是改革动力单一、共识不足。持制度选择理论的柯伯认为,教育制度改革是五种性质不同的力量共同作用的产物,即官僚化、合法化、专业化、政治化和市场化。这五种力量都可以成为推动教育改革和制度创新的主体。[①]而在我国,官僚化、政治化是支配教育制度变革和教育治理的主要机制,专业化与市场化的力量在推动教育制度变革中产生的作用非常有限,致使教育改革沿着越来越行政化的路径不断前进。行政化推动使得我国教育改革与治理呈现运动式治理特征。[②]这种运动式治理方式在集中力量办大事、补齐教育短板方面(如普及九年义务教育)成效卓著,然而在教育改革进入攻坚阶段时则会因改革动员不足、社会支持不够等因素,难以取得如期成效。

在政府主导的改革中,最易引发利益纠葛的是推行规范性政策和再分配性政策。规范性政策主要是要求或禁止某种行为;再分配性政策则将资源或权力从一种社会群体转移到另一种社会群体。这两种政策都会导致权力与责任的重新分配,引发抵触情绪。[③]对于这两类制度变革,诱致性变革策略更为

---

① [美]弗朗西斯·C.福勒.教育政策学导论[M].2版.许庆豫,译.南京:江苏教育出版社,2007:249-250,300-301,195,252.
② 周雪光.运动型治理机制——中国国家治理的制度逻辑再思考[J].开放时代,2012(9):105-125.
③ [美]弗朗西斯·C.福勒.教育政策学导论[M].2版.许庆豫,译.南京:江苏教育出版社,2007:249-250,300-301,195,252.

可取，即提供多种政策工具来化解利益冲突，如给予报酬、提供经费、拓展职能、重组权威、政策劝诱等。我国常采用行政命令强制推行改革，政策工具较为单一、激励性不足。利益相关者往往通过撤离（退出组织）、呼喊（公开各种困难）、消极抵抗（悄悄或公开反对新政策）来进行政策抵制，使得变革短期有效，长期效果则难以为继。

总结下来，常见的教育改革方式及其问题如表3-2所示。

表3-2 常见的教育改革方式及其问题

改革方式	主要特征	常见问题
外围式改革	改革从外围入手、从容易改的问题入手	教育痼疾纹丝未动、愈演愈烈
渐进式改革	改革比较稳健、以局部改革为主，缺乏系统性	改革措施重重叠加，学校疲于应对
政府主导性改革	政府决定改革目标、政府主导改革进程	运动式治理、改革主体单一、社会支持不足
强制性改革	以行政命令推动改革、政策工具单一	利益相关者可能产生政策抵制行为

（三）教育治理机制滞后

作为工业社会的基本组织形式和理性化的结果，政府部门通常采用科层结构进行管理。技术理性影响下的科层结构形成了精致有效的控制模式——以权力集中、权威等级为主要特征，强调行为标准化、目标绩效化。然而，在当前的复杂社会中，科层结构往往会出现管理失灵的情况。

第一，科层结构善于守成、拙于改革。"政治的最高目标是秩序，创造秩序和维持秩序。秩序就是要保持现状，不但不追求变化，反而阻碍变化。"[①]"科层制并不是要形成一个人们可以讨论冲突的开放氛围，而是要形成一个封闭的、严格控制的、保证工作顺利完成的氛围。"[②]借助于科层结构，当前的

[①] 郑永年.中国的知识重建[M].北京：东方出版社，2018：234-235.
[②] [美]亨利·明茨伯格.明茨伯格论管理[M].燕清联合组织，译.北京：中国劳动社会保障出版社，2004：119-120.

教育管理方式通过控制流动性、化简复杂性和排除不稳定性等方式来处理教育现实问题。改革会增加复杂性和不确定性，除非迫于外界压力，否则相关部门不会"自讨苦吃"。

第二，科层结构容易引发功能障碍，形成"阻滞型集权化"管理模式。科层结构往往设置考核的责任目标，然而其悖论在于——"它越是在责任目标上强调行政效率的提高，就越会在复杂的程序技术设计上付出高昂的成本；越是在考核指标和报表制度上力图规划得细密和周全，就越会显露出技术监管的不充分性，进而越会使寻租活动工具化和技术化，从而为寻租活动留出足够的空间"[①]。垂直科层结构的集权化体制中，政府对学校的管理可以使用上传下达的控制方式来实现高效协调统一，但它无法及时了解一线教师和学生面临的鲜活日常教学问题和真实需求，信息获取失真，信息处理滞后，对于多元化的复杂教育问题反应迟钝。于是，科层体系的"非人格化倾向"导致制度的不近人情，权威等级体系造成沟通障碍，规章制度目标错置，手段反而变成了目的本身。[②]校长缺乏办学自主性、教师缺乏专业自主性、家长缺乏参与渠道，结果是各参与方相互推诿教育责任。而教育行政部门就像"应急式"的救火队长，哪里起火就去扑哪里。

第三，基础教育管理部门的利益最大化考量。社会学家韦伯指出，科层组织可能演化成以自我生存为目标的生命体，而不是致力于实现组织设计初衷的理性目标。[③]周雪光指出，在中国的行政体制中一些基层政府间的共谋行为已经成为一个制度化了的非正式行为，当决策权力以及资源向政府上层机关集中时，自上而下的决策和随之而来的资源分配就更需要依赖漫长的行政链条和基层政府的"灵活执行"来实施，从而为共谋行为提供了组织基础和制度环境。[④]基层政府在政策执行中拥有较大的"自由裁量权"[⑤]，政策实施

[①] 渠敬东,周飞舟,应星.从总体支配到技术治理——基于中国30年改革经验的社会学分析[J].中国社会科学,2009(6):104-127,207.
[②] [美]韦恩·K.霍伊,塞西尔·G.米斯克尔.教育管理学:理论·研究·实践[M].7版.范国睿,主译.北京:教育科学出版社,2007:291-292,302-303,84.
[③] [德]马克斯·韦伯.经济与社会（第2卷）[M].阎克文,译.上海:上海人民出版社,2009:1127.
[④] 周雪光.基层政府间的"共谋现象"——一个政府行为的制度逻辑[J].开放时代,2009(12):40-55.
[⑤] 徐建牛,施高键.相机执行:一个基于情境理性的基层政府政策执行分析框架[J].公共行政评论,2021(6):104-123,199.

者不太可能支持与其自身利益相对立的政策。如果可能威胁其工作保障、晋升机会和现状,新政策必定会遭到政策实施者的反对。在教育改革的实施过程中,与地方行政部门绩效要求不相符合的教育改革也会被抵制,往往会出现政策执行表面化、局部化、扩大化、全异化、停滞化等政策执行阻滞现象。①如教育部三令五申颁布"减负令",之所以越减学生负担越重,便是因为减负可能带来的学生考试成绩下滑会影响地方教育官员的绩效考核与官声口碑,因此一些地方行政官员缺乏切实推动减负的动力,往往选择象征性执行和观望式执行等方式。

总结下来,教育治理机制滞后带来的改革困境如表3-3所示。

表3-3 教育治理机制滞后带来的改革困境

教育治理要素	特点	问题
科层结构	控制流动性、化简复杂性和排除不稳定性	善于守成、拙于变化
目标考核	非个人化、权威等级、量化考核	功能障碍、权力集中
组织机构	自由裁量权、部门利益最大化	对于教育改革的象征性执行、观望式执行

(四)深层制度和社会结构的锁定效应

制度通常被视为约束机会主义行为的规则。制度对冲突行为和利己行为进行协调和约束是以一些被特定共同体成员所广泛接受并达成共识的基本机制为前提的。那些得到更强大的关系和更牢固的资源支持的、被行动主体更强烈地坚持的深层制度构成了社会结构。②深层制度是维系社会基本价值和社会结构的必要而根本的制度,它塑造了社会结构和社会成员心智处理信息的模式。③深层制度和社会结构具有锁定效应,这种锁定效应使得符合与支持社

---

① 丁煌.我国现阶段政策执行阻滞及其防治对策的制度分析[J].政治学研究,2002(1):28-39.
② [美]W.理查德·斯科特.制度与组织——思想观念与物质利益[M].3版.姚伟,王黎芳,译.北京:中国人民大学出版社,2010:86.
③ [英]安东尼·吉登斯.社会的构成:结构化理论纲要[M].李康,李猛,译.北京:中国人民大学出版社,2016:20.

会结构的制度改革能够存续，反之则被淘汰。深层制度、社会结构乃至国家教育传统，与历史长河中不断沉淀结晶、根深蒂固的政治文化密切相关。中国教育自古代科举时期便确定了教育与政治稳定的制度结盟，形成了影响深远的以考试选拔人才为手段的精英主义和贤能政治的社会价值观。深谙中国传统文化的加拿大学者贝淡宁指出，"贤能政治过去是也会一直是中国政治文化的核心"，"贤能政治有两个关键因素：一是政治领袖有超过平均水平的才能和品德；二是设计用来选拔这种领袖的机制。"[①]无疑，教育在选拔领袖和制造精英的机制中发挥着重要的奠基性作用。中国教育最持久牢固的深层制度便是扎根于精英主义和贤能政治的文化传统并与之相符的制度。现代开放社会中教育价值存在的多元化形态，如社会价值（正义、共同善）、民主价值（自由、平等、博爱）等，虽然都可以被中国教育接受和吸纳，但只有其中与政治文化传统最相契合的价值及制度，才能成为影响教育改革的核心制度，另一些制度则只能是花边型点缀或微调型制度。比如，强调个人自由与权利的人本主义价值的教育理想，在遇到强调教育选拔和人才培养效率的现实主义倾向之后，就不得不为后者让步，因为后者与选拔精英的深层文化系统相匹配。

因此，中国教育在初步确立了主体教育权利平等的现代理念之后，深层制度依然要发挥教育的筛选和分流功能，维系教育制造文化精英和政治精英的功能，这是精英主义和贤能政治得以持续的教育基础。教育通过重重的淘汰赛和锦标赛将文化精英挑选出来，为政治精英补充新鲜力量，这仍是教育体系的核心功能。而教育制度的变革，只是对这一核心功能的修饰或微调。例如素质教育改革、减轻学生负担等举措，只是对当前过度看重竞争的教育的一种局部舒缓压力的装饰式变革。因此，围绕中国教育的筛选与分流功能建构的考试与评价制度，便成为影响教育改革最强有力的制度。高利害制度——评价制度和考试制度，直接影响行为者的利益，具有"牵一发而动全身"的重要作用。如果这些制度没有重大变化，教育改革就不会取得实质性进展。

[①] 贝淡宁，李扬眉.从"亚洲价值观"到"贤能政治"[J].文史哲，2013(3)：5-11, 165.

三、攻坚期基础教育改革阻滞的突围之道

教育体制是在既定社会结构中以自均衡方式实现系统再生产,如果没有行动者的反思性、实践性和能动性,教育改革就会陷入没有质变的"因果循环"式的自我重复。而现代教育的流动性、不确定性和高度复杂性,则会进一步将这种自我重复变成持续的系统退化过程。要突破攻坚期基础教育改革阻滞的瓶颈,必须突破以往过度依赖主体单一化、方式简单化、外围渐进式的改革路径而造成的僵化结构和定式思维,引入行动者的能动视角。政府不再是制度创新的重要乃至唯一的主体,而是让社会力量和利益相关者也成为改革的能动者,成为制度创新的主体;将教育改革嵌入合作的社会网络之中,从而建构具有弹性化结构、流动性行动以及创造性思维的行动方案。① 为此,教育体制改革必须在价值目标、审议过程和行动主体三方面进行全面综合的更为彻底的重构。

(一)教育制度的价值目标重构:所有人共有共享的教育

成功的教育改革不仅是教育内部的改革,更是整个社会的价值变迁和文化重构,尤其是政治文化的重构。精英主义和贤能政治是具有中国特色的政治文化,如果丢弃或无视它,必将引发社会混乱。然而,扩大政治的民主基础、增加社会参与则会为它注入新的力量。一方面,政治的民主化、法治化改革是教育改革成功的前置条件;另一方面,政治文化和政治制度建构中体现的对探索真理的自由精神的尊重和对相对独立于政治的知识体系的维护,则会增强精英主义和贤能政治的合法性和内在活力,这对于政治系统和教育系统的长期健康发展来说,是必不可少的。

同样,教育制度的民主化、人本化改革也迫在眉睫,必须建构真正民治、民享、民有的教育。教育要选拔精英,但选拔精英不能成为主导教育的唯一

---

① 周军.加速化社会的治理方案:从固化模式到灵活行动[J].河南师范大学学报(哲学社会科学版),2021(1):17-25.

目的。根据教育部2020年的统计数据，全国基础教育在校学生规模接近2亿，每年考取重点精英大学的人数比例仅为1%左右。如果选拔精英成为唯一目的，那么近99%的绝大多数人将成为教育筛选机制的淘汰产品。显然，这种教育既不公平也无效率。更糟糕的是，基础教育精英化、功利化制约了教育质量的整体提升，助长了高等教育平庸化。因此，基础教育制度改革的重点便是平衡精英教育和全民教育，建构人才成长的多元立交桥模式，使两者各得其所、相互促进。在制度创设上，一方面要培养和选拔更有才能的精英，探索更具自由弹性和更高质量的天才教育模式，让真正有才能的人得到更充分和自由的发展，提供一些绕过统一考试选拔的"快车道"；另一方面则应该将全体学生的终身发展和全面发展作为基础教育坚定不移的根本目标——在义务教育阶段推行更为严格和更高标准的高质量均衡化教育体系，促进学校教育的师资均衡和质量公平；在高中教育阶段探索促进学生差异化发展的多样化育人方式改革。

要突破教育改革阻滞的困境，需要扭转狭隘的、片面的、以分数为唯一标准的教育质量观，从主体性、系统性、行动性三方面重建教育质量观。从主体质量观的角度思考，基础教育质量是"对谁的质量""依照谁的质量观""谁来决定质量"的操作定义。[①]质量应是对学生终身发展和未来社会负责任的质量，质量观是社会大众与教育专业人士协商对话后的重叠共识，质量评价是将教育系统的每一个环节和过程都纳入教育质量的考量，注重过程质量和个体学习体验。围绕这种复合动态的质量观，重建教育政绩观，重建学校教育、教师教学和学生发展的评价体系，引导学校注重全面发展；淡化教育筛选和考试分流，淡化考试的选拔功能，突出考试的发展性功能和达标性功能，通过考试来实现学校教学的改进。

（二）教育改革审议过程的合法性重构：多维参与机制

哈贝马斯倡导双轨制的审议民主模式，这一模式以制度化的形式将立法机构的注意力集中在广泛的、去中心化的、无主体的沟通活动上，这些沟通

[①] 周作宇.论教育质量观[J].教育科学研究，2010(12)：27-32.

活动散布于公共领域，并囊括所有的公民。如此，制度化的决策依赖于广泛而复杂的审议过程。①这是一个去中心化、无等级排列的理想社会，包括多个权力中心，政府只是其中的一个。如果说哈贝马斯的"无主体沟通"理论过于超前的话，在教育改革议程建立、启动、形成、决策、执行、评估过程之中增加公众参与和公共审议也是非常必要的。

首先，增加专业力量的参与。学者和教育研究者虽然很难获得实际政策制定过程中的复杂信息，但他们可以创造新的理念系统，对教育经验进行理性化建构，可以协助政策制定者把特定的政策放在宏观环境中去思考和分析，也可以使得政策制定时免受特定组织和个人利益的干扰。一线的教育实践者也是教育改革需要倚靠的重要力量，他们的实践经验为教育改革提供了丰富的地方性知识。研究者和实践者、政策制定者的互动可以使得政策制定的合效率性、合理性与合法性进一步提升。

其次，增加市场力量的参与。市场是在平等合作、自愿交换的互惠基础上建立起来的社会合作体系，其供求机制、价格机制、公平竞争机制和自由选择机制有助于打破国家对于教育的垄断，扩大教育资源的供给，提升教育资源的利用效率。在制度漏洞下，市场力量会被资本操控，但在强调信息公开和公平竞争制度的引导下，较为成熟的市场机制可凭借其对于消费者需求的敏感性，通过开办国际学校、创新性学校、特色性学校等方式来满足不同人群的多样化、个性化教育需求，成为推动教育变革的重要补充手段。

最后，增加公众参与。教育改革的制度创设与形成过程中，应提供公众参与和协商制定规则的机会。如果排除公众对重要决策的参与，就可能造成政策失误。1946年，美国国会颁布《联邦行政程序法》，要求联邦行政部门必须允许公众以多种方式参与政策细则的制定，强调最低的公众参与程度包括行政机关邀请人们评价草案中的规则、举行公众听证、在起草规则的最初阶段建立顾问委员会、与主要相关的利益团体商谈规则内容。最频繁的参与者应该是受到规则影响的利益集团，如教师工会、学校管理者、教师、家长、相关企业或机构等。②可惜，我国相关法律的制定和出台，还迟迟未列入立法议事日程。

---

① 谈火生.民主审议与政治合法性[M].北京：法律出版社，2007：235-236.
② [美]弗朗西斯·C.福勒.教育政策学导论[M].2版.许庆豫，译.南京：江苏教育出版社，2007：249-250，300-301，195，252.

（三）教育改革行动的主体重构：多中心创新动力机制

赋权给社会组织、专业机构、校长、教师、家长等社会力量和利益相关者，鼓励教育制度的基层创新和边缘创新，培育更多的改革能动者，形成教育改革的去中心机制和多中心创新动力机制，也许是一条可行的突围之道。

第一，鼓励体制外边缘创新。充分调动社会力量参与办学的积极性，提倡并保护学校教育多元发展的态势，鼓励新教育理念引领下创新型学校的建立与发展。实践证明，教育创新往往来自远离教育体制中心的边缘区域，如学校变革可从自由度较大的体制外学校开始。一些创新型学校如华德福学校、杭州云谷学校、蒙台梭利国际学校等特色学校的创办，激发了学校教育教学改革的活力，也满足了学生的多样化、个性化发展需求。21世纪教育研究院作为公益机构组织了一系列的社会力量参与教育创新的行动，如乡村小规模校长培训、全人教育奖、地方政府教育制度创新奖、教育蓝皮书等教育创新活动。面向未来，公益基金、技术革新者和教育专业人员三方力量的有机结合，可为体制外边缘创新提供更多的可能性。

第二，促进地方政府教育治理创新。相较于中央层面，地方政府更加贴近教育对象和微观主体，制度创新的成本更低。要转变地方政府的权力运作和管理方式，更加强调间接管理、责任管理，注重服务职能。这是地方教育制度创新的核心。省级政府可以通过教育立法、转变政府职能成为制度创新的主体，其中影响较大的如2010年山东省实行素质教育行政问责制度；地市政府可以通过"管办评分离"、改变教育督导方式、改变校长选拔方式等促进教育制度改革，其中影响较大的如安徽铜陵推行义务教育均衡发展、山东潍坊中考制度改革等。

第三，试点区域教育生态系统创新。从教育治理创新推行良好的区域中进行遴选，建设改革幅度更大的"教育改革特区"。在"教育改革特区"进行制度创新的先行先试，系统而全面地解决一些教育顽疾，如学业负担过重、学校发展不均衡等问题，实现区域内教育改革的整体推进，并通过催化效应和联结机制发挥"教育改革特区"的辐射效应，进而使整个教育系统形成健康生态。当前北京推行区域内教师校长轮岗、上海减少大规模考试，这些改革举措都让人耳目一新。但这些都只是促进区域教育生态健康发展的外部条件，要形成丰富多样、自主创新的教育生态还需要在育人方式改革创新方面进行持续深入的探索。

第四，赋权基层学校创新。首先，要赋予学校更大程度的自主权，激发学校创新的动力。发达国家基础教育改革的趋势之一是赋权学校，通过下放管理的自主权激发学校进行内部突围的基层创新。如英国自由学校和特色学校改革、美国特许学校改革、韩国自律性高中的设置等，都试图将学校从地方教育局的管制中进行"解制"。实践表明，此举有利于学校在教学方式和人才培养模式等方面进行大胆创新和尝试。当前，我国可以尝试鼓励少数优秀的试点学校通过与教育行政部门签订契约的形式成为自主管理式学校，给予这些学校更多的办学自主权以观其成效。更重要的是，鼓励和赋权广大一线教师在课堂上进行教学创新。这是一场规模更大、影响更为深远的"静悄悄的革命"。其次，以学校办学自主权为基础，鼓励学校之间为教育改革目标而结成"学校改进共同体"，建立起共识性的愿景、互惠型的学习和承诺以及常规有效的沟通平台。[1]另外，允许教育制度改革执行中的基层创新。改革制度推行过程中也要给予地方某些弹性和自由空间，使得改革进程与基层创新尝试相互适应。成功的政策不是机械地套用政策"食谱"中开列的"烹调方法"，相反，在成功的政策实施案例中，有着一种相互适应的过程。"'相互适应'既包括政策实施者改变自己的行为方式，也包括改变政策设计的具体内容以适应地方具体实际。"[2]

总而言之，基础教育改革阻滞既是当前多元利益错综复杂、犬牙交错背景下产生的社会问题，也是教育体系内部的系统性危机。它昭示着在经济全球化与信息技术日新月异的第四次工业革命背景下，以往主体单一化、外围渐进式的改革已经无法应对攻坚期积重难返的教育体制积弊。基础教育改革

---

[1] 李茂菊, 修旗, 李军. 教育改进学的创建与中国探索：专业改进共同体[J]. 清华大学教育研究, 2020(4): 18-27.

[2] [美]弗朗西斯·C. 福勒. 教育政策学导论[M]. 2版. 许庆豫, 译. 南京：江苏教育出版社, 2007：249-250, 300-301, 195, 252.

需要更大幅度和更为大胆的体系重建与制度革新。建设高质量的教育体系急需突破当前单一的教育改革方式和固化的教育治理方式，将顶层设计与基层创新有机地结合起来，凝结社会各方力量，形成立体多元、层次丰富、根基牢固的多中心教育改革网络。

第四章

对我国教育分流制度的审视与反思

"制度是一个社会的博弈规则,或者更规范地说,它们是一些人为设计的、形塑人们互动关系的约束。"新制度主义经济学家道格拉斯·C.诺思等人认为制度是一个社会的博弈规则,是形塑人们互动关系的约束,好的制度能够降低交易成本,更有效率地促进经济发展。①玛丽·道格拉斯则认为制度赋予人们身份,塑造社会群体的记忆和遗忘功能,参与人们的思维活动,人们的认知不能在社会制度之外产生。"有关正义的至关重要的决定不是由个人所决定的,而是由在制度中并从制度角度思考的人所决定的。"②可以说,人类理想的实现是以制度为手段的。制度通过改变行为的成本-收益关系来影响人们的行为。它不一定能有效激发或引导某种行为,却能有效地禁止某种行为。它可以通过引入权威力量来消除不确定性,抑制特权。学校教育处于强制度环境之中,受制度影响巨大。其中,教育分流制度构造了我国教育的基本结构,是我国教育制度中的基本制度之一。

教育分流是在国家意志与社会选择基础上所建立的进行教育筛选的制度框架,"依据学生的学业考试成绩和学术性向测试,将学生分层别类,使之进入不同的学校和课程轨道,并按照不同的要求和标准,采用不同方法,教授不同的内容,使之成为不同规格和类型的人才,教育分流直接为学生从事不

---

① [美]道格拉斯·C.诺思.制度、制度变迁与经济绩效[M].杭行,译.上海:上海人民出版社,2014:3.

② [英]玛丽·道格拉斯.制度如何思考[M].张晨曲,译.北京:经济管理出版社,2013:124.

同职业和进入不同社会阶层奠定基础"[①]。教育分流制度产生于近代西方现代化与工业化进程中，是由考试制度、人才选拔制度、招生入学制度等子制度共同构成的人才筛选、甄别与淘汰的复合型制度体系，涉及如何分配教育机会、受教育权利与教育资源。显然，在诸多教育制度中，教育分流制度是具有奠基地位的结构性制度。基础教育分流主要是生存教育与地位教育之间的分轨培养，在很大程度上决定着个体的人生轨迹、经济收入与职业地位，兼具两项基本任务：第一，确定普通教育和职业教育之间的分野，即"谁"应该通过什么方式进入职业学校或普通学校；第二，确定基础教育为高等教育选拔人才的方式方法，即"谁"应该通过"什么方式"进入高等教育。

基础教育分流制度作为人才分类与选拔的筛选分拣器，是学业竞争和应试倾向存在的直接诱因。功能理论充分肯定教育分流制度的社会作用，认为其承担着人才选拔与职业定向的重任，便于因材施教，"对具有不同的能力类型和能力水平的儿童进行筛选；为通过筛选过程形成的不同类别的儿童提供合适的教学；受训人员的最后分配，不是直接去工作，就是继续接受专业训练"[②]。冲突理论、批判理论等则批判教育分流通过教育考试机制将社会阶层不平等合法化，指出分类和引导只是分流的显性功能，而分层和区隔是其隐蔽的真实功能。"教育系统最隐蔽、最特殊的功能就在于隐蔽它的客观功能，即隐蔽它和阶级关系结构的关系的客观真相。"[③]

支持与反对分流的观点均有一定的合理性，但对教育分流制度的思考不应是非黑即白的二元对立，而是在揭示其合理性基础上寻找变革的可能和路径。因此，本研究从历时性视角分析中国基础教育分流制度的演变，并从共时性视角比较不同国家、地区教育分流制度的异同，揭示中国教育分流制度的独特问题。在致力于破除"唯分数""唯升学"弊病、建设高质量教育体系

[①] 方长春，风笑天.阶层差异与教育获得——一项关于教育分流的实证研究[J].清华大学教育研究，2005(5)：22-30.

[②] [英]厄尔·库珀.关于教育制度分类的类型学[C]//张人杰.国外教育社会学基本文选.上海：华东师范大学出版社，1989：115，122-124.

[③] [法]P.布尔迪约，J.-C.帕斯隆.再生产：一种教育系统的要点[M].邢克超，译.北京：商务印书馆，2002：223.

的基础教育改革背景下,试图从分流政策的价值基础、国家意志及个体教育需求等多维视角重新审视教育分流制度,探索教育分流制度的变革策略。

一、比较视野中的教育分流制度

国家意志在普通教育与职业教育、大众教育与精英教育、平等与卓越、公平与效率等分流取向的冲突与平衡中形式化为教育分流制度。世界范围内的教育分流制度从欧洲18世纪为阶层再生产服务的双轨制发展到20世纪70年代以来更加强调教育机会均等的综合式分流。英国功能主义社会学家厄尔·库珀依据"教育选择怎样发生""何时被选择""谁应该被选择""为什么应被选择"四个标准,将各国教育筛选的类型划分为贵族式意识形态、家长式意识形态、绩效式意识形态和共同体式意识形态。[①]法国全国学校制度评估委员会主席娜塔丽·蒙斯基于学校系统处理学生能力异质性的方式,根据分流的时机、方式和课程差异,将OECD国家教育系统分为四种类型:分轨模型、统一综合模型、自由选择综合模型、个性化综合模型。[②]库珀和蒙斯的分类均未将中国纳入其中,我国的教育也并不适用两人的分类体系。正如佐藤学所言,中国及东亚教育体系具有独特性——"被压缩的现代化进程、激烈的考试选拔、标准化教育的效率性等"[③]。本研究在借鉴蒙斯教育分类和中国学者[④]相关研究基础上,提出世界范围内的教育分流可以按照教育系统倾向于强调精英主义还是平等主义这一价值维度划分为五种精英主义倾向递减、平等主义倾向递增的教育分流体系,即精英主义教育体系、竞争主义教育体系、课程主义教育体系、自由主义教育体系与平等主义教育体系。

---

① [英]厄尔·库珀.关于教育制度分类的类型学[C]//张人杰.国外教育社会学基本文选.上海:华东师范大学出版社,1989:115,122-124.

② Mons Nathalie. De l'école unifiée aux écoles plurielles:évaluation internationale des politiques de différencia-tion et de diversification de l'offre educative[D]. Dijon:Université de Bourgogne,2004.

③ [日]佐藤学.全球化下的东亚教育模式:以日本的危机与改革为中心[J].吴光辉,译.国际高等教育研究,2004(3):1-3.

④ 侯利明.教育系统的分流模式与教育不平等——基于PISA2015数据的国际比较[J].社会学研究,2020(6):186-211,245-246.

（一）世界范围内的教育分流制度图谱

精英主义教育体系、竞争主义教育体系和课程主义教育体系强调能力本位，按照个人能力进行普职分流和学校等级分流，因此，非义务教育阶段校际质量差异较大，教育显著不平等；自由主义教育体系和平等主义教育体系则更强调教育机会均等，不进行普职分流，以校内分流代替校际分流，强调以灵活的教育方式与包容的课程体系去适应学生差异，校际差异相对较小（见表4-1）。

表4-1 世界范围内教育分流的类型

教育系统类型	普职分流	分流时机	分流方式	代表国家
精英主义教育体系	有	早（10~12岁）	强制分流 教师推荐	德国、荷兰、比利时、新加坡等
竞争主义教育体系	有	15岁	强制分流 大规模考试	中国、日本、韩国
课程主义教育体系	有	15~16岁	课程分流 留级	法国、西班牙
自由主义教育体系	无	16岁	课程分轨 能力分组	美国、英国、加拿大等
平等主义教育体系	无	16岁	无分流 个性化教育 混合能力分组	丹麦、芬兰、瑞典等

第一，采取精英主义教育体系的国家，一般在小学中、高年级便进行早期分流，其中以德国、新加坡等为代表。曾任德国巴伐利亚州文化教育部部长的洪德哈默的话可作为精英教育的注脚："只有数量有限的部分人具有达到较高教育目标的天生才能……生物学上的不平等是不能通过文化措施来加以消除的，也不能通过改变所谓双轨制而实行统一学校制而消除的。"① 德国儿

---

① 彭正梅.分轨还是合轨：关于德国中等教育三元制的一些争论的考察[J].基础教育，2012(6)：112-118.

童 10 岁,即 4 年级时根据学业表现分别进入为文理中学、实科中学或职业预科做准备的不同轨道;新加坡的三级分流制度从小学 4 年级开始,通过精英化的淘汰分流机制和"硬分流"方式层层选拔,使学生进入不同类别、不同等级的学校。

第二,采取竞争主义教育体系的国家以竞争性社会流动为主要特点,如以中国、日本、韩国为代表的东亚教育体系。"精英的地位是一个开放的竞争情境下的奖励,就好像一项体育竞赛一样,强调过程的公平,胜负取决于个人的后天努力与付出。"[1]基础教育阶段采取两次分流选拔精英——通常在初中阶段教育结束时进行普职分流,在高中阶段教育结束进行高等教育的选拔分流。两次分流多将统一的大规模考试作为重要的选拔工具,进行强制分流,考试竞争激烈,甚至出现"考试战争""千军万马过独木桥"之说。

第三,课程主义教育体系也强调普职分流,但多采取温和协商式分流方式,通过课程学习中的淘汰逐渐冷却学生过高的升学期望。以法国为例,其采取校内留级等手段进行分流,留级率较高;通过教师、家长协商确定分流结果。"就学过程之中和学业结束后,学生在学校和教育集体,特别是教师和分流顾问的帮助下,制定他的学业和职业方向计划"[2],选择分流方向是家长和学生的责任,如果他们不同意班级委员会的分流建议,则要与学校校长商谈,并可以提出申诉。

第四,采取自由主义教育体系的国家,一般会使用晚分流和校内分流的形式。如美国、英国等一般在中等教育阶段不进行普职学校的分轨,直到高中结束时才利用大规模、高利害的考试进行分流选拔。其高中以综合中学为主,在校内进行课程分轨和能力分组,设置学术科、普通科、职业科的分科教学以满足学生差异化的教育需求。

第五,平等主义教育体系的典型代表是秉承福利国家原则的北欧诸国。与自由主义教育体系相比,平等主义教育体系更加强调教育平等与合作文化,

---

[1] 王晓燕.迈向"有差异的优异"——发达国家基础教育分流模式与特征[J].教育研究,2019(9):71-86.

[2] [法]雅基·西蒙,热拉尔·勒萨热.法国国民教育的组织与管理[M].8版.安延,译.北京:教育科学出版社,2007:242.

没有分流，也不采用校内课程分轨和能力分组方式，而是强调个性化教育和混合能力分组方式。

以上五种教育分流体系并无绝对的好坏、优劣之分，它们嵌入各国政治、文化和经济情境并与之相适应，并且服务于本国政治、文化和经济的再生产。但总体来说，从精英主义教育体系到平等主义教育体系，平等主义倾向逐渐增强，考试竞争的难度和强度逐渐降低，学生的学习体验不断优化，人本化的倾向也更为凸显。

（二）影响教育分流制度的因素分析

分流的时机和方式是确定一个国家教育体系基本结构的重要因素。分流的制度设计——包括时机早晚、分流方式、考试竞争程度等，并非教育系统本身能决定的，而是国家政治制度、教育文化传统和市场经济等多种因素在历史长期发展过程中交互作用演变并沉淀下来的稳定的结构化产物。例如，德国引入晚分流的"综合中学"制度，在很多州是失败的，因为它在德国本土文化情境下"水土不服"。

首先，分流时机早晚主要受国家政治、文化因素影响。有着精英主义政治传统的国家倾向于早分流，这些国家的人们一般相信人天生智能差异较大，应该让每个人在社会生活中早日找到适合自己发展倾向的教育类型，防止大多数人陷入同质化竞争的陷阱；有着民主主义传统的国家（如自由主义教育体系与平等主义教育体系）则要求教育机会均等，尽量延迟分流，弱化同类学校之间的等级差异，通过设置综合中学融合高中阶段的普通教育和职业教育。平等主义教育体系内优质高等教育自然也相对稀缺，但因为弱化了高校的身份锻造功能，优质高等教育并未成为众人趋之若鹜的选择。

其次，普职教育分流考试的竞争强度，即采取温和分流还是强制分流，主要与高中阶段学校之间的质量差异有关，普职质量差异越大、高中学校之间质量差异越大，升学竞争就越激烈。换言之，高中阶段学校越层级化、质量差距越大，升学竞争就越激烈。另外，这也与职业教育质量、就业机会、社会保护等现实情境相关。职业教育地位低，升学、就业和社会保障不完善，考试竞争就激烈。比如，德国虽然早分流，但是职业教育体系发达，人们从事职业教育也能取得丰厚的回报和同等的社会地位,因此在学生10岁时分流不需要借助大规模考试,而更多的是通过教师观察和推荐,学业竞争并不激烈。而新加坡的分流选拔,则更多的是借助考试选拔与层层淘汰机制,因为在儒家文化系统中,普通中学比职业中学地位更高,造成学业竞争激烈。

此外,为高等教育选拔人才的分流考试竞争强度与高等教育质量差异、受教育的经济回报率高低有关。如日本、法国这些精英主义和民主主义混合型国家一般有着质量均等的义务教育体系和质量相对不均等的高等教育质量体系,高等教育内部质量悬殊,接受不同类型的高等教育带来的经济回报迥异,名校将会带来更高的社会地位和经济地位,因此争夺优质高等教育入学机会的考试竞争相当激烈。

二、我国教育分流制度的特点

我国自晚清时期以来,不断推进教育现代化进程,经过初期简单移植他国制度的不适之后,于1922年出台"壬戌学制",完成了现代学制的创建工作。此后,基础教育体系虽几经变更,但"六三三"学制始终是主流,并维系至今。无疑,学制中的每一级别向更高级别的过渡,都涉及分流、选拔。之前共有三级分流,普及义务教育之后,小升初选拔考试被废除,两级分流成为主流。

(一)我国教育分流制度的现实样态

与日本类似,我国属于竞争主义教育体系,教育系统强调精英主义、权威主导、能力本位与成就导向,形成以全员竞争为主要特点的教育生态文化。我国教育分流制度属于"学术型-晚分流"模式,呈现如下特征。

第一,分流时机较晚。义务教育阶段实行就近免试入学制度,初次教育分流是15岁义务教育阶段结束之时,这符合国际趋势。"经合组织国家的平均分流年龄为14岁,年龄区间为10~16岁;多数国家的分流出现在15或16岁。"[①]延迟分流时间可以弱化家庭社会经济地位对于学生学业成就的影响,

---

① 王晓燕.迈向"有差异的优异"——发达国家基础教育分流模式与特征[J].教育研究,2019(9):71-86.

强化学生自身才能和努力等可控性因素，促进教育公平。就分流结构形态而言，纵向分流形式有中考（高中阶段学校招生考试）与高考（普通高等学校招生全国统一考试）两次重大分流；横向分流形态有普通轨道与职业轨道之分，有重点学校与普通学校的等级之分。

第二，以较为强硬的刚性分流方式为主。我国目前采取以毕业（升学）考试成绩为主要标准的刚性分流方式，以及普职比大体相当和"五五分流"（即5∶5）的"硬分流"方式，高考也主要以高考成绩为分流标准。

第三，以学术轨道为主导。在我国学校教育体系中，普通教育长期处于支配地位。进入普通高中，尤其是进入重点高中，支配着义务教育的教学目标；进入研究型大学，统领着普通高中的办学方向。

（二）我国教育分流制度的深层剖析

我国政治文化属于民主文化和精英文化的混合形态，一方面强调所有人拥有平等的受教育权，另一方面基于国家利益与社会秩序的要求强调培养文化精英和政治精英。其中，培养和选拔精英在我国教育体系中占据非常重要的地位。因此，我国教育分流体系是保障所有公民平等的受教育权和培养卓越人才两种诉求博弈、平衡后的结果。我国没有采取小学阶段早期分流的方式，而是选择在义务教育阶段结束时进行普职分流，是出于保障最基本的受教育权的平等主义考虑；高中和大学阶段的非均衡发展则主要是出于选拔卓越人才的精英主义考虑。

在同质化的社会结构中，中国教育形成标准化、一元化的特点，并影响了我国教育分流的技术选择。"教育制度的权力集中化的程度高，教育选择过程的标准化程度就高。"[①]我国教育分流制度采取"硬分流"的形式，强调使用大规模、标准化的考试制度作为分流的手段。另外，在中国历史上存续2000多年的科举制形成了我国注重"统一考试、公平竞争、择优录取"的文化传统。由于中国特有的人情社会特点，科举制力图规避世袭世禄制、察举

---

① [英]贝凯·泰勒，贝凯·弗朗西斯，杰瑞米·霍根.学校中的成绩分组：对于公平的启示[J].杨钋，译.北京大学教育评论，2021(2)：2-18，188.

制"任人唯亲"的弊端，通过统一考试与"分科取士"的方式，将"选贤任能""唯才是举"的理念加以制度化，并使之成为中国传统封建社会选拔人才最为有效的制度。考试也被视为最公平的分流手段，可以最大限度地排除特权寻租、关系社会等带来的消极影响。

我国的普通教育在教育体系中长期占据支配地位。在现代教育体系中，由于市场发育和社会保护不完善，职业教育提供的社会流动机会极为有限。中等职业教育生均经费投入高，师资缺乏，育人质量堪忧；并且随着技术变革和产业结构升级，职业教育高等化也成为主流趋势。因此，普通教育仍然有高于职业教育的坚不可摧的地位。这意味着我国普职教育分流应该以学术为主导，这是我国教育不可避免的特点。盲目在中等教育阶段推进职业主导或主张职业教育与普通教育平分秋色的分流，是不符合我国教育现实情境的。

三、我国教育分流制度的问题审视

总体来看，我国教育分流制度基本特征与日本、韩国相仿，东亚式教育体系都深受考试竞争激烈之苦。但是，我国教育系统的"应试化""教学被考试绑架"等程度超过日本、韩国。究其原因，我国教育体系紧紧围绕分流考试，形成了以选拔精英为核心功能的"筛选式教育"，遮蔽了教育本应促进每个人潜能开发的发展性功能。教育分流通过制度引导的方式促进人的差异化发展，分流原本只是实现提升人才培养效率这一目的的工具，而在当前教育体系中却因果错置，被看作教育目的本身。

（一）制度的正义性困境：弱势群体处于不利地位

制度的正义性是指分流时配置教育资源的制度安排是否公平公正地对待所有人，并能合宜地补偿处境不利的人群。而分流制度存在对于弱势群体隐性的教育排斥风险。美国学者珍妮·奥克斯通过对美国学校能力分组与教育分轨的追踪研究，指出分流具有精英主义取向，能让来自优势家庭的学生有更多机会进入精英大学，得到高收入职业，从而维持社会分层的现状。[①]美国

---

① Jeannie Oakes.Can Tracking research inform practice? Technical, normative, and political considerations[J].Educational Researcher, 1992, 21(4): 12-21.

社会学家拉夫特瑞和迈克尔·豪特在实证研究的基础上将社会分层在教育领域的复制与再生产总结为最大化维持不平等（MMI）理论。[1]优势群体通过制定获取各种文凭或知识凭证的标准，通过规定教育分流的标准和方式，实现教育结构对社会结构的复制和再生产。[2]

我国在教育质量不均衡的教育系统中进行筛选分流，隐含着制度的正义性困境。一方面，以"能力＋努力"的优绩倾向为标准的教育分流受到家庭背景、社会资本、学校区域、教学质量等多维复合因素的共同影响和干预，使得分流结果并非与个人天赋能力高低完全对应；另一方面，学校系统内部存在不被制度认可却长期存在的"隐性分流"，"义务教育阶段的资源分配不均、择校等问题无形中造成学生进入'早期分流'的现实"[3]。分流时，如何升入优质高中和精英大学是人们的核心关切。优势群体因拥有更多的经济资本、社会资本、关系资本和文化资本等，在中考分流中通过择校为子女选择优质学校，在高考分流时其子女更易于进入精英大学。其中，分流时的考试选拔扮演着一种社会排斥技术角色，"将直接的社会排斥寓于考试制度这种形式上公正的排斥方式中"[4]。农家子弟、低收入群体、流动人口子女、贫困人口子女、身心障碍者等弱势群体在分流中处于不利地位，常常成为被淘汰的对象或流入职业教育、薄弱学校等较低轨道，被排斥在优质教育之外，助长"寒门难出贵子"的累加性不平等。

（二）制度的合利性困境：筛选功能催生过度教育竞争

制度的合利性标准，指制度符合效率、利益最大化标准，即制度成本与制度收益比率达到最佳状态，投入的成本最低而收益最大。制度能否提高社会资源的配置效率，能否达到帕累托最优，是评判制度优劣、好坏的标准。筛选式教育尽管实施起来比较便利，但其社会成本很高，大多数在考试竞争

---

[1] Raftery A E, Hout M. Maximally maintained inequality：Expansion, reform, and opportunity in Irish education：1921—1975[J].Sociology of Education, 1993, 66(1)：41-62.
[2] 谢维和.教育活动的社会学分析：一种教育社会学的研究[M].北京：教育科学出版社，2000：526.
[3] 陆伟，孟大虎.教育分流制度的国际比较[J].清华大学教育研究，2014(6)：48-58.
[4] 徐水晶.中国高考制度隐形社会排斥透视[J].中国高教研究，2013(9)：39-45.

中被筛选、淘汰的人被看作"失败者",自尊受损,发展机会受限,这带来巨大的人才浪费。

西蒙·马金森总结了教育领域的永久竞争,认为"社会竞争与注重排名和筛选的教育竞争之间,构成了一个牢不可破的循环"①。我国目前的分流制度设计主要通过"教育淘汰赛"和"教育锦标赛"选择人才。中考选拔制度更多的是"教育淘汰赛",其主要作用是为学生参加高考提供"入场券",中考胜出只是拿到了高考的比赛资格;高考选拔制度则是"教育锦标赛",在通过中考选拔的学生中再次选拔,被淘汰者有更大可能去从事生产劳动,优胜者则进入精英大学,成为学历精英,从事专业劳动和政治劳动。在这一过程中,全员参与的过度教育竞争加剧了教育系统内耗,导致教育生态恶化。教育系统成为外围肥大、内核空洞的系统。研究表明,精英大学的入学机会被"超级中学"垄断。全国范围内"超级中学"对精英大学入学机会的单头垄断和双头垄断在大多数地区表现突出,只在少数几个教育发达地区或人口众多省份有所缓解。"随着'超级中学'教育垄断程度的提高,本省份高中教育质量将会显著下降。"②过度教育竞争也使文凭不断贬值,文凭的军备竞赛不断升级。教育系统的膨胀既不会影响社会流动,也不会改变族裔群体之间的分层次序;它只不过会在更高的教育等级上复制这些次序。③

中考和高考作为利害攸关的两次分流考试主宰我国基础教育,逐层选拔与筛选带来巨大的考试压力,为考试而教的"高考工厂""县中模式"训练愈演愈烈,教师教得很累,学生学得很苦,但教育系统效率很低,无法有效地培养创新型人才。"我国目前的基础教育在培养学生的应试能力和解题能力方面有着明显的优势。然而,这种优势并没有给我们带来更多尖端的创新型人才,也没有让我国教育走向世界教育强国的行列。"④究其实质,考试是一种

---

① [澳]西蒙·马金森.教育市场论[M].金楠,高莹,等译.杭州:浙江大学出版社,2008:94.
② 郭丛斌,徐柱柱,张首登.超级中学:提高抑或降低各省普通高中的教育质量[J].教育研究,2021(4):37-51.
③ [美]兰德尔·柯林斯.文凭社会——教育与分层的历史社会学[M].刘冉,译.北京:北京大学出版社,2018:339.
④ 靳玉乐,张铭凯,郑鑫.核心素养及其培育[M].南京:江苏人民出版社,2018:166.

制造分层的社会规范技术——"考试把层级监视的技术与规范化裁决的技术结合起来。它是一种追求规范化的目光,一种能够导致定性、分类和惩罚的监视。它确立了个人的能见度,由此人们可以区分和判断个人"[①]。考试盛行意味着自由学习的终结。

(三)制度的合理性困境:"硬分流"方式致使教育缺乏弹性

与大多数发达国家的"软分流"制度与温和分流方式不同,我国采取刚性分流(即"硬分流")制度,通过分流试图将具有不同潜能和个性的学生按照既定的步骤和程序,进行标准化、流水线式的选拔操作。

其一,分流看重国家意志,较少考虑个体选择。通过设置普职升学比例、录取率、分数线等刚性指标严格控制能够通过考试的人数比例,个体的意愿与选择意愿、兴趣和职业定向,在分流过程中很少被考虑。"当前我国初中后职普教育分流实际上成为一种'淘汰'机制,而非个性化教育的自主选择。"[②]参与分流考试的学生较少得到职业生涯规划和分流方面的建议。

其二,分流主要依据考试结果,与平时学习成绩几乎无关。以中考和高考为"指挥棒",将考试分数作为标准的教育分流制度很难走出"一考定终身""分数定乾坤"与"唯升学""唯分是举"的窠臼。

其三,教育体制缺乏弹性,普通轨道与职业轨道的互通机制尚未健全。职业学校升学渠道较窄,学生流入职业轨道后只有通过高考、专升本等学术型考试才能转入普通轨道。职教学生在升学、就业时常常遭遇偏见和歧视,高职毕业生专升本的比例仅为5%~20%。长期以来,职业教育地位未得到社会尤其是用人单位的认可,职业轨道的毕业生在劳动力市场很难获得具有较高职业地位和薪资水平的岗位类别。职业轨道的学生遭遇次等学轨——次等职业与岗位的马太效应。

[①] [法]米歇尔·福柯.规训与惩罚:监狱的诞生[M].刘北成,杨远婴,译.北京:生活·读书·新知三联书店,1999:208.

[②] 和震,汪冰冰.职普比争议的多视角分析与政策建议[J].清华大学教育研究,2022(3):73-82.

四、重建我国教育分流制度的路径探析

建构优良的教育分流制度对我国建设高质量的教育体系至关重要，已有的僵化制度极大地阻碍了人才培养效率的提升，不利于从整体上提升教育质量。借鉴同属东亚型教育的日本、韩国经验，从制度变革的视角来看，我国应以注重合作共生与平等主义的共同体精神来重构让每个人充分实现潜能的平等且卓越的发展性教育分流体系，以消解筛选式精英主义与竞争主义教育模式的负面影响。

（一）价值诉求：制度正义与社会效率相结合

好的教育分流制度需要实现制度公平和社会效率的双重价值。我国教育制度必须更好地探索如何实现平等与卓越的结合，教育系统应探索实现面向所有人的全民教育和培养英才的精英教育的有机结合。当前过于看重精英选拔的基础教育，必须向保障平等受教育权的平等主义教育体系过渡。

显然，建立公平且高质量的义务教育体系符合制度正义与社会效率的双重诉求。为每个公民提供均等的公共教育服务，推进义务教育高质量均衡发展，这是发达国家的共同经验，也是我国基础教育与他国教育的差距所在。例如，日本通过义务教育标准化和教师定期轮岗制度，确保教育竞争的起点公平；我国尚需努力缩小义务教育阶段学校的校际差距、地区差距，在义务教育阶段进一步推行平等主义的价值观和资源配置原则。

其次，逐渐缩小高中阶段教育质量的差异，促进中等教育质量均衡化。提升中等职业教育的质量，促进中职教育和普通高中教育等值化，发展职业性精英高中；促进普通高中教育质量均衡化，缩小校际差异，保障教育经费投入和师资均衡化，并适度均衡生源；促进高中教育类型多样化和课程多样化发展，追求"有差异的优异"。韩国教育在中等教育均衡发展方面的尝试可圈可点，值得我们研究和借鉴。

最后，探索天才教育体系。教育不是要选拔学历精英，而是要培养真正的精英——在不同方面有特殊才能的天才。改造重点中学模式，大部分重点

称号可取消,小部分可借鉴韩国"特色目的高中",改造为精英特色高中,聚焦于培养有特殊技能的人才,如外语高中、科学高中、艺术高中、体育高中,在全国或全省范围内自主选拔、提前录取,开展小班化教学,为学生安排高水准的教学设备和师资力量。

(二)弹性分流:国家意志与个体需求相结合

如何实现社会需要与个人需要的深度耦合成为变革教育分流制度的重要议题。在教育分流制度的建构中,我们必须探索弹性分流系统以实现国家意志与个体需求的结合。

普职融通是打破僵化教育分流体系的关键。早在20世纪末期,联合国教科文组织便把普职融通作为当代教育策略的重要前景,"不同类型的教学——普通的、科学的、技术的和专业的教学之间的那种严格的区别必须加以废除;从初等阶段到中等阶段的教育,必须同时成为理论的、技术的、实践的和手工的教育"[①]。许多发达国家如德国、法国等教育体系虽然都在中等教育阶段进行校际分流,但都建立起普职融通的轨道,两校之间可以进行转学;芬兰建立起极其灵活的教育体制,允许学生在学术轨道和职业轨道之间进行流动。针对当前我国刚性分流制度及比较强硬的分流方式,我们需要建构横向(普职)融通和纵向(升学)贯通的弹性分流制度及柔性分流方式。

首先,应尝试根据学生的能力和愿望,为学生提供普职之间转学的机会;"在技能需求结构方面,应加强技能结构需求的调查、预测与信息共享,既要关注全国性需求,也要关注区域性需求"[②]。

其次,应尝试建设综合中学,探索中学课程的多样化以实现学生的校内课程分轨,以校内分流替代校际分流。目前,上海、江苏、浙江、四川等地已开展相关探索。"双减"政策实施以来,中考分流掣肘义务教育减负的成效,使得扩大普通高中的招生人数、降低分流的竞争压力成为时代与个人发

[①] 联合国教科文组织国际教育发展委员会.学会生存——教育世界的今天和明天[M].华东师范大学比较教育研究所,译.北京:教育科学出版社,1996:237.

[②] 叶永阳.普职教育结构调整:基于技能需求结构的分析[J].清华大学教育研究,2022(3):92-101,133.

展所需。在职业教育重心逐渐上移的总体趋势下，我国普职比大体相当的分流政策可适当调整与变革，以更好地培养学生面向社会变化和产业调整所需要的必备科学知识和关键能力，促进职业教育的更新迭代。可借鉴德国的方式，为学生提供多样化选择的中等职业教育类型，如"就业导向的'双元制'职业教育与职业专科学校教育，升学导向的专科高中、职业/技术高中、职业文理中学，以及为职业学习过渡的职业准备教育"①。

最后，尽量少将大规模考试作为分流的手段。考试具有局限性，并非学生真实能力的体现，并且中考和高考两次考试叠加之后的社会成本较高。从制度实施需要节约运行成本的视角来看，应警惕考试的副功能和局限性，尽量少运用高利害、大规模的考试手段。我国有必要在初中时加强生涯职业教育和分流引导教育，变中考刚性分流为基于学生课程学习状况的教师、学生和家长多方协商式分流。同时，注重完善初次分流后的各种转化机制，避免过早分流对部分学生造成的方向不适。在各类教育之间建立灵活的转化机制，对于身心尚处于发展阶段的学生保留探索其他发展方向的机会。对于进入职业轨道的学生，同样需要通过多次分流，使其获得便利灵活的转入普通教育轨道的路径。②

（三）提升效率：重构我国高考分流制度体系

高考分流在演进历程中呈现诸多弊端，但仍是当前选拔人才最具权威性和公信力的方式。全国范围内不同地区的招生考试与升学制度涉及多方利益主体，高考改革在多元主体的利益博弈中呈现多维复杂形态。高考制度历经多年突围，却始终无法走出"唯分数"的误区，实现"科学选材"，这说明高考制度的设计需要根本性的重构。

第一，改革考试制度。考试制度在人才选拔与教育分流过程中起着至关重要的作用。当前，虽然高考在形式上面向所有学生，但实质上"分数高考"

---

① 徐涵.德国中等职业教育发展趋势——基于1992—2016年的数据分析[J].中国职业技术教育，2020(30)：78-86.

② 和震，汪冰冰.职普比争议的多视角分析与政策建议[J].清华大学教育研究，2022(3)：73-82.

使得考试具有高度异质性，缺乏选拔人才的可比性。刘海峰教授批评分省高考命题成本高，造成巨大的资源重复浪费，同时削弱了高考的权威性，与国际上通用的高考全国统一命题的趋势不一致，且无法保证命题质量。在此基础上，他提出"建立全国统一考试是高考命题的趋势所在"[①]、"全国统考有利于高考公平"[②]等主张。笔者认为这无疑是非常明智的建议。我国高考需要变"考试复杂、录取方式单一"为"考试简化、录取方式多元"，设置全国统考、具有统一评价标准的考试制度体系。"统考成绩提供了一个刚性和可比的标准，利用统考成绩录取，有利于社会大众形成招生中'分数面前人人平等'的程序正义心理，有助于维护大学招生的公平性。"[③]

第二，招生制度变革。考试选拔制度之所以不能突破"唯分数论"，主要是因为招生制度僵化，无法将学生不能量化的综合素质，如奉献精神、领导能力、研究能力等纳入考核体系。因此，应赋予高校尤其是精英高校招生的自主裁量权。"作为人才选拔与培养主体的高校，只有充分拥有招生自主权，发挥其在招生中的主导作用，筛选出优秀、多样、适合的生源，才能从根本上提升高校竞争力，适应经济与社会发展需要。"[④]我们可以全国统一高考成绩为基础，以精英高校为试点，尝试高校自主进行面试和人才选拔，建构量化成绩与质性考核相结合，学科成绩等级与其他测验等级相结合，学业成绩与成长记录袋、推荐信、教师评价相结合的多元评价方式，全面考查学生的综合素质。发达国家如美国、日本等国的经验表明，这种制度能够更好地选拔拥有创造性的人才。我们可借鉴美国基于学术标准的多样化招生、日本将统一高考和高校自主选拔相结合实施两次考试等相对成熟的做法。当然，这种制度的实施是有条件的，必须建立在公平公正的高校文化和透明的监督机制基础上。

正如藤田英典所指出的，世界范围内的教育分流都以"减弱精英性、缓

[①] 刘海峰.考试历史的现实观照：融汇古今的教育研究[M].北京：北京师范大学出版社，2016：226.
[②] 刘海峰.高考制度变革综论[M].杭州：浙江教育出版社，2017：18-19.
[③] 张耀萍.高考形式与内容改革研究[M].武汉：华中师范大学出版社，2016：91.
[④] 刘世清，崔海丽.高校招生自主权：历史嬗变与困境突围[J].华东师范大学学报(教育科学版)，2018，36(3)：125-134，170.

和选拔性、扩充教育机会为主要变革趋势"①。我国教育分流作为一项基础性的教育制度,应兼顾平等与卓越,致力于保障教育权利平等和机会均等,而非执着于选拔学历精英;应促进人的自我实现,重在引导分流而非刚性分流;应重视提高培养人才的社会效率,而非造成社会区隔。

---

① [日]藤田英典.走出教育改革的误区[M].张琼华,许敏,译.北京:人民教育出版社,2001:65.

第五章

区域应试教育的治理逻辑

改革开放以来,我国教育加速现代化,逐渐从人口大国迈向人力资源强国。然而,在我国教育取得举世瞩目成绩的同时,一股暗流——应试教育却不断滋扰基础教育,至今已发展成积重难返的教育痼疾。20世纪90年代后期,教育部推动学校教育从应试教育向素质教育转轨,启动了新课程改革,在课堂教学变革和考试评价改革等方面取得了显著成效。然而应试教育理念依然根深蒂固。21世纪以来,我国的教育改革进入攻坚期,随着学历社会推进的学历"军备竞赛"不断升级,教育的应试倾向愈演愈烈,家长教育焦虑情绪不断蔓延。由于我国基础教育实行以县为主的管理方式,县域教育行政部门在管理和规划地方学校教育发展方面具有举足轻重的地位。因此,本研究试图揭示县域教育行政部门在维系和推进应试教育方面的治理逻辑。治理逻辑可被看作权力运行的机制、过程与行为方式及其背后支撑的权威类型与合法性基础。[1]本研究主要关注治理逻辑的两个重要因素——治理机制和合法性基础。前者主要涉及治理策略与方式的动态组合与运用,后者则关涉人们对这些治理策略与制度正当性的认同与接受的机制。通过对治理逻辑的研究,我们可以深入反思应试教育的合理性与非合理性,思考基础教育改革的现实性与可能性,推进教育朝着人的自由而全面发展的高质量教育体系的方向改革。

---

[1] 周雪光.中国国家治理的制度逻辑:一个组织学研究[M].北京:生活·读书·新知三联书店,2017:55-57.

一、研究背景

应试教育已远不止是一种教育观念、教育现象或教育方法，它俨然成为一种教育制度。[①]应试教育通常是指基础教育学校为应对升学考试而衍生发展出来的一整套教学管理和教学行为机制。这个机制由一系列能够快速、高效获得更高分数的内隐化学校制度构成。这些制度包括以提升考试分数为主导的学校资源分配制度、教师考评制度和学生评价制度、以重复训练为主的教学模式和不断精细化的学生管理制度等。有研究者指出，中国经济的高速发展与应试教育培养了大批合格的劳动者不无关系[②]，但应试教育制度具有高控制、高竞争的特点[③]，它产生的学业负担沉重、学生缺乏创新能力等危害已经愈来愈严重地损害了中国教育质量和人才培养效率的整体提升。

已有研究从宏观、中观和微观层面对应试教育的成因进行了不同的解释。宏观层面主要有历史文化、社会功能等视角。从历史文化视角看，应试倾向来源于中国科举制度形成的考试文化的延续[④]；从社会功能视角来看，应试教育有着深刻的社会根源[⑤]，选择精英的高考制度充分发挥和放大了教育的筛选功能[⑥]，考试选拔精英与社会分层、社会流动功能紧密配合[⑦]，考试胜出获得优质高等教育学校文凭成为阶层向上流动和获得社会地位的最主要通道[⑧]，进而引发了学校教育对考试分数的狂热追求。中观层面的研究主要从考试竞争失控[⑨]、高考制度的有限性[⑩]、教育资源的供需不匹配[⑪]、高等教育资源短

[①] 李涛，陈玉玲.应试教育制度的文化反思[J].教育文化论坛，2010，2(1)：43-46.
[②] 谢小庆.关于高考40年的审辩式思考[J].中国考试，2017(5)：23-27.
[③] 杨东平.重新认识应试教育[J].北京大学教育评论，2016，14(2)：2-7，187.
[④] 游安军，黎华.简论应试教育的社会历史根源和现实基础[J].教育科学，1994(3)：6-8.
[⑤] 戚务念.论应试主义的社会根源[J].华中师范大学学报(人文社会科学版)，2019，58(3)：163-174.
[⑥] 钱民辉.教育处在危机中变革势在必行——兼论"应试教育"的危害及潜在的负面影响[J].清华大学教育研究，2000(4)：40-48.
[⑦] 周作宇.教育、社会分层与社会流动[J].北京师范大学学报(人文社会科学版)，2001(5)：85-91.
[⑧] 黄路阳.论教育的筛选功能与应试教育[J].南京师大学报(社会科学版)，2000(3)：60-64.
[⑨] 江峰，林玲.论教育的竞争与应试教育[J].南京师大学报(社会科学版)，1999(3)：72-78.
[⑩] 王寰安.应试教育问题的制度辨析[J].教学与管理（中学版），2008(7)：3-5.
[⑪] 江峰，林玲.论教育的竞争与应试教育[J].南京师大学报(社会科学版)，1999(3)：72-78.

缺[①②]、教育结构不合理[③]、基础教育优质资源的聚集[④]、地方政府在教育GDP（升学率）方面的攀比和竞争[⑤]等方面解释应试成因。微观层面采用囚徒困境[⑥]、博弈理论[⑦]等理论分析解释应试教育产生的机制，认为应试升学符合各方行为主体的利益，从而形成地方政府、学校、培训机构等多方应试教育行为的"合谋"。

应该看到，虽然应试教育行为在全国具有普遍性，但应试行为倾向的严重程度表现出较大的地区差异性，如某些地区发展出"县中模式""超级中学""高考工厂"，而其他地区却不然。地区教育行政管理将应试行为合法化、制度化和精细化的程度也存在差异。而已有的研究视角并不能很好地解释这种应试教育行为的地区差异性。应试教育行为演化和发展不仅与宏观政治、经济、文化和社会结构等因素有关，更与地区教育治理水平、教育文化生态环境等密切相关，致使不同区域之间应试教育程度存在明显差异。在"以县为主"的管理体制下，区域在教育治理方面享有较大程度的自主性。县域社会、经济和文化环境发展的现状，县域教育发展的历史与传统，区域教育管理制度以及相关教育行动者共同塑造着地方的基础教育生态。对于应试教育的研究，不能不将应试教育放在区域教育结构、区域教育生态、区域学校教育场域进行系统思考。

本研究拟从中观研究层面入手，在分析的理论视角上，使用整合的"结构-过程"分析范式，既吸收了结构功能主义的研究视角，将结构从行动主体的关系中抽象出来，也利用了微观主义研究的日常生活视角与实践社会学视角，让过程与事件连接宏大结构与具体经验。"结构-过程"分析范式既要避免"结构-制度"分析范式过于强调社会结构带来的"目中无人"的空洞性，

---

① 刘生全，柳春霞.简论"应试教育"的学制基础[J].教育探索，1998（3）：17-18.
② 黄国勋，唐佐明.应试教育成因分析[J].广西大学学报（哲学社会科学版），1999（5）：60-63.
③ 郭振有.改变"应试教育"倾向之我见[J].中国教育学刊，2006（6）：14-16.
④ 杨成荣，张屹山，张鹤.基础教育公平与经济社会发展[J].管理世界，2021，37（10）：152-166.
⑤ 杨东平.重新认识应试教育[J].北京大学教育评论，2016，14（2）：2-7，187.
⑥ 蔡连玉.论基础教育的"囚徒困境"与制度需求[J].当代教育科学，2010（6）：7-9.
⑦ 杨宏伟，喻学林.教育博弈与学校教育的"应试病"——应试教育的经济博弈论解读[J].当代教育科学，2007（13）：8-11.

也要避免"事件-过程"分析范式过于强调日常生活事件而带来的经验碎片化。它强调结构与过程具有互赖性，结构为主体设定行为框架，同时结构也需要事件与过程去激活，"以此避免过于抽象的宏大理论与滑向小因果关系的理论自缚"①。个案研究更适合使用"结构-过程"分析范式，个案可看作连接结构与实践的中介，其中蕴含着默顿嫁接理论与实践的"中层理论"。本研究以中部省会城市A区（相当于县级行政区）为研究个案，试图利用个案研究方法对区域教育结构、教育制度与行动者之间的互动进行研究和分析，揭示县域教育行政部门推动学校教育投身于应试教育的治理机制，以及在应试治理机制下校长、教师、学生等行动者的行动方式，试图相对完整地描绘区域应试教育的整体图景。

A区每年考上重点大学的人数非常少（不足10人），然而整个教育体系依然紧紧围绕应试教育来开展。本研究试图揭示A区应试教育盛行背后的治理逻辑，更具体地说，主要回答以下两个问题：一是A区应试教育的治理机制是什么；二是为什么让师生身心俱疲、社会代价极大的应试教育能够获得广泛认可，尤其是教师为什么会接受和服从他们内心并不喜欢的管理制度，这些制度的合法性基础是什么。本研究运用目的性抽样法，抽取A区学校10所，其中高中2所、初中3所、小学3所、幼儿园1所、职校1所；每所学校访谈校领导1~3人，班主任及普通科任教师10人左右，学生每年级3~5人，家长5~10人，共有300余人接受访谈（其中还包括5位区级教育管理者和若干名中小学督学代表），积累了近65万字的访谈记录，并对访谈材料进行编码②。同时，为了获得对区域应试教育更深入、更动态的过程性理解，课题组对2所典型学校进行了参与式观察。

二、A区教育现状概览

A区在行政区划上隶属于中部省会城市Y市，为Y市五个新城区之一；

---

①吴晓林.结构依然有效：迈向政治社会研究的"结构-过程"分析范式[J].政治学研究，2017(2)：96-108.

②编码说明：前两位符号代表访谈者所属的机构；第三位符号代表访谈者身份，A为教育行政官员，H为校长，T为教师，P为家长，S为学生；数字代表在同类访谈者中的排行顺序。

其近些年发展势头迅猛，经济结构迅速从农业向制造业和服务业转型。截至2021年末，A区常住人口91.70万人，整个区域户籍人口为38.24万人，人均GDP为173987元。城乡二元结构比较明显，中心城区聚集了较多的机会，而城郊和乡村地区则城市化进程较为缓慢。城镇居民可支配收入为45615元，农村居民可支配收入为29931元。

（一）区域教育的金字塔结构

我国经济的高速发展使得人们对于新办学校和高质量教育的需求不断攀升。近年来，A区教育投入不断增加，学校办学条件改善明显，教师待遇提升显著。各级各类在校人数增长迅速，教师人数也增加较快。2013—2020年，小学在校生人数增长了15000人左右，学校新增3所；初中在校人数增长了4000人左右，学校新增1所。截至2022年，学校共有中小学50余所，高中阶段学校4所（见表5-1）。

表5-1　A区总体情况（截至2022年）

学校类型	数量(所)	学生总数(人)	教职工数(人)
小学	37	40336	2351
初中	22	14834	1232
高中	4	6906	615
中职	2	5018	352

整体上看，A区教育质量与中心城区仍然存在不小的差距。由于高中教育是区域基础教育的最高阶段，因此高中教育质量可以影响和辐射整个义务教育。围绕高中教育，A区建立了层层筛选的金字塔结构。位于金字塔上层的是A区4所高中（2所公立高中、2所私立高中）。由于经济发展速度快，入学人口迅猛增长，总体上，高中阶段教育还不能满足所有学生的升学需要，每年初中毕业生有4000余人，有将近1000人在A区无法升学。中考竞争激烈，截至2020年，A区普高升学率只有38.77%。基础教育形成了上升通道有限、顶部狭窄的金字塔格局。处于塔尖的是A区唯一一所省级示范高中——W中学。W中学虽为A区最高学府，但在其所隶属的Y市里表现并不突出，

被 A 区的人称为"三流示范高中"。因此,许多访谈对象都提到生源流失现象,尤其是初中毕业生中最优秀的优质生源外流到与 Y 市相邻的中心城区。

> 中考的成绩可能我们还可以说在新城区里面不是很靠后,但是就高考的成绩来讲的话,可能在我们整个新城区当中基本上是比较靠后的了。因为中考流失了一部分生源以后,到高考这个最后的出口的时候,W 中学跟其他远城区示范高中相比,是赶不上的。我们全区前 100 名的学生,每年学校里面流失三四十人,中考前 10 名的学生基本上都不会在我们区就读的。(AZA1-1)

优秀生源流失问题不仅说明 A 区教育质量相对落后,更重要的是反映了当地居民对于教育的看法。整体上,虽然 A 区教育在不断追赶和发展,但当地居民对于 A 区教育质量仍然不太满意。

> 这里的人对本地的教育是不太认可的。本地人只要有点条件或者成绩够好,就想要把孩子送出去,包括我自己的同事也是这样,她们都是本地的老师,她们也在做着教育,但是她们就是想把自己的孩子送出去,她们不太认可自己的同事或者学校。(WST4-1)

(二)区域学校结构:"中心-边缘"二元结构

经济发展的二元格局不可避免地投射到学校教育之中,造成了学校教育质量的城乡差距。学校教育质量差距并非只受经济发展影响,事实上,教育机会与教育资源会在空间上呈现区隔化特征,不同类型的学校获得不同程度的教育机会与教育资源。获得较多教育机会与教育资源的学校形成自身优势,这些优势反过来又会吸纳更多的资源,包括优质的教师、设施以及额外的资金支持等,其中心优势得以建构;而农村学校和普通学校则被边缘化。"中心-边缘"结构导致的校际差距在每个学段中都有所体现,而在初中表现得尤为突出。一方面,初中是义务教育,学生数量众多;另一方面,初中面临中考分流压力，成为教育分流和筛选中的重要一环，校际差距较大。

受地理位置与资源分配优劣的影响，A区形成等级化的区域学校教育结构（见图5-1）。圆圈中的两个区域是A区的经济中心和政治中心，也是公立初中第一梯队①聚集的区域；在这两个中心区域之外则分布着多所第二梯队学校。东（南）部中心学校具有虹吸效应，在校学生不断增加；西（北）部边缘地区的学校学生持续流失，在校生规模持续减少。如表5-2所示，中心学校在校生数量的中位数是987人，而边缘学校在校生数量的中位数是301人。

中心学校布局与政治中心和经济中心是大致重合的。这表明地理位置或空间安排成为学校发展的起始条件，这一起始条件在系列因素共同作用下成为一种分化机制，这种机制塑造了"中心-边缘"的二元区域学校教育结构，这种结构与应试教育行为逻辑产生互动、相互强化，形成稳定的区域应试惯习。

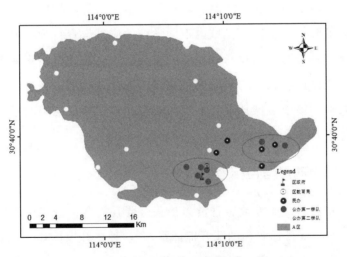

图5-1　A区初中学校分布图

由于A区高中阶段教育发展滞后，最好的初中学校也只有50%左右的学生能考上普通高中，第二梯队中约半数学校只有四分之一的学生能考上普通高中，还有20%左右的学生毕业后面临无学可上的困境。第二梯队的学校多

---

①第一梯队和第二梯队是A区教育局对于初中学校进行分类的术语，第一梯队学校属于较好的学校，第二梯队学校属于比较薄弱、边远的学校。

位于远离中心的边缘地区，无疑属于A区最薄弱的初中。在区域应试教育行为逻辑之下，中心学校与边缘学校会形成各自的行为逻辑和生存策略，建构出区域应试教育的不同反馈机制。

表5-2 A区初中数量与学生分布

学校类型	数量（所）	学生总数（人）	学生最高在校人数与最低数（人）	中位数（人）	校平均数（人）
第一梯队学校（中心学校）	7	9364	2630/417	987	1323
第二梯队学校（边缘学校）	9	2906	702/150	301	323

三、区域应试教育的治理机制

区域教育体制中，县区政府、教育局、各级各类学校以及教师构成区域教育行动的主要行为主体，区域内不同学校的应试教育行为有着相似性、共通性、传导性、普遍性以及一定程度的差异性。区域教育治理综合运用思想动员与目标考核机制、非均衡发展机制与压力传导机制，将考试升学压力传导至每位教师、每项学校日常教学工作安排和学生管理之中，最终产出相关教育部门所期望的考试成绩。

（一）思想动员与目标考核机制

一些研究显示，地方政府官员为了获得晋升机会，会竞相开展服务于经济发展或短期绩效目标实现的晋升锦标赛。[①]这种晋升锦标赛的后果就是政府部门往往更注重追求短期内可以实现并可以量化的目标。

1. 确定质量参照群体

区域学校教育受中国行政体制特有的"条块分割"格局支配，接受双重权威领导：从业务主管部门来看，区域教育要受制于上一级教育管理部门，区域之间教育竞争的压力真实存在；从地区行政来看，县区教育局作为地方

---

① 周黎安.中国地方官员的晋升锦标赛模式研究[J].经济研究，2007(7)：36-50.

政府的重要组成部门，教育局局长需要在政府领导面前积极展现部门业绩。因此，作为业绩指征的教育质量，便获得了教育行政部门最核心的注意力。我们在访谈中发现，教育行政官员都非常看重教育质量，而且几乎一致认为教育质量主要和首要体现为升学率。

> 教育质量始终是A区教育的一个短板，大家对提高教育质量的要求很迫切……教育质量当然包括全面发展和特色发展，但是老百姓看的还是升学率。考试是最检验质量的。升学率是学校的温饱生存问题，这个问题解决不了，别的都不用谈。……这几年老百姓都说教育跟不上经济发展，区领导也几次批评教育没搞好，我们压力很大。（ACA2-1）

参照群体对于个体或组织的行为具有重要的规范和比较评价的作用，个体或组织经常依照参照群体的价值理想和行为规范来调整自己的行为。为鼓舞A区教育者的士气，教育局也树立了一个参照群体——X区。受访者口中的X区，就像"别人家的孩子"一样优秀，虽然经济不如A区发达，但有着重视教育的传统，"每年高考老百姓自发地去送考，放着鞭炮护送车队"，升学率在远城区中位列第一。

> A区是远城区，它的教学质量不可能和中心城区的教育强区去比，但是我们也有自己的一个定位。我们希望在远城区布局里面有自己的一席之地，目前我们在远城区从大概四五名，搞到第二名来了。X区目前排在第一，我们第二，我们也是希望能够通过努力和X区抗衡。（DSP1-1）

A区教育局对于区域中考与高考目标成绩都做了详细界定，主要包括《A区2022—2024年中高考质量提升追赶三年行动计划》（以下简称《三年质量提升行动计划》）、《A区初中学校教育质量评价方案》、《A区学校教学质量考核目标》等文件。其中，《三年质量提升行动计划》将区域的教育质量提升目标定位为全面超过相邻的H区，具体目标包括确保省级示范高中（W中学）的录取分数线在新城区排名第三、力争第二，与中心城区省级示范高中录取分数线的差距逐年缩小，高考成绩全区全口径本科上线率不低于90%等。

2.层层分解考核指标

基层政府的控制权包括目标设置权、检查验收权和激励分配权。[①]三种权力在教育治理中的组合运用，建构了严密的制度组合，形成了一种紧紧围绕升学任务的目标考核机制。

其一，目标设置分类化与精细化。县区教育局将升学指标进行逐校分解，依据过去1~3年学校的平均升学率，上调2%~3%，精准确定每个学校量化的升学任务。在《A区初中学校教育质量评价方案》中，A区16所初中被分为两个等级（见表5-3），对于第一梯队的学校主要考核考上名校人数、省级示范人数和普高率，对于第二梯队的学校主要考核普高率和职校率。平均来看，第一梯队学校中考成绩目标所确定的普通高中升学率为50%~56%，而第二梯队学校这一数据为23%~46%。

表5-3　不同梯队初中的中考升学目标（2022年）

	省级示范校均人数	普高率	升学率（含职高）
第一梯队	71.3	50%~56%	不考察
第二梯队	2.7	23%~46%	74%~96%

其二，围绕升学目标建构持续的检查验收制度。A区有一套成熟、完整的学校教育质量考核评价制度，其中，考试成绩是心照不宣的重要因素。区域内组织多种统一考试（期中考试、期末考试等），并利用考试成绩对学校进行管理，这是一种比较便利的手段。学校的等级排名、声誉、校长绩效和教师绩效均受此考核评价制度的影响和约束，因此这种考核评价制度对学校校长和教师行为能够发挥超强的引导作用。

[①] 周雪光.中国国家治理的制度逻辑：一个组织学研究[M].北京：生活·读书·新知三联书店，2017：120.

其三，围绕目标最终达成与否建构激励分配制度。激励形式除了物质奖励之外，还有职称晋升、职务任命等。激励分配制度可分为两类：一类是过程性激励，如政府补贴高中的节假日补课费用；另一类是结果性激励，如发放中考和高考教育质量奖等。教育局负责拨付资金，而激励分配的具体实施方案主要由学校管理层负责制定。

> 我们区有小、中、高考奖励。小、中考奖励，相关的老师人均能拿到三五千元。高考奖励差异比较大。我们这两年W中学高考奖金是160万，一般高三年级老师有40个左右，高的可以拿五六万，低的2万，也有拿不到奖金的。政府每年还要拿出500万来发W中学的补课费。（AZA1-2）

（二）非均衡发展机制

A区教育管理部门贯穿整个基础教育阶段的注重名校、忽视弱校的非均衡发展策略与资源配置机制，使得A区学校校际差异较大，教育生态重竞争轻合作，无法满足居民对公共服务均等化的需求。

1. 名校中心的资源配置机制

通常，地方教育局与重点学校之间存在庇护关系，与非重点学校之间则是疏离与松散的行政关系。[①] 公立学校的日常办公经费和教师工资在形式上是区域内按标准统一分配的，但是学校硬件设备方面的建设维护、师资配额以及教师培训学习指标、关注度等分配没有明确的分配规则，通常是教育局按需进行自由裁量分配。而这里的量度则由学校与教育局之间的合作关系与利益博弈来决定。学校往往通过校长关系网络争取教育局更多的资源配置和政策支持，以实现学校利益的最大化。地方教育局会优先确保区域内优质学校的需要得到满足，在资源充足的情况下，再考虑乡村学校和薄弱学校的需要。

[①] 陈彬莉.升学率驱动下的学校组织地位分化——以W县高中教育为例[J].清华大学教育研究，2012，33(1)：94-102.

地方教育局会优先满足优质学校的用人计划，优先给优质学校配备优质教师，默许优秀学校从边缘乡村学校挖掘优秀教师或从外地引进优秀教师的进人策略，并且优质学校在招聘新教师时也有更大的主动权，能够优先选择部属师范院校毕业生。

县区教育局总体性政策目标是快出成绩，主要策略是：集中优势资源，培养重点名校，快速实现中高考成绩的提升。A区《三年质量提升行动计划》中的实施措施重点"一是全力培育名校，二是借力孵化名校，三是精准引进名校"。教育局将更多的资源和关注重心放在本区域具有教育竞争力的名校上。同时，教育局积极引入外来的名校品牌在A区学校挂牌，推行名校集团化办学，同时引入高校科研力量，提升教育科研水平。这些机会也多给予了区域中心学校。重点中学利用其庇护地位和资源禀赋，在利益驱动下垄断生源市场和优势资源，其行为实质上构成了对非重点中学的资源掠夺和机会限制。①

2. 区域学校的远交近攻策略

竞争主导下，区域之间的教育生态关系表现出远交近攻特征，即对于属地关系近、存在竞争关系的区域采取防范措施，而对于属地关系远、不存在竞争关系的区域采取合作措施。A区域与同属远城区的其他5个区域合作较少，与不相邻的中心城区合作较多。同样，区域内同学段、同等级的学校之间需要在一个赛道竞争教育资源。因此，区域学校的教育生态关系也表现出远交近攻特征——属地关系和质量层级关系远的学校之间由于力量悬殊、不在一个维度竞争，或可建立合作关系；而质量层级关系近的学校，如两个优秀初中之间则存在强竞争关系，甚至这种竞争还可能通过抢占升学指标、挖优秀教师资源等方式趋于恶性化。

纵向来看，A区不同学段、地理位置相近的学校之间因为没有横向的升学竞争和资源竞争，存在一些松散的合作关系，例如区域内的小学和幼儿园的衔接教育、初中和小学的升学联盟等。横向来看，同学段的强校与弱校存

---

① 陈彬莉.升学率驱动下的学校组织地位分化——以W县高中教育为例[J].清华大学教育研究，2012，33(1)：94-102.

在合作关系。通常，弱校会选择同学段的强校作为参照群体，学习和模仿其办学经验与管理策略。顺应这种需要，A区好学校往往被称为"领航学校"，多担负扶助弱校的任务；教育局推行学区制，鼓励"领航学校"教师带领弱校教师一起参与科研活动。事实上，这种强-弱学校的联盟多提供象征性的帮扶，而较少持续投入组织资源，很难对弱校的发展有实质性帮助。一些强校甚至将区域联合教育活动视为一种宣传学校的机会。正如教育局行政人员所言：

> 我们的评价没有说把学区长①的学校和学区的学校捆绑在一起评价，还是在评价一个一个学校，是不是？你比方说L校和它的学区，M校和它的学区，每年评价的时候，还是评价单个学校的工作，而不是评价这个学校把学区的学校带得怎么样了。这跟评价有关系，对不对？除非是我这个学校很轻易地完成了目标考核的评价指标，同时也很大公无私。否则，它毕竟还是没有富余的力量来做这个事。（AZA1-2）

（三）压力传导机制

区域内学校压力传导机制往往借助两个渠道实现：一是隐形的竞争角力和弥散的竞争焦虑与竞争氛围；二是有形的任务压力，比如教育局局长将压力传导给校长，校长将升学指标分解到每位教师，教师再将升学指标锁定到班级有升学希望的学生身上，由此形成升学指标层层分解和责任层层传递的压力传导机制。

1. 竞争策略的同化与模仿

校际竞争压力使得学校之间会出现竞争策略的同化和模仿行为。区域学校中，通常由一两所学校率先发起升学锦标赛竞争，学校通过各种精细化、精准化的应试教育行为，形成多种精细严密的应试策略，其中包括越来越长

---

① 教育局把全区分成几个学区，领头的被称为"学区长"。

的学生在校时间、越来越精细的学生学习时间安排、等级区分更为细致的分班模式、集中优势师资精准培养优质学生等。这些应试策略一旦取得良好的升学绩效，很快会被其他学校传播和模仿，得到快速的推广和运用，甚至产生"劣币驱逐良币"的剧场效应。

A区有两所初中名校——M校与L校，前者为历史较久的学校，以注重学生全面发展和学生参加社团的素质教育著称；后者历史较短，但通过应试教育在短期内赚取了名声。L校学校领导不断强化提高考试分数的各种应试教育管理措施，如分快慢班、要求学生提前到校自习等；同时加强对教师的考核管理，教师"加班文化"盛行。L校的拼搏取得了明显的中考成绩提升效果，周边初中也受到了启发，纷纷效仿和学习，均延长了学生的在校时间，加强了对教师的教育管理要求，加重了学生的作业负担。因此，M校也不得不放弃注重学生素质发展的教育，压缩社团活动，"砍掉"校外活动。A区大多初中原来不上晚自习，"双减"政策实施后，允许学校通过晚自习对学生进行辅导。A区的M校率先开始延迟放学时间，增加晚自习，其他初中也相继将放学时间延长了1~2小时，大多数初中学校的在校时间都由原来的10.5~12小时延长为11.5~14小时。

2. 学校之内的教师竞争

学校的主要应试策略是借助优秀教师和优秀学生，短期内考出好成绩，而不是等师生慢慢成长。于是，教学被化约为学业分类过程，即以考试为核心，对教师、学生不断进行分类和甄别的过程。在此过程中，不同学科演化为等级序列，分化为中心知识和边缘知识，教师依据所教学科的考试分数权重及其成绩不断被分化、学生依据考试分数不断被分类。[①]学校在对待教师的行为方式上，采取一种"不等他成长"的方式，要求教师拿来就用，用着就要出成绩，试图通过加大考核压力推动教师快速出成绩。W中学校长谈到一位新手教师因学生考试成绩不佳而被学校要求"转岗分流"时如此说：

[①] 陈彬莉.学业分类过程及其组织制度基础——高考升学率统摄下应试体制的微观运行机制[J].北京大学教育评论，2010，8(2)：71-81，189.

作为省级示范高中的升学压力非常大,因为我们需要她立住,她很快成才。就像游泳一样,必须靠自己游上岸。她如果到了另外一个普通学校,或者比如到一个初中,她可能还是教得很好,因为压力小一些,但在我们这里是不行的,你必须强。我不会给她那么长的等待期,要快速成才。你站在这个位置必须要出成绩,你出不了成绩,我这个班级也出不了成绩,我这个年级出不了成绩,学校就出不了成绩。是不是?这就是压力传达。(WZH1-1)

一方面,学校会建立一种教师荣誉和收入与班级考试分数直接挂钩的学校教师考评制度。其基本指导原则是"绩效优先,拉开分配差距",用制度激励教师提升学生成绩。奖励向毕业年级倾斜,比如通用的分配方式如下——"中考奖励M中,取$a=0.65M$作为全校教职工奖励,平均发放;取$b=0.35M$作为九年级专项奖励,只发给九年级的蹲点领导(管理者)、班主任和任课教师"(XGH1-1)。具体规定达到目标奖励和考取重点学校奖励的金额。另外,学校将教师个人荣誉与月考成绩、期中成绩、期末成绩和中考成绩等直接挂钩,且每次全区统一考试后都根据所教班级的学生分数对教师进行排名、公布和奖惩,甚至采取全体教师大会的方式公布考试排名和奖惩措施。这种公开地呈现每位教师的教学成绩的方式,对教师尤其对排名靠后的教师造成了巨大的心理恐慌和荣誉折损,迫使教师想尽一切办法去加强训练强度,提高学生成绩。

另一方面,有研究者发现应试化师资配置存在以下规律:水平越低的教师,所教的年级越低,所教学生的起点越低,重点班教师和毕业班级教师成为重要的身份群体。[①]在A区同样如此。优秀教师被给予教授优秀学生和毕业班级的机会,成为"把关教师";非毕业年级和普通班则一般由经验缺乏的青年教师教授。学校鼓励或要求青年教师参加全区的教学比赛,重视教学比赛获奖,将之视为青年教师专业成长的重要路径。而优秀教师多埋头应试教学,

---

① 陈彬莉.学业分类过程及其组织制度基础——高考升学率统摄下应试体制的微观运行机制[J].北京大学教育评论,2010,8(2):71-81,189.

专业自主发展空间并不大，机会也比较缺乏。

> 我们在某种程度上是一种功利的状态，和外面联系的机会不多，我们教师主动走出去的意识不够强。我们教师的教研能力，都因为疲于应付我们的高考，一届接一届，日复一日这样地工作，其实他很累，没有时间考虑质量怎么提高、效率的高和低的问题。更多的就是我们不断付出，实际上单位时间内教学质量并没有提高。(WZH2-1)

四、区域强弱学校个案白描

对具体学校做深度个案研究可更好地融合"过程-事件分析"研究视角，将所要研究的对象由静态的结构转向由若干事件构成的动态过程，以更好地凸显社会事实的动态性、流动性。①学校教育作为区域教育系统性、整体性的子系统，不能脱离由各种制度编制而成的区域教育结构与教育治理体系，但不同层次学校的应试行为存在较大差异：边缘学校奋力追赶却无法翻盘，中心学校优势累积却显露疲态。

（一）边缘初中X校：奋力追赶与自我放逐

X校是A区的边缘学校，不仅位于A区的边缘地带，也处于A区所在城市的边缘之处，普高率只有23%。教师总数为30人，本科及以上学历教师比例为60%。由于该校的地理位置偏远，X校存在长期的教师结构性缺编，招聘的新教师难以留下，以至每年都需要请代课教师，代课教师所占比例高达50%。X校生源是周边村镇的居民（多数为外来移民和打工者），学生总数为308人，其中有180人户籍不属于本区县。相对于中心学校来说，X校可供支配的内在资源和外在资源并不充足。在应试教育中，X校的行为选择代表了此类学校的行为逻辑。

---

① 谢立中.结构-制度分析，还是过程-事件分析？——从多元话语分析的视角看[J].中国农业大学学报（社会科学版），2007(4)：12-31.

1. 博弈选择中回归共识性契约

应试教育模式的长期存在是由于个体之间、组织之间、个体与组织之间所达成的"分数定终身"的共识性契约。①针对X校升学率较低的现状，2020年新调来的X校校长试图回避短板，另辟蹊径，将本校定位于特色化办学，强调体育、艺术等特色发展。X校有多项文体比赛斩获奖项。但是，在一次培训会之后，X校校长深受触动，决定调整办学目标和方向。他坦言："成绩代表了一切，这次会议给我很深的体会，别的校长都是昂首挺胸的，我感觉很挫败。"考试成绩好，学校才能够提高声誉，教师才能够提高收入。"人活着就要有目标。无论是教师还是学生都要有焦虑感，这种焦虑感体现了一种对目标的追求，而且最终会体现到KPI评价模式的结果上。"（XGH1-1）焦虑要先从校长传到教师群体，再传到学生群体。于是，X校校长调整和明确了学校发展策略：以提高学校升学率为主要目标，以特色活动为辅，特色活动要追求显示度，"在比赛中要能得第一，得第二没有意义"。（XGH1-2）

2. 优质资源配置等级化

为了更好地生存和发展，组织必须在环境的制约下选择成本最小而收益最大的行为。②鉴于X校各类资源匮乏，尤其是生源质量与师资等核心资源匮乏，X校的首要行为选择逻辑就是将校内相对优质的资源优先分配于快班。X校快班是由每个年级前40名左右的学生组成的班级，同时也是未来完成X校基本任务的基础。为保障快班能够最高效、最安全地完成区指标，学校将相对较好的教师分配给快班、给予快班住校资格、优先为快班开家长会等，给予快班极大程度的关注，同时在快班加大习题训练力度，遴选部分学生进行培优。此外，X校加大了对优秀学生的奖励力度，设置多项基于成绩的奖励制度——中考学科总分优秀奖励、单科优胜奖励，并对排名在前30%的"优尖生"进行了力度更大的思想动员。一位学校管理人员在"优尖生"考前动员大会上讲道：

---

①陈彬，李明星.教育制度变迁中路径依赖的成因及对策——从"应试教育"模式向"素质教育"模式转换困境说开[J].教育科学，2012，28(3)：1-4.

②蒯义峰.应试教育：一个学校行为的组织分析[J].基础教育，2015，12(4)：36-42.

中考80％考记忆力，20％考思维力。这里的记忆，除了通常所指的概念、单词、公式、定理之外，更主要是指各类典型例题的解题思路。对于考生来说，如果遇到过去做过的题目，考的就是记忆力了；如果没见过这道题，考的就是思维力。凭记忆力做的题目速度快、把握大、得分高。而要做到这一点，考生平时就要多做练习题、多看例题，尤其是要对典型例题的解题思路烂熟于心。毫不夸张地说，一个初中生，如果每门功课都有四五百道例题烂熟于心，那么考试时就一定能触类旁通，容易得到好成绩。(XGH2-1)

在 X 校奋力追赶、提高升学率的另一面，是落后学生大面积的自我放逐。70％以上的学生知道自己难以升入普通高中，在学习上对自我努力的结果产生怀疑。虽然一部分学生能升入职校，但社会对职校的认同度不高，人们普遍认为"职校没用""职校里面学不到东西"，让这部分学生也缺乏学习动力。成绩位于后30％的学生在校期间基本属于"混日子"，他们知识基础薄弱，对学习不感兴趣。他们在课堂上偶尔听讲，如有实验要求的化学课、有故事情节的历史课等，但也仅限于听，很少动笔。他们上课时或自娱自乐或睡觉，常常因违反课堂纪律（如讲话等）成为教师点名批评的对象；他们的课下作业也很少自主完成。一位学生谈道：

这一年已经学到一半时间了，感觉跟没学一样。我有时也有想学习的那种思想，但是就是不知道该从哪里学，就是因为不会的太多，然后不知道从哪里开始，然后就也不知道哪里不会。……我也不知道为什么到初中就越来越对学习不感兴趣了，看到周围人玩就想参与一下……我妈经常说你要是不想学就别学了。然后我就感觉何必学呢？有一段时间放假挺久的，我想好好学但是学不进去，坚持了两三天后就不想学了，只有三分钟热度。(XGS4-1)

大部分学生及家长没有计划，学生升学是"靠天收""走一步看一步"，很多人抱着"以后再说"或者"混三年后去打工"的想法。一些家长认为职业教育也不失为一项最后的选择,希望孩子在职校安稳过渡到成年。家长对于学生的学业落后状态普遍感觉到无能为力,他们既缺乏辅导孩子功课的知识基础,也缺乏送孩子接受校外培训的经济实力。全校接受校外补习的学生非常少。访谈中,一位家长哭诉道:

> 从小学五年级的时候给孩子补课,到六年级花了2万多,一点效果也没有。我说我在工厂12个小时这么辛苦几个钱我拿去给你,有一点效果我还好一点,一点都没有,钱都浪费了。听同学说,他边补课,还边用别人的手机聊天。我气死了。我说我不管你了,你自己以后混成什么样子就是什么样子。(XGP3-1)

(二)中心初中L校:优势累积与策略更新

与X校形成鲜明对比,L校处于A区政治与经济中心,属于城市中心学校。L校一直是A区升学率最高的初中名校,学生人数近2600人,应试口碑好。L校校长为特级教师,并且从L校也走出了多位教育局官员。为稳定并维持其中心地位,L校在区域应试教育模式下采用了三种路径。

1. 参与"应试锦标赛"维持核心利益,维系品牌效应

L校在应试教育的"囚徒困境"中获得最大利益,以此获取较高的教育资源和社会资源,并将这些资源再次投入应试教育的竞争,形成路径依赖。与X校相同,L校也分快慢班,包括三种班型:超火班、火箭班和平行班。前两种班型也被分配了更好的师资。学生负担整体比较重,尤其是前两种班型的学生,"学习成绩最好的可以在10点或11点左右把作业做完,成绩一般的学生基本上是12点"。"初三的学生没有课外活动时间,每天基本上只睡6个小时"(WSP1-1)。L校的声誉为它吸引到好教师,学校也比较重视教师的专业发展,并为教师提供了较多的发展机会和平台。不同于X校的应试热情主要靠经济激励来激发,L校应试氛围建立在教师的敬业精神和青年教师盛行的"加班文化"基础上。

2. 在"应试锦标赛"中不断更新竞争策略

在应试教育的循环往复中，L校积累了剩余的资源，并利用这些多余的教育资源与社会资源更新竞争机制，有能力也有条件探究素质教育，并在保证应试教育结果的前提下，在一定程度上将素质教育融于应试教育，双管齐下，这不仅实现了行政部门对升学率的要求，也在素质教育改革中获得好评。

> 阅读可以让学生享受到我们的教育所得不到的东西，所以每周五我们单独拿一节课进行课外阅读。在我们学校，40分钟一节课，第5节课任何老师都不准侵占，这个时间就是给学生专门读书的，所有的七八年级学生都参与。(WSH1-1)

学生的访谈材料也表明，学校在素质教育方面的尝试获得了学生的认可，教学方面体现了注重拓展知识面的适度创新意识，班级管理方面体现出尊重学生的适度人性化。

> 我们班主任老师上课的时候不是光讲关于课本以及考试的内容，他有时候上课的时候还会讲一些关于科技方面、历史方面以及地理方面的知识，然后让我接受的知识会比别人的更多……我最近也会被老师批评，但是老师为了不让我在同学们面前丢失脸面，就把我拉到办公室里面私下谈。对于别的同学也是拉去办公室谈。(WSS5-1)

3. 更新竞争机制，通过内部对弈激发活力

长期以来，L校一直是A区升学率最高的学校，不仅为L校获得良好的社会声誉，而且成为A区政府部门的教育政绩。然而L校教师老龄化严重，老教师占相当大比例，他们对于"加班文化"颇有微词，学校难以激发他们的应试热情。

> 有老师喜欢去抢课，占别人的副课。还有的老师放学以后不回家把学生留在学校，不让回家，领导还要表扬这种行为，像这样的行为

应该批评才对的。比方说规定 7:30 上课，有的老师来得早，有的学生早早跑来，6:00 跑来，他要进行表扬。学生一看老师会表扬，今天你来得早，明天我来得更早，事实上这是一个很不好的引导……时间长了，几乎所有的班主任没有 6:00 之前回去的，都在延长上班时间。(WST3-1)

学校教师年龄结构的变化和教育观点的分歧使得学校内部运作遇到阻碍，中青年教师无法获得充分的晋升机会和更多的物质激励，内部矛盾不断激化，进而影响学校教育品牌的维持。由此，教育局调整策略，允许 L 校另办一所独立学校 D 校，两所学校财政资源、教师资源等各类资源互通，将学校优秀青年教师与骨干教师调到新办学校，再造一所"年轻的 L 校"。在生源上默许 D 校的"掐尖"行为，给予充足的公用经费，使其短期内快速成长，未来可与 L 校竞争。L 校或自然消亡，或者竞争中奋起。对于教育局而言，区域内教育的品牌优势得以维持。

（三）重点高中 W 中学：工具性价值追求

W 中学作为 A 区优质高中，其"省级示范"标识属性象征着高投入、高产出，即代表着政治资源倾斜和社会评价导向，最终体现为高中在品牌建设时将区域位置、升学成效、生源质量与教育资源分配相结合的行为策略。[1]因此 W 中学作为更高一级学段的学校，主要遵循以下两种行为逻辑，以实现优质高中的工具性价值。

一方面，重点高中满足教育 GDP 的政绩需求。在国家宏观政策导向和经济社会发展因素的影响下，我国重点高中的发展经历了"外松内紧—重点扩大—收拢规范"三个演进阶段[2]，因此优质高中在长期的发展惯习下形成了对工具性价值的追求。有学者研究发现，学校制度制定的目的是满足政府的要

---

[1] 徐卓宇，江凤娟.重点高中政策演进研究——基于 1977—2020 年文本分析[J].教育学术月刊，2021(11)：54-60.

[2] 徐卓宇，江凤娟.重点高中政策演进研究——基于 1977—2020 年文本分析[J].教育学术月刊，2021(11)：54-60.

求，而不是满足学校内部运作需求。①因此，学校要追求"合法性"，必须获得政府的认同，满足辖区政府的政绩需求。W中学的校长在访谈中表达了在"唯升学率""唯名校"评价制度下的无奈。

> 最后我们Y市里面排名的时候，它就是一个"纯文"的和"全口径"的两个比较，那么文理一批它的总量大，所以说它就有可能达到80％，而我们只可能到50％这样一个水平。所以这就是我们的现状，它带来的就是恶性循环，我们是不断地处于追赶状态，所以我们追三年，其实我们老师也很辛苦，我们的学生也读得很辛苦，但是最后的效果，领导一句话——北大清华有没有？北大清华太难了，是不是？（WZH1-2）

另一方面，W中学也获得了政府额外的支持，主要表现在对于补课费的投入。政府每年拨付500万元用于支付W中学教师超出工作时间的补课费用。而另一所普通高中S高中，之前无此项投入，因此学校不对学生进行补课，后来通过争取也获得了此项投入，于是开始对学生补课。竞争压力之下，W中学校长认为，W中学办得不理想，因为学校缺乏办学自主权，缺乏创新权，被管得过死，学校既无法将"不愿意上课"的老教师调走，也无法给予潜心工作的年轻教师以职称晋升的激励。

W中学领导层普遍抱怨初中教育的底子没有打好，英语和数学两门学科成绩与中心城区学校差距太大，认为A区整个基础教育系统没有培养好学生的学习习惯。一位W中学领导层教师认为基础教育内存在学段之间的不信任问题以及家庭教育投入不够的问题。

> 说实在话，整个A区现在的教育，实际上现在它不是一个良性循环的轨道，实际上都互相不信任。小学教师不信任高中教师，高中教师不信任小学教师。……跑不了留下来的，相对来说，很多都是外来务工的工人，条件有限。家长觉得孩子学什么样就什么样，属于自由

---

① 周雪光.组织社会学十讲[M].北京：社会科学出版社，2003：70-71.

成长起来的学生。他们出来之后就面临着很多问题，包括许多科目是"瘸腿"的，比如英语和数学。语文和英语这两门学科实际上要求学生从小就开始大量的阅读，他哪有条件，这也是个素养问题。(WZH3-1)

当然，学校教育实践也逐渐形成了一整套稳定的应试教育模式，这在学校实践上的表现行为主要有：学校组织教师对考试内容和考试题型进行精准研究与精准传播；课程教学以考试科目和考试内容为中心进行；教学方式上强调快速高效的注入式教学，采取超前超快学习、超长时间复习、高密度考试训练、大量刷题练习等教学行为来应对升学考试。不过，W中学校长也认识到超前超快学习、超长时间复习也是有代价的。他试图在应试教育中突围，做出一些改变，不唯名校，不只看重最优秀的学生，而是普遍激励所有的学生，让所有学生打牢基础。2022年，W中学高考成绩进步显著，全口径统计一本上线率达70%，与中心城区的示范高中差距进一步缩小。

有些孩子进校不到一个月，就已经开始被淘汰了，他已经没有对学习的那种求知欲望，那种刚开始考入重点高中的喜悦已经没有了，他认为这太难了。原因在哪里？我们的教学进度太快，把他拖垮了……我们现在的要求是真正地面向全体。我们今年高一选课分班完了以后，选理科的成绩基础稍微薄弱的学生，过去我们可能都是切出三个班，基本上这三个班就叫平行班。每个班有三分之一的人最后就废了。今年我们只切了一个班出来，我们叫本科班，我们直接跟老师说这个班就是考本科，这些人必须百分之百上本科，你就不能把他们放弃了。既然是这样的一个状态，你就应该干什么？应该降低速度，降低标准，让他们重新恢复信心。(WZH1-3)

五、研究结论与建议

简言之，应试教育治理逻辑是治理机制与合法性基础共同作用的结果。

前者是权力运行的具体方式与实践过程,后者则为权力运行提供了正当性论证,使得人们在认知上接受应试教育的合理性甚至是必然性。具体而言,从研究中可以得出如下结论。

其一,整体上来看,应试教育制度产生于封闭的教育结构——纵向的学段金字塔结构和横向的学校之间非均衡发展的中心/边缘、强/弱分化格局。两者共同为学校教育建构了封闭的空间和同质化的赛道。学校教育具有个体发展功能、组织实现功能、区域贡献等三大功能。[①]然而,教育实践中学校教育功能窄化,尤其是在促进个体发展上未能充分发挥其作用,而是主要发挥了社会分流作用,即通过反复训练和筛选将学生依据成绩高低匹配不同等级的学校。县域教育行政部门在维系筛选性教育功能中发挥了重要作用。在这一封闭的教育结构和单一的教育功能中,应试教育是区域教育注重名校的非均衡发展策略、强化目标考核和绩效评估的治理方式、强调竞争以提升效率的生产逻辑共同作用的必然产物。应试教育制度通过思想动员与目标考核机制、校际竞争机制、压力传导机制得以维系。

其二,合法性是维系应试教育的重要社会基础。社会大众对于应试教育的接纳,主要来自教育投资的预期回报率和中产阶层家长成长轨迹的路径依赖,更多的是出于利益诉求;而在教育系统内部,应试教育制度的正当性则建立在合法性基础之上。合法性从文化-认知、规范(关乎道德)和规制(关乎现实利益)三个方面得以建构(见表5-4):在文化-认知要素方面,区域确定了以考试分数为上的教育质量观,并奉为圭臬;在规范性要素方面,确定了教师提高教学质量的道德责任和为提高教学质量奋斗的荣誉感,激发学生为分数和个人前途奋斗的荣誉感;在规制性要素方面,确定了达成应试的目标任务,并对与之相符的行为进行物质奖励,对不能达标者进行隐性或显性惩罚。相对而言,在经济发展迅速且教育基础较为薄弱的地区,教育应试化的合法性基础更加强大,因为经济发展迅速可使区域投入大量物质资源激发自利心理,强化应试教育的规制性要素,而教育基础薄弱则更有利于"唯升学"的狭隘教育质量观深入人心。换言之,在经济发展滞后、教育人文传统

[①] 马健生,邹维.论学校及其功能[J].清华大学教育研究,2019,40(4):23-31.

浓厚或教育质量观多元化的区域,支持应试教育的合法性基础相对薄弱。总体上看,经济发展滞后会导致经济刺激无力,使得规制性要素难以充分发挥作用;教育人文传统浓厚则会对于"什么是好教育"形成教育行业内部比较持续稳定的标准,并会激发教师去追寻"美好教育"的教育理想和遵循良知的道德荣誉感,从而部分抵消应试教育过于看重学业成绩的片面性;教育质量观多元化则会促使教育面向未来社会发展,更加强调学生的综合素质、全面发展和终身发展,缓解应试教育过于重视当下胜出的短视性。

表5-4 区域应试教育制度的合法性基础

	文化-认知要素	规范性要素	规制性要素
行为的基础	教育质量观	教师责任	出于自利
行为机制	模仿	规范	强制
逻辑类型	正统性	道德性	工具性
情感反应	确定/惶恐	羞耻/荣誉	内疚/清白
合法性基础	被认可	道德支配	经济刺激

([美]W.理查德·斯科特.制度与组织——思想观念、利益偏好与身份认同[M].4版.姚伟,等译.北京:中国人民大学出版社,2020:62.)

其三,区域教育应试化是教育文化生态相对薄弱、教育结构较为封闭、教育治理方式单一的县域在多重制度逻辑下所做的最优化选择。中考高考分流制度的存在、注重分数的学校评价制度、注重政绩的官员评价制度等,使得区域教育及区域学校选择了在制度框架下最好地实现区域利益最大化和个人绩效最大化的教育方式。因此,筛选式教育和应试化教育是多重制度均衡的表现形式。这意味着应试教育是一种"系统性困境",因此单纯改变个体行为无法解决问题。换言之,在当前制度环境和基本教育结构不变的情况下,区域教育如果不重视升学率,将会损害本区域的核心利益;而区域内学校如果不重视升学率,将会损害本校的核心利益。

其四,区域应试教育在调动学校和教师的工作积极性与责任意识的同时,也付出了巨大的社会发展与人的发展的代价。这主要表现为四大危机。首先是教育质量危机。竞争弥漫在每个层次对等的机构与个体之中,区域之间、学校之间、教师之间和学生之间都充斥着教育竞争,竞争强度持续升级,而教育总体培养人才的质量收益却递减，教育不断内卷化。在高控制、高竞争的应试教育治理模式下，无论是强校还是弱校，都遭遇各自无法克服的发展瓶颈，更难以培养未来社会所需要的创新型人才。其次是人的意义危机，学生学业负担过重，应试教育牺牲了学生的全面发展、个性发展和可持续发展，抑制了学生的学习热情和好奇心，也使得教师产生了越来越多的职业倦怠感。再次是教育生态危机，主要体现为教育系统内部缺乏合作、家校互不信任、高学段教师与低学段教师之间相互指责，社会对教育满意度普遍不高等。最后更令人担忧的是弱势群体的生存与发展危机。教育竞争的代价是弱校被进一步边缘化。区域学校等级化虽然在表面上体现为学生学业和能力分化，其实质却是社会阶层分割和城乡分化。社会优势阶层子弟更多就读于中心学校，而弱势阶层子弟则更多就读于边缘学校。"中心-边缘""强校-弱校"的二元分割实际上使得教育复制甚至扩大了现存社会的不平等，而不是矫正或弥补社会不公。弱势群体通过教育实现社会流动的可能性变小，教育机会均等的理想无法实现。

面向未来，教育需要更多的整体化的结构性改革和制度性改革，如打破教育封闭结构、改革教育分流和考试制度、筑牢教育的社会基础，其最终目标是通过多元卓越的教育质量观建立人才成长的立交桥模式，使得每个人的潜能都得到充分开发。当然，也应该看到，区域教育在当前既定的教育制度下也有一定程度的能动性。比如，区域在更新教育观念、优化教育生态、缩小校际差距、鼓励学校的教学创新与整体变革、密切家校社合作、提升教育治理水平、给予更大程度的学校办学自主权和教师的学校管理参与权等方面，都存在较大的能动空间。区域教育的发展并不是被现有社会结构和教育制度完全规制了的一潭死水，它在维持现状中表现出一些持续行进的变化，孕育着进一步变革的可能性。因此，从学校教育的社会使命来看，区域内学校教育必须重塑基于全面发展和可持续发展的教育质量观，致力于提供均等化的公共教育服务，致力于缩小学校之间的差距，促进优秀教师的均衡分布与定期流动；废除快慢班，均衡编班，确保每个个体尤其是弱势群体学生的平等受教育机会。要实现上述目标，关键之一在于改革教育治理方式，推动区域教育治理实践中多元利益相关者的社会参与，打破政府管理主导下教育系统的自我复制与不断"内卷"化局面；关键之二在于改良教育文化生态，将教育竞争严格限定在一定的范围，使合作共享与协同发展成为学校教育的主流价值与文化样态。

第六章

教育改革中教师的变革能动性

在当前教育改革日趋综合化和纵深化的背景下，变革驱动力单向度和变革主体单一化无益于教育的整体改进，教育改革需要将自上而下的顶层设计与自下而上的基层创新相结合。①基础教育需要在外力与内力的共同驱动下采取系列改革方案，改变外部环境与学校机构的互动模式，改变资源供给模式，同时也需要改变课程内容、教学方式和学习过程，探索新的育人模式，通过创新提高教育质量，适应不断变动的时代需求。无疑，学校是孕育基层教育创新的重要机构，学校场域的核心行为主体为具备自主、可控的能动性力量，可根据当下判断和未来预期做出相应选择和反应的教师，他们为自下而上的变革提供源源不断的创新素材与创新动力。②理论上，中国教育发展需要数量众多的卓越教师，而卓越教师应超越教师的工具化、标准化定位，在教育改革中扮演更加积极的能动创新角色③；但实践中，教师是否认同其教育变革能动者的身份，能否承担变革能动者责任，何以成为变革能动者，这一系列问题尚待研究者解答。

---

① [美]David Hopkins.让每一所学校成为杰出的学校：实现系统领导的潜力[M].鲍道宏，译.上海：华东师范大学出版社，2010：1.
② [加]迈克尔·富兰.变革的力量——透视教育改革[M].中央教育科学研究所，加拿大多伦多国际学院组织，译.北京：教育科学出版社，2004：10.
③ 程红艳，陈银河.教师成为教育变革者：中国卓越教师培育的应有之义[J].山西师大学报(社会科学版)，2020，47(2)：88-94.

一、研究背景

关于教师参与教育改革的研究可以分为两个方面：一方面是研究自上而下的教育改革中的教师行为，研究者归纳出教师参与教育改革有不实施、定位、准备、机械实施、常规化、精致加工、整合与更新八种层次[1]，呈现重塑、阻抗、适应三种行为形态；另一方面是聚焦教师依据自身价值追求、教育理念而采取的自发性的教育教学改革行为，即发生在学校层面的自下而上的教育变革，而此层面的教师变革能动性即本研究的着力所在。目前，国外以教师能动性为主题的研究主要存在以下三种视角：一是看重教师个体行为与生态环境相互作用的生态学视角；二是看重信仰、价值观对教师能动性推动作用的社会文化视角；三是试图勾画个体能动性发展变化整体图景的生命历程视角。总体来看，学者对教师能动性作用、形成机制已达成一定共识。教师的变革能动性弥散于学生支持、备课、项目改进、工作条件改善等日常活动中；教师能动性意义显著，作为变革能动者的教师相对于执行者角色来说处于更大、更多样化、更具协作性的社会网络之中[2]；教师能动性因学习经历、工作环境、社会文化、政治生活等个体差异性因素而不同，且受"过去影响""当下实践评估""未来影响"三方面交互作用的影响[3]。

教师能动性是个体主观能动性的一种创造性表现形式，是拥有多元特征的复合体。现有文献对于能动性的内涵主要有以下三种阐释：一是与生俱来的天赋特质；二是可以不断开发利用的潜能；三是表现于社会文化情境中凸显主动性的现象或行动。[4]后两种观点逐渐成为主流，本研究将后两种观点进

---

[1] [美]吉纳·E.霍尔，雪莱·M.霍德.实施变革：模式、原则与困境[M].吴晓玲，译.杭州：浙江教育出版社，2004：12.

[2] Pantić N, Galey S, Florian L, et al. Making sense of teacher agency for change with social and epistemic network analysis[J]. Journal of Educational Change, 2022(23): 145-177.

[3] 展素贤，陈媛媛.国外教师能动性研究特点及主题分析——基于WoS核心合集的可视化分析[J].继续教育研究，2022(7)：75-81.

[4] 高雪松，陶坚，龚阳.课程改革中的教师能动性与教师身份认同——社会文化理论视野[J].外语与外语教学，2018(1)：19-28，146.

行融合，认为教师能动性是教师在教育情境中不断生成的专业能力、同外部环境持续互动中表现出的教育行动主动性以及对学校教育环境产生的一定程度的影响力。教师的变革能动性则是指教师可对学校教育的发展、未来走向施以积极干预，推动学校教育教学发生变革的转换能力。教师的变革能动性建立在教师专业发展能动性基础上，并以之为前提和条件，同时它也是教师专业发展能动性达到相当成熟的程度后谋求进一步突破所需要的能力，它可推动教师专业能动性突破瓶颈，实现进阶式甚或跳跃式发展。因此，本研究聚焦教师在改革浪潮中自觉扮演积极主动者、变革发起者、教育理想追求者角色这一核心问题，选用质性研究方法收集田野资料，尝试使用吉登斯结构化理论视角来考察促进与阻碍教师能动行为的影响因素，以期为教师成为变革能动者赋权。

二、理论视角与研究设计

吉登斯结构化理论主要研究人的行为及主观能动性与社会结构之间的关系[①]，其认为个体行动与社会结构相互联系、交互作用。区别于将社会结构预设化、固定化的帕森斯结构功能理论，吉登斯认为结构需要个体在实践行动中唤起、加固或变革，结构本身赋予个体某种创造和改变既定预设结构的自由，但同时结构又限制了这种自由。结构的这一既限制能动性又保障能动性的特征，被称为结构的二重性。无疑，结构的二重性为考察处于教育机构与制度之中的教师行为，提供了一个动态而适切的视角。

（一）吉登斯结构化理论

结构是不断卷入社会系统再生产过程之中的规则和资源。[②]规则是在社会实践的实施及再生产活动中运用的技术或可一般化的程序[③]，具有管制性与构

[①] 山小琪.吉登斯"结构化理论"探析[J].黑龙江史志，2008(18)：49-50.

[②] 刘镭.农业经营方式的选择行动与社会结构互动关系研究[J].中南民族大学学报(人文社会科学版)，2014，34(2)：93-97.

[③] [英]安东尼·吉登斯.社会的构成：结构化理论纲要[M].李康，李猛，译.北京：中国人民大学出版社，2016：20.

成性两方面特征（并非规则的两种类型，而是所有规则共有的两方面特征）。资源是个体行动者进行社会活动的前提条件、作用物和标志物，可分为配置性资源和权威性资源。其中，配置性资源是权力生成过程中所需要的物质资源，包括自然环境与人工物质产品，来源于人对自然的支配；权威性资源则是权力生成过程中所涉及的非物质资源，来源于驾驭人的活动的能力，是某些行动者相对于其他行动者支配地位的结果。[1]概言之，配置性资源即物质资源，权威性资源即行动者的行动能力。规则与资源共同构成了行动的基本要素；行动过程即行动者依据某种规则，使用自己的物质资源及行动能力去实现行动目标的过程。[2]

吉登斯将个体行动指称为由行动的反思性监控、理性化和动机激发过程所构成的行动流；推动行动流不断绵延往复的内驱动力为话语意识、实践意识与无意识[3]。话语意识是指"行动者关于社会条件，尤其是自身行动的条件，所能说出或给出言语表达的东西，即具有话语形式的意识"[4]；实践意识是指"行动者关于社会条件，尤其是自身行动的社会条件，所知晓（相信）但无法以话语形式表述的那些东西"[5]；无意识则是指行动者的意识无法直接察觉到共同知识[6]。这三种意识与三个行动层面相对应：行动的反思性监控和行动的理性化分别为实践意识和话语意识的表现形式，无意识参与了行动的动机激发过程。

在吉登斯看来，行动者的变革能力或转换能力（transformative capability）是其能动性与资源有机结合的产物，一是源于行动者本身所具有的能动性，二是指其所能获得资源的可能性。转换能力的产生以行动者的能动性（自主

---

[1] [英]安东尼·吉登斯.社会的构成：结构化理论纲要[M].李康，李猛，译.北京：中国人民大学出版社，2016：351.

[2] 谢立中.主体性、实践意识、结构化：吉登斯"结构化"理论再审视[J].学海，2019(4)：40-48.

[3] [英]安东尼·吉登斯.社会的构成：结构化理论纲要[M].李康，李猛，译.北京：中国人民大学出版社，2016：5-7.

[4] [英]安东尼·吉登斯.社会的构成：结构化理论纲要[M].李康，李猛，译.北京：中国人民大学出版社，2016：352.

[5] [英]安东尼·吉登斯.社会的构成：结构化理论纲要[M].李康，李猛，译.北京：中国人民大学出版社，2016：353.

[6] [英]安东尼·吉登斯.社会的构成：结构化理论纲要[M].李康，李猛，译.北京：中国人民大学出版社，2016：4.

性)为基础,表现为知识与能力两个不同向度。知识指行动者对其所处各种复杂社会情境有着相当详尽的认识,并能将之内化,以不断指导行动;而能力体现为行动者换一种方式行事,推动世界发生某种变化、改变事物既定发展路向的行为能力。[①]综而观之,结构化理论从本体论意义上建构了指向人类社会行为的解释框架[②]。本研究即以此为指引,透视学校教育结构与个体行动的交互作用,对教师变革能动行为的作用机制进行剖析。

(二)研究设计

1. 研究问题与样本选择

本研究在全国东、南、西、北、中五个区域的优质或薄弱学校中选择22名学历、职称、教龄等各不相同的教师,希冀其可为本研究提供更为全面、完善的信息,以检视学校变革中教师能动性的整体状态。本研究主要采取两种方式选择研究对象。一是灵活运用目的性抽样法,即研究者有意识地寻找经验丰富的对象,以期得到多维的充沛信息,尽量保证研究对象的异质性与多样性,请求受访者推荐与其教学经历、状态不同的同事,扩展取样范围以提高研究的推广度和信效度。二是采用最大信息差异饱和法来确定研究对象的数量,在此方法引导下,研究者对访谈资料进行有针对性的实时筛选与整理,当受访者不再能提供具备代表性的异质类信息时,资料收集过程暂行中止,后续不再涉及新受访者的纳入而是限于面向现有对象的资料补充。

本研究以"学校变革中教师的能动性"为主题,询问教师对于当前中国基础教育改革主要问题的看法及教师个人开展的教学变革的探索,其中设计的核心问题如下:

(1) 近年来,您做了哪些教学变革?遇到了哪些困难?
(2) 您认为教师应该成为推动学校改革的主要力量吗?为什么?
(3) 您认为哪些因素阻碍了教师的教学创新和教学改革?
(4) 学校或政府应该怎样推动教师进行更多的教学创新?

[①] 郭忠华.吉登斯的权力观[J].东方论坛(青岛大学学报),2003(4):100-107.
[②] 赵旭东.结构与再生产:吉登斯的社会理论[M].北京:中国人民大学出版社,2016:96.

2. 资料获取与分析

为更加系统地获悉学校变革中教师的能动行为，本研究将深度访谈作为获取信息的主要途径，借由双方间对话的方式，进入/接触受访者的生活。出于研究伦理的考量，研究者在邀请受访者之前，会请其提前阅读访谈提纲，并向受访者详细说明研究目的、方式与意义，拟定"研究承诺书"，交由受访者保存。在资料收集阶段，依此对每位调查对象施以访谈，时间为30~90分钟，访谈时间集中在2021年9—12月。在征求受访者同意的前提下，研究者将对话过程全程录音，并在后期转为文本资料。研究者对每位受访教师进行编码，以便对所有访谈资料进行分类、整理。在材料分析方面，笔者从探索者的角度，以融入式为指导对所收集的资料开展分析，即不限于模板式的分类登记，而是将研究者自身浸淫在文字资料中以求融会贯通，获得领悟进而提炼结晶，显示文本中的关联性。①表6-1为受访者基本信息。

表6-1 受访者基本信息

编码	学历层次	学校信息	职称	教龄
CHENMF-3	硕士	中部城市公立初中	中学高级教师	23年
CHENMF-1	硕士	中部城市公立初中	中学二级教师	7年
LIUPF-2	本科	中部城市公立小学	小教二级	3年
CHENMM-2	硕士	中部城市公立初中	中学高级教师	17年
DUMF-1	硕士	东部城市私立初中	中教一级	18年
DUPF-2	博士	中部城市公立小学	高级教师	22年
FUHM-1	硕士	中部城市公立初中	中教一级	19年
FUMF-2	硕士	中部城市公立初中	中教一级	8年
LIAOPF-1	硕士	西部城市私立中学	未评定	5年
LIAOPF-2	硕士	南部城市私立小学	未评定	7年
LIAOPF-3	硕士	东北城市公立小学	中教一级	5年
LIUMF-1	硕士	中部乡镇公立中学	中教二级	8年
PANPF-3	本科	中部城市公立小学	高级教师	21年

---

① Miller W L, Crabtree B F. Dong qualitative research[M]. London: Sage, 1999: 24.

续表

编码	学历层次	学校信息	职称	教龄
LIUPF-3	本科	西南乡镇公立小学	小教二级	4年
LIUPF-4	本科	山东城市公立小学	小教二级	6年
LUHF-4	博士	西北城市公立高中	一级教师	8年
LUHM-3	博士	中部城市公立高中	一级教师	11年
LUMM-1	本科	西部城市公立中学	一级教师	24年
LUPF-2	本科	中部城市公立小学	一级教师	11年
PANPF-4	硕士	西北城市公立中学	中教二级	8年
PANMF-2	本科	中部城市公立初中	高级教师	26年
PANPF-1	本科	中部城市公立小学	高级教师	24年

三、教师在教育改革中的角色类型分析

本研究以访谈资料为基础，依据教师参与教育改革的活动多少、意愿强弱，大致将教师在教育改革中的角色类型划分为以下四种：改革的被动执行者，改革的艳羡观望者，改革的主动担责者，改革的先行领跑者（见表6-2）。其中，改革的主动担责者和改革的先行领跑者都可以被视为改革的能动者。

表6-2 受访者角色类型分析

角色类型	数量/百分比	主要观点/特点
改革的被动执行者	10/45%	改革主要是领导的事情，领导怎么指挥，教师怎么做
改革的艳羡观望者	3/14%	渴望改变，但教师作用有限，不可能成为推动改革的主体
改革的主动担责者	6/27%	应该由教师来推动改革，改革的方式主要是借鉴和模仿
改革的先行领跑者	3/14%	真正的改革是教师发自内心的有意义的尝试

（一）改革的被动执行者

改革的被动执行者并未将教师视为推动变革的主体或主要力量，而是将变革划为应由校长或上层教育管理部门领导来担负的职责。他们或是认为教师并不一定具备准确把握教育改革方向的理智能力，因此需要领导或上级部

门来指明方向;或是认为教师在制度上并未被赋予教学创新的权力,不能随意对教学模式进行创新;或是认为教师在客观条件上由于精力有限不可能承担变革的额外责任,也不能成为推动教育变革的主体,因此,教师只能跟着学校的政策、跟着教育部门的政策走,在教育改革活动中充当执行者的角色。这类教师占被访教师的大多数,比例为45%。

> 不应是教师推动改革,这个应该是领导来推动。领导动脑筋、找方向。打个形象的比喻,就像长征,没有毛主席指导正确的方向,红军战士怎么知道往哪儿打?(CHENMM-2)

(二)改革的艳羡观望者

此类教师多是在校际交流过程中看到其他地区或学校教育变革的新形式,印象深刻、艳羡不已,但徒有临渊羡鱼之情,自身所处学校难以做出相应变革;或者教师自身不满于教育现状,充满理想、渴望改革,但又带着无从下手的茫然感和无法改变现状的无力感,其变革的激情和教育理想渐而被磨损,"上了三年班,理想基本上磨平了一半"(LIUPF-2)。

> 有些东西你想是一回事,但你实施是另一回事,学校的主要发展方向和你自己实施的方向不一样,它不会给你平台。(LIUPF-2)
> 我在看书的时候,脑海里面就浮现很多举措,等我把书一合上,我就觉得好像每一个举措都不可能实现。(LUHM-3)

任职于薄弱学校或农村地区的教师尤为如此,他们认可教师之于变革的重要作用,但苦于可行能力的阈限,只能将希望寄托于校长。"我能做的太少了,我感觉自己的力量太单薄了,我能做到的只是在课堂上进行一些小改变。"(DUPF-2)

(三)改革的主动担责者

这一类教师将自身视为改革主体,并倾向于主动承担改革责任,甚至将教师作用置于校长或专家之上，视为教育变革的直接推动者；他们认为教师的变革能力可以通过实践和学习来培养。

> 应该是教师来推动整个教学改革，因为教师是一线实际的操作者，更明白现有教育模式的弊端和所需要的最佳的教育方式，他是最了解教育、最有发言权的。专家在家里想出来的那些模式是很难落地的……最后的践行者也一定是一线的教师。（PANMF-2）

这类教师积极探索、尝试开展教学创新活动。在访谈中，他们兴致勃勃地讲述教学变革细节，包括鼓励学生自主探究、尝试小组合作学习、加强个别化学习指导、尝试运用信息化技术、拓展教学资源、重构课堂时间、采用新的激励方式等，但其改革的思路或方式，主要源自对他人改革先进经验的模仿。

> 现在很多学校都在开展一个群文类读活动，我们去学习了之后，觉得是很有作用的。所以我们也在课堂上进行了很多实践。我们把写同一个事物的不同作家的写法片段，放在一起比较和赏析。（PANPF-3）

（四）改革的先行领跑者

这一类教师不仅熟谙教学业务，认同教师在改革中的责任与能动作用，主动开展变革实践活动，更表现出以下三个特点：较大程度的变革原创性，更强的批判性精神，更高的理想性特征。这些教师或是表现出专家型教师特点，体现为对教育问题的敏锐洞察力、对教育改革系统成熟的思考力；或是表现出伦理型教师特点，呈现更强的责任驱动、理想驱动特性，内隐着借由教学改变教育不公、回归教育本身的理想情怀。

> 我不希望我们宁夏的娃娃一直因为教师的这种教学水平而在知识

接受水平方面产生一些差距，我觉得能从教师层面做好的就努力去做好，争取自己的这种教学情怀能够影响更多的学生……我跟学生说过，老师也读过高中，我就想把我读高中的时候那种快乐也让你们感受一遍。(LUHF-4)

还有一些改革的先行领跑者不仅参与一线教学和教师培训，而且自觉地扮演观察、反思和批判当前教育改革现状的"反思者"角色，警惕"强人推动"的为追求政绩而忽略师生体验的形式化改革，独立地去观察和思考教育改革经验，避免受媒体宣传的影响。

我还是一个教育的观察者，所有的创新案例，无论是个人、机构还是学校，如果有机会的话，我都会深入其中，跟他们共同学习，一起待一段时间，去了解这个实质上发生的、一些可能被媒体筛选过信息之后更丰富复杂的现场。(PANPF-1)

四、教师成为变革能动者的制约因素

一位被访者说："所谓的教育变革，它最终是要靠教师去成为第一完成者的。但是没有整体的环境支持，他的完成度有限，只能在很小的一块地方做一个微小到几乎可以忽略不计的改变，这'一小朵浪花'马上就会被淹没掉。只有从整体上给教师提供这个环境，他才能够发挥作用。"(DUPF-2)这段话生动地揭示了环境因素对于教师成为变革能动者的制约作用。教师成为变革能动者的制约因素，从外部来看，主要有教育结构的限制、教育制度的约束、变革资源的缺失等；从内部来看，主要是教师自身的变革能力不足。

（一）学校也是执行者：教育结构的限制

学校处于由教育制度所建构的垂直、单向性结构之中，继而无法规避其带来的各种约束，突出表现为访谈中教师反复提及的行政琐事挤占教学时间的问题,"太多时间在这个方面,无效的会议、无效的讲座、无效的访谈、无效的检查"(LIUPF-2)。

具而言之,一是囿于标准化、等级化、形式化的科层结构,在教育质量保障话语体系下,教师被置于持续性监督、检查任务完成情况的过程之中;二是因为学校处于教育权力结构末端。学校既处于从中央到地方线性权力链条的底部,又需要接受地方政府权威的管理,受到垂直权力结构中业务部门和地方政府双重权威的统辖,中小学的相对独立性与自主性无法得到保障,不得不承担许多教学之外的突击任务、临时检查,如维稳、文明创建等,教师随即陷入非教学的行政性琐碎事务之中。创新思维的涌发源于开放、宽松的环境,学校场域的教师则恰恰处于与之相反的时间节奏之中。细密的工作时间表与烦琐复杂的工作程序使得教师没有时间去思考、反思和沉淀,源于心底的本初使命感与责任感趋于淡化,指向教学改进的创新动力继而亦处于不足状态。

> 非教学工作挤占了我大量的教学时间,平时完全就是应付社会上给我们的各种各样的工作,比如填表格、做统计等,它们与教学完全没有关系。有时白天没有时间去教学,也没有时间去备课,有一种感觉就是教学成了一种副业。我好不容易逮着一个机会能上一节课,就感觉非常幸福。(LIUPF-4)

实际上,稀缺的时间、繁重的非教学任务背后折射出这样一种危机——在日渐固化的教育结构中,学校正日渐丧失办学自主权。

> 从学校角度出发的话,我觉得能做的很少,因为学校也主要是听各个区教育局的指挥,而这个区要发展,其实也是相互之间有竞争,那竞争也还是集中在升学这一块儿,就还是只能拿数据说话……所以,我觉得学校也不能起决定作用,学校更多的是一种执行者。(CHENMF-1)

（二）无法承担改革的风险：教育制度的约束

"制度是在社会总体中时空延伸程度最大的实践活动，制度化实践是以规则与资源为行动条件的，同时规则与资源在社会实践中又被再生产出来。"[①]换言之，教师行动在时空情境中受政策、评价制度、纪律、上级督促检查等形式的规约，教师在日常接触的构成与再构成中，本着维系本体性安全的原则形塑出应试化的行为规则。

应试规则是在学校评估、教师考核模式桎梏下形成的强硬行为图式，学校中的大多数组织机构（如教研组）和制度（如月考制度、听评课制度）亦是围绕完善、传承和交流这套应试策略而编排的。在这一系列制度的禁锢下，教师逐渐失去对教学的控制权和自主权，不得不将提高学生考试成绩内化为其例行化行为，教师难以倾向于主动选择教学变革。"课堂上肯定不会讲额外的一些浪费学生时间的东西，主要是为了学生提高分数。"（CHENMF-3）"教育评价体系没改，学校改革要么就是挂羊头卖狗肉，要么就是炒旧饭，要么就是给大家听听的。"（LIAOPF-1）

另有教师提及改革会使教师无法承担学生考试成绩落后的风险，即使改革行为有利于学生的长远发展，但出于利益考虑，大多教师会选择规避改革风险的随大流行为。

> 任何变革一定会是牺牲掉学生的考试成绩，不是说变革跟考试先天矛盾，我从来不认为素质教育和应试教育是矛盾的，它不是矛盾的，只是需要时间。比如说我讲的这个古诗，我没让学生抄笔记什么的，那么学生应付当下的那个单元测评肯定是不行的，因为那个单元测评是让他马上写出标准答案。但是我相信，他积累了这么多的古诗，他未来的中考甚至高考一定是有优势的。但是它需要等到很久以后。而我们现在很多考评是要立竿见影的，所以我带的班级有时就是全年级倒数第一，改革的困难就是你有没有魄力让自己暂时落后。（DUPF-2）

[①] 朱许强，郝福生.结构化理论视角下乡村教师发展的困境及其超越[J].当代教育与文化，2020，12(6): 61-66，74.

(三)"没有改革的空间":变革资源的缺失

行动者支配与转换能力的大小取决于行动者能够动员资源的多寡。[①]教师改变学校僵化面貌以求得革新的能动行为践履与否,也受制于教师所拥有和能动员的权威性资源与配置性资源的数量。

1.权威性资源缺失

变革是一种敢为人先的开拓行为,需要教师具有可应对多方质疑的影响力、承受失败风险的抗压力以及协调多方诉求的调节力,但这种权威性资源只有少数教师具备。研究者在访谈中发现,有着特级教师荣誉头衔的教师享有权威性资源,而普通教师则较少具备权威性资源。一位特级教师说:"你们当倒数第一,可能学校会质疑你们的能力,我当倒数第一,学校不会质疑我的能力。"(DUPF-2)承载于符号或物质之中,作为精神激励而存在的荣誉制度也是一种资源,它在激励教师职业坚守、提高教师发展效能和工作积极性等方面发挥着重要作用,"区十佳班主任、区学科带头人……这些荣誉的获得让我清晰地知道我的努力没有白费,会让我走得更远,从事教师的工作热情会更高"(PANPF-4)。荣誉头衔及外部认可均可被视为权威性资源,拥有权威性资源在一定程度上赋予教师推进教学创新的勇气,使得教师能够占据一个更有利的位置去批判或改变学校教育现状。

同时,权威性资源与校长的领导风格、学校规章管理制度的严苛程度相关。校长是学校行政最高负责人,具有领导和示范学校变革的突出作用。如果校长实施亲和力更强的变革型领导或扁平化领导、学校管理制度较为宽松,教师就会获得更多的变革空间。在一些学校,变革"只要不是引起了学生和家长的反感和共同抵制,那就没有什么阻碍因素"(CHENMF-1);而在另一些学校,规则僵硬严苛、管理缺乏弹性,教师的创新空间就被极大地限制了。

> 学校评价导致你没有这个空间去改革,因为我们学校就是布置作业要统一、单元练习要统一、教学进度要统一,教师没有机会去展示

[①] 郭忠华.转换与支配:吉登斯权力思想的诠释[J].学海,2004(3):48-54.

自己的一些变革，必须跟学校统一步调，我们年级组都要统一步调。班主任按要求7:30到校，但7:28到学校就是迟到，非常精确，非常严格。弦绷得太紧了，它就会容易断，最后它根本没有弹性了。教师也没有这种欲望去思考、去创新、去改革课堂。"（LIUPF-4）

2. 配置性资源缺失

这里的配置性资源包括专业发展支持与物质支持。首先，提升教师专业素养的智力支持处于欠缺状态，"其实我想去做一些创新，但是我不知道从哪儿开始做，没有人指导我。因为我们学校别的老师，包括我的师傅，他们都是那么去做的，他们那样做了20年"（LIUPF-2），"没有一个教学经验丰富的教师可以请教"（LIUPF-3）。外出学习机会欠缺，"现在有很多学校舍不得老师出去，好像少上了一节课，这个教学进度就会受到很大的影响，这导致这些教师出去的很少"（FUHM-1）。其次，变革并非教师孤立的行为，而是会涉及一定的设备、技术手段、场地，正如受访者所述："比如说，他要进行的教学创新需要一个不一样的教室，需要对这个班额有一定的要求，或者是对教学的这个设施设备有一定的特殊要求"（FUHM-1），但该类支持在多数学校尚显缺乏。此外，一些学校亦缺失开展翻转课堂、采用新教学方式的硬件设备、经费等，"我带的是高二的足球队，想给学生在冬天的时候每人买一双手套，想法很好，但学校没有钱"（PANPF-4）。

（四）"不知道从何入手"：教师变革能力的制约

较低入职门槛、师徒式培育方式导致诸多教师，尤其是新教师或薄弱学校教师缺失能动变革的知识储备、思维理念。正如受访者所述："教师的知识结构不合理（要么基本素质低，要么师范性不强）……他们主要沿袭所谓的师傅教给他们的'老的传统'，甚至是过时的这种模式，根本难以胜任工作"（DUPF-2）；"我想创新也没有思路、没有方法、没有导向、没有具体策略"（LIUPF-2）。另外，一些教师知识更新速度较慢，缺乏学习动力。"很多老师只教书，他自己不看书，他没有摄入只有输出。他永远只是教一些干瘪的东西，对吧？"（LUHM-3）

同时，变革亦需要依据实际情况进行及时调整的能力，即换一种方式来做事的问题解决能力。缺乏这种能力的教师群体会在面临教学变革僵局或学生成绩下降难题时不知所措，而变革能力强的教师对此却毫不畏惧。

> 变革的方法对学生来说估计不适应，那你就要调整，而且还要针对学生，要看学生哪一方面薄弱。举个简单的例子，以前我在初中课堂上课的时候，我课前三分钟会给他们演讲，刚开始他们都能讲得很好，但后期学生就会敷衍了，我就发现这是一个无效的变革，就会把它给去掉。（LUHF-4）

五、教师成为变革能动者的因素分析

实践不断地被结构形塑，又不断地处在结构生成的过程之中。[①]尽管教师变革的行为受既定教育结构和制度等因素制约，但从结构化理论来看，具有反思性监控能力的行动者，在能动性与资源结合的加持下可以在某种程度上突破结构束缚，通过微观的局部行动带来整体结构的变化。访谈材料也揭示，基于教师的反思意识、经由教师系统思维加工、成功建构信任关系的行动，是教师成为变革能动者的"行动三部曲"。同时，信任关系、社会网络和制度赋权则为教师变革提供可持续发展资源、动力和可能空间，能够为教师成为变革能动者提供保障。

（一）反思意识：教师成为变革能动者的起点

"成为人类，就是每时每刻都要确知自己当下的行为及其原因。"[②]教师对自身教学活动的反思性监控，将使其自发地依据设定标准体系不断衡量和修

[①] 陈学金."结构"与"能动性"：人类学与社会学中的百年争论[J].贵州社会科学，2013(11)：96-101.

[②] [英]安东尼·吉登斯.现代性与自我认同：晚期现代中的自我与社会[M].夏璐，译.北京：中国人民大学出版社，2016：33.

正自身行为，分析处理已有的知识，使之与实践不断融合，从而再生产出更适应教学实践的新知识。"教师要不断地去琢磨，遇到问题得去解决问题，那肯定比按部就班的教学要困难得多"（CHENMF-1）。只有借由教师反思，追问"我在哪里""我要去哪里""我将如何行动"才可唤醒其行为的自觉性，突破例行化常规的桎梏，获得真正的心灵解放与思想自由。

"创新是指教师能够不断地探索以便改进自己的工作，不断尝试新的教学方式和教学风格，能够试图从不同角度对那些习以为常、司空见惯、熟视无睹的事情做出新的解释。"[①]发现问题并从一个新的角度来看问题，即反思，是教师成为变革能动者的关键起点。什么会触动教师反思呢？一种情况是教师在追求完善的教学艺术或在更高道德价值（教育情怀）驱动下的反思，"反思后会在另外一个班做一个尝试，之后我再来反思，再来对比，发现给一段音乐，学生的活力会更强一些，关注度也会更高一些……然后就发现，原来这个散文课可以给他们创设一些情境"（LUHF-4）。其中，伦理反思比教学技艺的反思影响更为持久。

另一种情况是新事物的冲击使得教师对于习以为常的教育现状和教育惯习产生怀疑，思考改变的可能性。一些受访者认为教师应该多出去学习，"多出去，开阔视野"，"让我们有更多机会能够出去学习，不是听讲座式的学习，而是去学一些新的关于改革的东西……去一些大城市进行观摩教学"（FUMF-2）。也有受访者认为教师可以通过读书开阔视野，接受新观点的冲击，"设置一个针对教师的图书角……其实我觉得作为一个教育者来说，你应该涉猎很多领域，因为很多东西是相通的，当你涉猎很多领域、看到很多东西的时候，你的视野会更加开阔"（PANPF-3）。还有一些受访者表示教师要多接触名师，"前些天我们去的名师课堂，老师讲的课对我们的触动很大，确实很有帮助，把我们心中一些教学的困惑都给解答了"（LUPF-2）。

（二）系统思维：教师成为变革能动者的关键能力

教学变革需要教师具备将各种有助于教学创新的要素、资源整合起来的

[①]肖川.教师：与新课程共成长[M].上海：上海教育出版社，2004：18.

系统思维，比如将个人愿景与学校发展结合起来，将个人变革思路与教育改革政策结合起来，从而实现教学变革的可能性。

首先，教师需要具备思考可能需要的各种改革方案，在头脑中进行"想象性预演"，从中选择可行的有利于行动方案的能力。

> 我为农村学生联系到马来西亚理科大学，选了15个学生去访学，让他们切身感受走出宁夏，外面的世界是很精彩的，目前那点知识是不够用的。教育厅和政府给予了我很大的支持，所以才把这个事情做成。这个事情对学生影响挺大的，我觉得最大的变化是他们的胆量和见识。那访学的学生今年高考都考上了。(LUHF-4)

其次，教师还需因地制宜，灵活、低成本地推行教学变革，恰当处理变革过程中遇到的问题，创造性地将自己的想法付诸教学实践。"你要想弄劳动课程，那学校食堂就是一个资源，你可以把学生带过去进行厨艺大比拼，其实这些都是有的，就看你愿不愿意带领学生行动。学校这么多花坛，不就是天然的实验室吗？生物课你可以就在现场收集样本，也可以做一些实验。"(LUHF-4)

最后，教师还需要从诸多教学变革实践细节中把握本质，从经验中提取理论，具备将复杂教育实践概括化、简约化、条理化的能力。

> 你只能先去做，然后有了结果以后（可能不只是一次结果），要多次，经过反复的试验、检验以后，再把它上升为理论。这样的话，就可以去慢慢地推动教学改革了。(CHENMF-1)

（三）信任关系：教师成为变革能动者的关键资源

从主体维度来看，信任是行动者心理结构中本体安全（ontological security）的基础，本体安全在个人行动中处于核心地位。[①]在吉登斯看来，信任

---

① 郭忠华.信任关系的变革——吉登斯现代性思想的再思考[J].现代哲学，2008(1)：99-103.

是一种隔绝周遭行为、互动环境中风险的保护装置，是一种防护甲、保护罩。①信任使得个体在信息不完整或结果不确定的背景下，仍对未来状况持乐观态度。无疑，家校、同事、师生间的信任关系是教师成为变革能动者的关键资源，而建构这种信任关系也就成为变革能动者的关键行动路径。正如受访者所述的，"变革的第一个困难就来源于家长"（DUPF-2），家长的质疑、投诉使得教师怯于行动，反之，充满信任的环境将提高家长或同事对变革失败的容忍阈值，减轻教师的变革阻力。教育变革既嵌于信任关系之中，又需要在变革中加固信任关系。

> 困难就是，如何在这样一个新的环境当中，去跟学生建立这样的信任感、跟家长建立信任感，包括在这个备课组。毕竟你做的事情可能跟别人不太一样，在这种集体氛围当中，还是会有一些困难。（CHENMF-1）

> 我自己的班，实际上自由度非常大。因为我用20多年时间赢得了同事以及学校管理者的信任，所以实际上只要没有违反基本规定，我几乎可以做到想教什么就教什么、想怎么教就怎么教的程度。（PANPF-1）

（四）社会网络：教师成为变革能动者的持续动力

变革并非教师单个人的行为，而是需要整个教职群体的协作与互助。研究表明，社会网络是推动教师成为变革能动者的持续动力，其变革能动性不仅依赖个体在实践中的信念与能力，更需要集体合作实践对信念的不断巩固与发展。②在社会网络中，具有共同变革意向的教师可以共享经验、分享知识和情感，从而彼此激发创新灵感。

一是组建实践改革共同体。"学校去调动教师，不能只是鼓励所有的教师

---

①[英]安东尼·吉登斯.现代性与自我认同：晚期现代中的自我与社会[M].夏璐,译.北京：中国人民大学出版社,2016：37.

②展素贤,陈媛媛.国外教师能动性研究特点及主题分析——基于WoS核心合集的可视化分析[J].继续教育研究,2022(7)：75-81.

去进行改革，还要成立一些科研骨干力量组成的团队，做出一些成绩，然后再去各个组、各个年级进行一个比较好的示范传播。我觉得应该是这样一个顺序。"(CHENMF-1)团队行动显然比个体行动的变革更能持久，因能动者需要平台以及团队成员之间的互动。正如一些受访者所述："我认为备课组就是一个辅导圈，我们有一个跨校区的备课组，不同城市学校的教师可以相互交流，这是一个很好的机会"(LUMM-1)，"我们学校曾经主办过全国高中教师专业发展论坛……我的启发都来自现场交流的教师和领导"(LUHM-3)，"我加入了非常优秀的省级骨干教师的工作室，所以更多的就是耐心地积极学习观察自己哪里有什么不足……在工作室里更多的是同课异构的一个机会"(LUHF-4)。因此，实践改革共同体即为学习共同体，可为教师成长提供情感与智力支持。

二是组建理论与实践结合的改革共同体。"一个学校应该配一个专家去引领，学校思维大多停留在经验层面。学校要想更好地发展，得派专家来指导。但不能走过场，得到学校来深入地好好研究。"(LIAOPF-3)通过理论与实践工作者的文化融合、视角互补，促使教师打破固化思维，产生变革灵感。

（五）制度赋权：教师成为变革能动者的环境支持

赋权指在学校规则制定和资源分配上支持教师的改革创新行为，引导其成长为学校变革的能动者。具而言之，赋权需要层层下放权力，教育行政部门赋权学校、学校赋权教师。

首先，政府给予学校依法办学的自主权，减少对其办学行为的干预，同时增加家长、社区等社会多元主体的参与。

> 政府的责任就是给政策、给资金，你什么都管到位了，你会发现谁都不想干活了。政府的管理应该是底线性的，就是"最少限制原则"，就是我给到你的限制，是为了让这个行业呈现更好的状态，但是这个我给到你的限制一定是最少限制的。(PANPF-1)

其次，学校领导者信任教师，为教师松绑，赋予其主动权和决策权，改革僵化的教师评价制度，破除"唯分数"论，适当听取学生的声音，"学生了解这个教师对整个班级好不好，愿不愿意去付出，学生的评价是最真实有效的"（CHENMF-3）；要捕捉、信任具有改革意愿的教师，鼓励其追求教育创新的梦想。"关键点就是我们很难去信任教师也有改革的意愿，因为我们感觉不到，或者是感觉它很微弱、很不持续，所以我们就习惯去推他、去刺激他、去外在地干预他，结果他的表现会更差，意愿和动力也没有了。"（PANPF-1）同时需要注意的是，学校领导者要扶持真正的有意义的改革，而非追逐新奇时髦的表面变化。

> 真正的改革应该是教师发自内心的从现实生活中产生的有意义的一些尝试。从尝试开始，最后上升到改革层面，我觉得应该是这样的。这种改革是自下而上，而不是自上而下地压下来。（PANMF-2）

再次，学校增加支持教学创新的激励举措，建立某种程度的容错制度。正如受访者所说的："你要允许教师改革失败，如果说他很卖力地去改革，但是因为改革效果不明显，学校就给他一顿批，或者是说跟他的奖励、评奖评优挂钩，那谁还敢改革？"（FUHM-1）

最后，自上而下的教育改革与自下而上的学校变革之间要彼此互动和调试，顶层教育改革与教师的基层教学创新同频共振而非疏远对抗。"如果缺乏互动和调试，你会发现，一个命令下去，下面一片点头，结果什么都没有改，回到课堂，回到师生，都是纹丝不动的，为什么？因为没有真正被说服，没有产生内在的这种动力，而都是外在的刺激。"（PANPF-1）

六、研究结论

总而言之，教师变革能动性生成于教师个体与学校环境及教育结构的持续、良性、积极的互动中。通过研究，我们可以得到教师成为变革能动者的机制（见图6-1）。

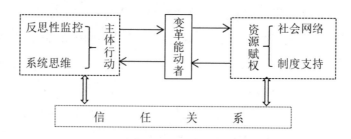

图 6-1　教师成为变革能动者的机制

其一，总体上看，变革能动者包含主动担责者和先行领跑者两种类型，但这一比例偏低。学校失去办学自主权、管理规则严苛、应试教育评价制度等结构性因素造成变革资源匮乏，制约教师成为变革能动者。

其二，"反思性监控—系统思维—主体行动"是教师实施变革行为、成为变革能动者的触发机制，其中反思性监控是变革的起点，系统思维是教师成为变革能动者的关键能力。

其三，变革行动既嵌入信任关系之中，又在变革过程中加固信任关系。因此，信任关系既可以被视为主体行动的一部分，也可以被视为资源赋权的一部分。事实上，信任关系成为连接主体行动和外部资源赋权的一个中介因素。

其四，信任关系、社会网络与制度支持可为教师成为变革能动者提供保障机制，三者可以通过赋予教师权威性资源和配置性资源增加教师的变革能动性。其中信任关系、社会网络可通过加强家校合作、教师专业合作与情感联系而形成权威性资源，而制度支持则可较大幅度地增加教师的配置性资源供给。

当前，教师变革能动性虽受教育结构、教育制度及自身专业能力的较大制约，但具备教育信念、创造力的教师仍在自觉开展各种创新性变革行动。虽然比例不高，但仍为教师成为变革能动者提供了范例，为中国教育改革趋向纵深和综合提供了基层经验。当然，本研究亦存在一些缺陷，囿于取样的非随机性，难以充分反映全国教师的整体状况，也未能深入细致地描摹教师所处不同学校的真实且独特的变革生态环境，后续研究可从上述两方面进行深入推进。

3 中小学学校变革与改进篇

第七章

创新型学校研究

学校变革即发生在学校层面的整体的有意义的改变。学校变革是社会转型的必然要求,也是社会转型推动的结果。改革开放以来,我国中小学变革与发展呈现三大趋势:由重点发展到普遍发展,由规范发展到特色化发展[①],以及在这两者基础上进行的整体系统的治理改革。

新中国成立初期,在教育资源有限而培养人才、发展教育的任务十分紧急的情况下,国家做出效率优先的考量,着力发展重点学校。20世纪末以来,随着国家综合实力上升,义务教育得到全面普及,国家也开始强调关注薄弱学校,通过政策手段和经费投入对其进行改造提升。当前学校变革的注意力由强调重点发展到强调优质均衡发展。1993年2月,中共中央、国务院制定并印发的《中国教育改革和发展纲要》明确规定,中小学要办出各自的特色,普通高中的办学体制和办学模式要多样化,从此时到21世纪初,学校变革突破了原先的教学变革层面,主要体现为课程变革和实践操作。[②]各地中小学纷纷开始在实践中探索多样的发展模式,侧重课程、课堂教学改革。许多学校的改革项目取得了良好的进展,如以叶澜教授为首的国家重点课题"新基础教育"发展性研究[③]。在上述两者的基础之上,党的十八大以来,学校变革逐渐发展到第三阶段即制度变革、治理变革,推动教育治理现代化与

[①] 杨小微.社会转型时期学校变革的方法论初探[D].上海:华东师范大学,2002.
[②] 程红艳.中国基础教育学校变革的现状与前瞻[J].人民教育,2021(10):49-53.
[③] 叶澜."新基础教育"发展性研究报告集[M].北京:中国轻工业出版社,2004:37.

多元主体参与学校教育治理过程。治理变革遵循连续的、系统的、生成式的思维,由局部变革转向整体谋划,致力于探索现代学校制度的完善形态。在探索现代化的进程中,学校变革相应地开始强调社会、政府和学校三者分而不离、相互支持。①学校不仅是动态的、开放的系统,更是自主的、动力内化的场域。②③学校变革从最初的被动依赖到主动选择,家长、社会等多元主体也逐渐参与学校管理。从整体着眼,学校走向更加多彩、深入的改革发展阶段。

科技更新和人工智能的兴起对于学校教育也产生了强劲的影响。近些年,一种更加开放、共享、个性化且充满人文关怀、满足学生自主发展需求的新型未来学校④正在生根发芽,学习时空得以拓展,学习实践方式被大幅更新。在人工智能、区块链等技术的加持下,教育元宇宙为教育新型基础设施建设提供了新的方向,为学习提供了新场域,为高质量教育教学提供了新支持。⑤

一、学校变革研究综述

(一)学校变革的力量

学校变革是一个各种力量互动的动态发展和复杂系统的演化过程。⑥笔者梳理文献后发现,已有研究主要聚焦于学校变革的动力和阻力研究。

1. 学校变革的动力

学校变革的发展和演进是多种力量共同作用的结果。通过对文献的梳理,笔者将学校变革的动力研究大致分为两类:学校变革的主体力量和学校变革

---

① 程红艳.中国基础教育学校变革的现状与前瞻[J].人民教育,2021(10):49-53.
② 张爽.校长领导力的提升[J].教育理论与实践,2010,30(20):22-24.
③ 马佳君.学校组织变革的过程与动力研究[D].吉林:东北师范大学,2020.
④ 曹培杰.未来学校的变革路径——"互联网+教育"的定位与持续发展[J].教育研究,2016,37(10):46-51.
⑤ 李海峰,王炜.元宇宙+教育:未来虚实融生的教育发展新样态[J].现代远距离教育,2022(1):47-56.
⑥ 李家成.论学校变革中的力量集聚[J].教育发展研究,2004(10):43-45.

的环境力量。诸多学者对学校变革的主体做了深入、细致且全面的讨论，将促进学校变革的力量分为以下四种：自上而下推动学校变革的行政力量，自下而上开展学校变革的基层力量，与中小学合作开展学校变革项目的大学科研力量，前三者相结合的力量。①首先，自上而下推动学校变革的行政力量主要指国家政府和各级教育行政部门的力量。个案研究表明政府主导型学校变革具有强制性和直接性等特点②。总体上说，政府依然在很大程度上主导甚至直接决定着学校变革的方向，摇摆于"守夜人"（干预较少的旁观者）与"利维坦"（无所不能的强势者）两种角色之间。③总的来说，政府在大量的学校变革实践中，往往以强势的姿态介入学校变革实践。其次，自下而上开展学校变革的基层力量指一些基层学校在日常实践中发现问题、通过自发或自觉的方式发起研究的力量，其主体主要包括校长、教师以及学生和家长。校长和教师处于学校变革的核心地位，其中，校长扮演着变革的发起者、变革阻力的克服者、组织文化的重塑者、变革促进者以及团队引领者的角色。④而学生和家长对于学校变革的影响也不容忽视，家长的教育观念以及家校关系影响其对学校变革的态度⑤，学生变革参与能力与合作能力也是决定变革绩效的重要因素之一⑥。再者，与中小学合作开展学校变革项目的大学科研力量是当今世界学校变革的一个重要趋势，相关研究也颇为丰富。邬志辉认为，在具有实践改进意向的大学与中小学合作中，存在两种基本的实践样态：一是专家理论应用式，即按照专家给出的方案、指导和示范执行的实践改进；二是学校内部生长式，它是在双方讨论、对话与沟通的基础上发展出来的。⑦吴康

---

① 杨小微.社会转型时期学校变革的方法论初探[D].上海：华东师范大学，2002.
② 李春玲.理想的现实建构：政府主导型学校变革研究[D].上海：华东师范大学，2007.
③ 杨小微.文化创新：教育变革与发展的持续动力[J].教育发展研究，2011，33(24)：3.
④ 费蕾英.学校组织变革进程中校长干预行为的研究——以上海市一所小学为个案[D].上海：华东师范大学，2006.
⑤ 刘长海.家长如何成为学校教育变革的动力[J].江西教育科研，2006(12)：3-4，11.
⑥ 孙翠香，王振刚.学校变革动力：概念、形成基础及系统建构[J].教育科学研究，2012(1)：33-37，42.
⑦ 邬志辉.学校改进的"本土化"与内生模式探索——大学与中小学合作伙伴关系的维度[J].教育发展研究，2010，30(4)：1-5.

宁则将大学与中小学的合作分为利益联合型、智慧补合型、文化融合型等①，认为大学与中小学的合作是由利益、任务驱动等走向互动、共融的深度合作。最后，前三者相结合的力量有不同的结合方式，如行政认可模式、联动模式等。②富兰对于行政力量与基层力量的关系有着辩证的描述："来自上层的政治力量既可以为地方改革施加压力，又可以为其提供各种机遇，使地方的改革努力合法化。换句话说，自上而下的强制压力和自下而上的变革动力是相互需要的。"③也有学者指出，不同主体之间也存在利益冲突和利益共享，在学校改革的过程中不断进行利益的相互博弈。④总而言之，上述分类方式是基于叙述方便所采用的，在实际的学校变革中，这几种力量通常是综合交叉发展的，会形成多维、多向、多层的复杂关系。

对于学校变革的环境来说，学者们主要从社会文化环境、学校历史文化环境、课堂文化等方面开展了研究。有学者强调文化创新是变革的持续动力⑤，变革的多元文化氛围由文化冲突与整合共同烘托⑥；办学历史悠久、文化积淀丰厚的学校自身选择和变革的能力比较强，同时，社会需求的驱动也会促进学校变革⑦；此外，课堂教学也是促进学校变革的一大动力⑧。

2. 学校变革的阻力与困难

综合已有文献来看，学校变革的阻力研究也是我国学者较为关切的范畴，许多学者基于各自的视角阐述学校变革的阻力来源及克服阻力的有效策略。查阅目前已有文献可发现，学者普遍认为学校变革的阻力主要来源于学校外部、学校内部、学校变革本身三方面。

---

①吴康宁.从利益联合到文化融合：走向大学与中小学的深度合作[J].南京师大学报(社会科学版)，2010(3)：5-11.

②杨小微.社会转型时期学校变革的方法论初探[D].上海：华东师范大学，2002.

③[加]迈克尔·富兰.变革的力量——透视教育改革[M].中央教育科学研究所，加拿大多伦多国际学院组织，译.北京：教育科学出版社，2004：219.

④孙翠香.学校变革主体动力研究[D].上海：华东师范大学，2010.

⑤杨小微.文化创新：教育变革与发展的持续动力[J].教育发展研究，2011，33(24)：3.

⑥李宜江.学校变革：机遇、挑战及应对[J].现代教育管理，2012(10)：47-51.

⑦陈佑清.学校变革的三种影响力量[J].教育发展研究，2012，32(4)：20-23.

⑧邓凡.课堂教学：学校变革的核心动力[J].教育导刊（上半月），2010(11)：20-22.

学校外部的阻力主要有社会政治经济文化以及政府不良的行为等。教育作为一种社会性活动，不可避免地受到社会政治经济文化等多重要素的影响。[1]文化因素具有明显的执拗性与顽固抵制性。[2]另外，政府的一些不良行为也会对学校变革的推进起到阻碍作用。政府干预的"惯性"、片面追求升学率的重心以及盲目追求特色使得学校变革面临严峻的考验。[3]

学校内部的阻力来自组织与个体两方面。在组织层面上产生变革阻力的因素有很多，既包括组织结构、规章制度[4]等显性阻力，也包括组织文化（人文关怀和激励性不足）[5]、员工的工作习惯[6]、消极的人际关系（包括小圈子、憋屈与不安全的师生关系）[7]等隐性阻力。个人层面的阻力主要来源于利益相关者，包括校长、教师、学生、家长等，主要是各方利益者的情感阻力、认知阻力、行为阻力[8]。教师不了解变革性质[9]、维护自身的价值观念[10]、低层次的职业取向[11]、行为惰性、员工的个性心理和经济利益的驱使[12]等都会阻碍学校变革的发展；此外，校长也往往会以"阻止变革者"的角色出现[13]；也有研究者指出，传统教学模式对学生的"眷顾"等[14]也是阻碍学校变革成功的一大因素。

学校变革本身的一些特性也会对变革形成阻力，如变革方案的有限性、变革资源的缺乏等。[15]学校变革中严重忽视学生的声音，仅着眼于当前的利

---

[1] 范国睿.从时代需求到战略抉择：社会转型期的学校变革[J].教育发展研究，2006(1)：1-7.
[2] 容中逵.教育改革的文化逻辑[J].教育研究，2016，37(6)：25-30.
[3] 李宜江.学校变革：机遇、挑战及应对[J].现代教育管理，2012(10)：47-51.
[4] 刘国艳.学校变革中的内部制度缺陷[J].当代教育科学，2007(2)：10-12.
[5] 刘国艳.学校变革中的内部制度缺陷[J].当代教育科学，2007(2)：10-12.
[6] 徐高虹.学校变革的内部阻力与克服[J].教育发展研究，2008(Z2)：81-83.
[7] 谢翌，张释元.学校变革阻力分析——一所县级重点中学的个案研究[J].教育发展研究，2008(8)：62-67.
[8] 张东娇.学校变革压力、机制与能力建设策略[J].教育研究，2015，36(10)：47-56.
[9] 施良方.课程理论——课程的基础、原理与问题[M].北京：教育科学出版社，1996：135.
[10] 操太圣，卢乃桂.论学校组织变革中的教师认同[J].华东师范大学学报(教育科学版)，2005(3)：43-48.
[11] 谢翌，张释元.学校变革阻力分析——一所县级重点中学的个案研究[J].教育发展研究，2008(8)：62-67.
[12] 徐高虹.学校变革的内部阻力与克服[J].教育发展研究，2008(Z2)：81-83.
[13] 孙翠香.学校变革中的校长角色：反思与重构[J].教育科学研究，2014(5)：45-48，53.
[14] 何旭明.以学生为主体教学改革实践中的阻力分析[J].长沙大学学报，2000(1)：69-73.
[15] 李春玲.理想的现实建构：政府主导型学校变革研究[M].杭州：浙江大学出版社，2007：157.

益、主体缺位以及变革内容宽泛、缺乏实质性的改变等也阻碍了学校的变革。[①]

（二）学校变革的策略与路径

总体来看，学者们都强调学校变革策略需要适合学校本身的"生长状态"或特殊的学校文化，根据实际情况确定不同的策略与路径。一些学者从整体出发，以全面的视角分析学校变革的策略与路径，指出学校变革的策略可分为三大类型，即自下而上的学校自发自动变革，上下结合、内外合力的校级合作，以及自上而下的外力干预下的区域推进。他们同时指出，各种策略的划分并不是绝对的，彼此之间是有相互转换的可能性的。[②]从理论到实践逐步深入的学校变革的策略依次为学校变革和发展的理论、共同愿景、组织学习文化到教育领导者、政府学校和社会的评估、建立本土化学习型学校。[③]学校变革的策略是优化学校变革环境、发挥校长的独特作用、激发教师的道德意识、建立学生的立场。[④]

另外，学者们也聚焦于中层系统的学校变革影响因素，探析促进学校变革发展的策略与路径。有研究者提出，学校变革要建构学习型组织的学校发展策略，将教育-学习共同体作为学校建设的目标[⑤]，实行"学校委托管理模式"[⑥]；也有研究者认为，学校变革的路径之一是在合作中推进，大学与中小学建立伙伴协作关系的"U-S"式学校变革是一种重要的变革途径[⑦]，在合作中大学要适度先行、多方合力，加强以及促进学校文化自觉[⑧]。此外，还有一些研究者在探寻学校变革相应策略时，从研究微观主体视角出发，强调学校

[①] 李伟，唐圆，熊冰.学生立场：学校变革的基本价值取向[J].教育科学研究，2016(8)：11-17.
[②] 杨小微.社会转型时期学校变革的方法论初探[D].上海：华东师范大学，2002.
[③] 张兆芹.学校变革与发展的理论和策略分析[J].教育发展研究，2004(11)：9-13.
[④] 曾振华.基于社会事件维度的学校变革探析[J].教学与管理，2020(3)：42-45.
[⑤] 周兴国.薄弱学校改进的困境与出路：制度分析理论的视角[J].教育发展研究，2010，30(4)：6-9.
[⑥] 蒋志明，许苏，盛明秀，等.学校委托管理的理论与实践[M].北京：北京大学出版社，2010：6-24.
[⑦] 李伟，程红艳."U-S"式学校变革成功的阻碍及条件[J].高等教育研究，2014，35(6)：68-75.
[⑧] 庞庆举，李政涛.大中小学合作推进学校整体变革的路径研究——以"新基础教育"27年研究为例[J].中国教育学刊，2021(10)：57-61.

领导要具有愿景激励、魅力领导、关怀思维、智力激发以及管理与领导技术五个维度的实践策略[1]，并建构了以变革型领导、学校条件与文化的要素这些外层因素，愿景、实施、评价和改进四个阶段的内部循环，课程、教师的变革核心外层以及学生这一核心主体为主的学校变革路径。[2]总体而言，学者们探索学校变革的策略与路径比较系统全面，开展的研究既涉及宏观的社会背景，包括政府、教育行政部门、社会文化等方面，也涉及中层系统如建构学习型组织、教育共同体，同时聚焦微观层面的学校主体，尤其是学校领导与教师。但也要注意到，变革策略是在运用的过程中动态生成的，并且是因时因地因人而异地组合成不同的变革策略体系的。[3]因此，学校变革的策略与路径始终处于前进和发展的过程中。

（三）学校创新研究

学校创新是通过系统化的思想、过程或策略让学校发生变化，其变化幅度覆盖从渐进性创新到颠覆性创新的谱系。

20世纪以来，对于制度化、流水线式学校模式的批判使得具有人文主义教育思想的教育者积极探索学校教育的新形态，其中最知名的便是崇尚儿童自由和推崇民主教育的夏山学校。20世纪六七十年代以来，保守的教育思想逐渐滞后于时代的发展，学者们对于学校垄断教育、学校教育中存在大量的不公平和不民主现象进行了大量的批判。学校创新被认为是打破这种旧学校教育的路径，此后，学校创新成为国外教育研究中学者持续关注的问题。如知名的瑟谷学校始建于1968年，位于美国马萨诸塞州的弗雷明汉镇，是美国第一家自主学习学校，也是一所民主学校、另类学校。它像对待成人一样对待孩子，允许他们追随自己的兴趣，模拟早先时期孩子们在村子里的生活。20世纪80年代以来，在新自由主义的推动下，教育政策主要是通过放权与提高质量要求来推动学校变革，一方面，给予学校自主权，推进以学校为本位

---

[1] 季洪旭.变革型领导视角下普通高中学校变革路径研究——以上海市奉贤中学为例[J].中国教育学刊，2020(5)：49-54.

[2] 季洪旭.普通高中学校的变革路径[D].上海：华东师范大学，2019.

[3] 杨小微.社会转型时期学校变革的方法论初探[D].上海：华东师范大学，2002.

的管理，让学校在相当大的程度上可以脱离学区的政治化影响；另一方面，提高对于学校的质量要求，通过择校促进学校之间的竞争，通过竞争提高学校的效能。然而，这些都是外部教育改革政策导向的结果。学校教育者和社会各界人士对于学校教育的自发改变与创新行为，也一直在进行持续深入的探索。创新型学校围绕学生的学习经验的建构，开展了很多尝试。

一项研究[①]针对2000—2021年的创新型学校，在搜索引擎SCOPUS、Web of Science（WoS）、EBSCO、Google Scholar和RCAAP（葡萄牙开放获取科学存储库）中以英语、葡萄牙语和西班牙语进行了系统的文献综述检索。研究者在四大洲32个不同的国家确定了179所创新型学校（学生年龄为10—18岁），其中，北美洲49所，南美洲29所，欧洲76所（其中西班牙31所，荷兰6所，德国、芬兰和英国各4所），亚洲12所（以色列5所，新加坡4所，印度、印度尼西亚和阿曼各1所），大洋洲13所。4个国家在参考学校数量方面脱颖而出，它们分别是美国（48所）、西班牙（31所）、巴西（18所）和澳大利亚（12所）。这些创新型学校以改进学生学习过程和体验为中心，从组织层面和教学层面对于学校进行了改进（见表7-1）。这些创新型学校的共同特点是教师角色发生了明显变化，教师已经从传统的被聆听的"学科内容大师"转变为去中心化的、更具合作性的角色。教师更多地将学生看作知识建构者、共同建构教学活动的合作者。学习过程中的师生合作、生生合作变得非常必要，教师之间体现出一种合作的专业主义，教学中的时间、空间、分组方式等安排也更具灵活性。

表7-1 外文文献对于学校创新维度的总结

学校创新的维度	提及创新维度的学校数量($n=118$)
组织层面	
灵活安排教学/学习时间	16
灵活创建和使用教学/学习空间	47
学生分组方式的灵活性	19
灵活分配学生给教师或分配教师给学生	2

[①] Lomba E A, Alves J M, Cabral I. Systematic literature review of innovative schools: A map and a characterization from which we learn[J]. Education Sciences，2022，12(10)：700.

续表

学校创新的维度	提及创新维度的学校数量($n=118$)
教学维度	
使用差异化、多样化和灵活的教学方法	14
使用主动、实用和体验式学习	22
使用与自然环境相关的学习实践	7
使用与周围社区相关的学习实践	33
使用与学生兴趣相关的学习实践	46
教师协作准备学生学习	36
学生之间以及与教师在教学过程中协同工作	90
减少传输示教时间	11
课程组织的灵活性	19
跨学科的课程整合	47
在教学过程中使用数字资源	59

(Lomba E A, Alves J M, Cabral I. Systematic literature review of innovative schools: A map and a characterization from which we learn[J]. Education Sciences, 2022, 12(10):700.)

在科技竞争日趋激烈的21世纪，科技创新人才培养方式因创新力度大、影响范围广而引起了各国的广泛关注。其中，美国加利福尼亚州的高科技高中——圣地亚哥科技高中（High Tech High School）是世界范围内知名度最高的创新型学校。圣地亚哥科技高中的学习课程不再是传统的英语、数学和物理等，而是强调学生面向社会，建立与真实世界的联系，教育要制造对现实世界真实可用的"产品"。它采取基于项目的STEM课程，学科之间的边界变得非常模糊，项目最后的产品就是学生的作品。[1]美国科技创新人才培养重心的下移为美国保持世界科学中心地位提供了坚实的基础。[2]而中国的文献中，对于托马斯·杰佛逊科技高中也有很多介绍，认为它是具有鲜明特色的

---

[1] 戴耘.科技创造力的源泉——美国数理科技高中的课程和教学[J].人民教育，2016(21)：29-32.
[2] 郑太年.科技创新人才培养的新路径：美国科技高中的探索与启示[J].教育发展研究，2019，39(Z2)：63-69.

"磁石学校"[①];伊利诺伊州的数理科技高中也有相似的尝试[②]。创新型科技高中的精髓便是相信"当学生参与到与该学科专业人士的日常活动相似的活动中时,他们学习到更深的知识",即让学生像科学家做研究一样去学习。[③]

二、中国创新型学校个案

在教育改革持续演进的过程中,当前中国学校变革的效果不仅表现为教学方式和学校课程的突破,更体现为创新型学校的诞生。创新型学校不是一个局部的项目创新,而是步伐更大的系统变革,如课程教学重组、学校组织层面变革或文化更新等。虽然相对于发达国家,中国的创新型学校整体上推进的力度不大、步伐不快,但依然为教育改革注入了新鲜的血液。在城市地区,以北京十一学校为代表的课程重构式改革成为社会关注的热潮,引领很多中小学追随其后;在乡村地区,一些学校在困境中突围,利用乡村资源和乡村社区进行乡土人本教育的尝试,试图走低成本、可复制、"小而美"的路线,也引发了社会关注。如田字格兴隆实验小学、九渡河小学等学校,其中的代表是号称"中国最美乡村学校"的淳安县富文乡中心小学。

创新型学校可以大致分为四类,即教学革新式学校(使用新技术创新教学方式)、课程重组式学校(通过改组课程与教学来推动教育创新)、理念驱动式学校(通过运用新的教育理念或人文理念来创新学校教育)、文化驱动式学校(通过复归传统文化或融合中西文化的方式来创新学校教育)。其中,课程重组式学校和理念驱动式学校是当前主导的两种类型。本书主要介绍这两类变革个案。

(一)课程重组式学校

近年来,北京十一学校实施学分制与选课制的办学实践在全国范围内产

---

① 保罗.美国托马斯·杰佛逊科技高中的人才培养模式[J].创新人才教育,2013(3):75-82.
② 戴耘.科技创造力的源泉——美国数理科技高中的课程和教学[J].人民教育,2016(21):29-32.
③ 陈晨.企业技术创新主体科技创新人才培养的美国经验与启示——以美国科技高中为例[J].科学管理研究,2021,39(2):147-152.

生了巨大影响，引得众多同仁参观学习，并于2014年荣获首届基础教育国家级教学成果奖。但是，大多数校长乃至学者虽然为北京十一学校的出现而欢欣鼓舞，对其办学实践交口称赞，但对于其办学模式是否可以推广表示怀疑。较为一致的意见是，北京十一学校位居首都，独享众多优势资源，其办学实践不可复制、不可学习。虽然其代表了未来基础教育发展的方向，但目前只能是可望而不可即的。针对这种意见，笔者调研了成都市P校，在个案研究的基础上，提出中学实施学分制和选课制有其必要性，同时提出只要具备了相应的条件，这种必要性就能转化成可能性。

P校是成都市一所新型公立初中，于2013年9月份开始招生。最初，P校决定追随北京十一学校做加盟学校，后因经费、硬件设备等各种因素制约未能实现，于是独立探索实践完全形态的学分制与选课制。这一举动是异乎寻常的，因为当前试行学分制的学校绝大多数为高中阶段及以上的学校。

1. P校课程改革的实践探索

固定班级授课方式是一种比较简单且高效的教学组织管理形式。但毋庸讳言，固定班级授课方式最有利于对师生行为进行精细化控制与实时监测；人们对于班级授课不能因材施教的指控其实很多是针对固定班级各科教学都"齐步走"的弊端而发；固定班级授课方式限制了师生交往、生生交往的范围，使得学校远离了杜威所设想的成员之间彼此分享经验的"民主生活共同体"理想。

P校不设固定的行政班，也不设班主任，传统的班级固定教室变成了学科教室，学生根据学习程度与兴趣选课，走班上课。一个显著的变化是：固定班级与班主任被取消之后，与固定班级伴生和绑定的师资配置、班级评价及管理系统也随之解体。

其一，导师制取代了班主任制。班主任被取消之后，之前的班主任为学生提供个别化学习咨询与辅导的职责，被导师取代。每15名学生配备1名导师，导师负责指导学生的学业规划、选课、方向等；导师主要由语、数、外三学科教师来担任。相对于班主任，导师指导的学生更少，有利于增强学生指导的个别化与针对性；由于导师的职能以指导与服务为主，淡化了管理色彩，更有助于师生关系的平等化。

其二，项目组取代了学校中层的管理职能。之前班主任管理规范学生行为和组织集体活动的职能被项目组替代，该校有礼仪管理、卫生管理、自主管理、教育管理、自习管理、评价管理、社团管理等多个项目组，以保证学校有序运行。项目组不是由学校中层领导来负责，而是由语、数、外三学科之外的教师承担，学生协助管理，一般每个教师承担2个项目组的管理工作。

当然，固定的行政班并非完全不可以存在。崔允漷教授认为，考虑到我国国情，试行学分制的学校，学生可仍按年级编班。[①]笔者调研的另一所实施学分制的寄宿高中，因学生在校有大量的自习时间，需要将学生重新编入固定的行政班，在固定班级进行早晚自习。但是，完全学分制要求固定班级只是补充，教学班才是教学组织形式的主体。

学分制不仅仅是要求增设选修课，而是要求在学校层面对课程目标、结构与内容进行重构，将国家课程比较彻底地进行校本化。当然，校本化应本于学校独特的办学追求与理想，需据于学校师资、软硬件设备等客观条件。课程重构需要学校领导层从课程培养目标、课程领域、课程结构和内容等方面进行整体的设计。

首先是课程培养目标的重构。这要求学校领导层思考并回答"我们学校要培养怎样的人"这个问题，依据学校毕业生在健康、审美、公民道德素养、科学素养、艺术素养、实践能力等方面应达到的标准重构课程。P校校长认为，"没有课程来保证，培养目标就落不到实处。在P中学，每个目标都要有课程支撑，这样实施效果会更好"。如P校认为，毕业生应该有求生技能与健康体魄，游泳课被列为学校必修课，学生可以通过参加课程或提供相关证书来获得相应学分。

其次是课程领域的重构。P校在课程领域进行了比较彻底的重构，课程由语言与文学、数学、人文与社会、科学、技术、艺术、体育与健康、综合实践活动和特色课程等9个学习领域构成，开设71门课程，编写了76本校本课程教材，学生修习166个学分方可毕业。

[①] 张斌.学分制：普通高中课程改革的必然选择——访华东师范大学崔允漷教授[J].教育发展研究，2004(12)：42-45.

最后是课程结构和内容的重构。除了重构课程培养目标和领域之外，P校课程重构还从以下两个方面来努力：一方面维持语、数、外等核心科目的重要地位，另一方面围绕学生的综合素质培养与个性发展大量增设选修课，力图在课程结构上达到国家课程与校本课程、必修课与选修课、学术课程与艺术实践类课程之间的优化平衡。从P校的实践来看，课程目标重构、课程结构优化、课程评价完善带来的是整个学校在学生管理、学校管理、课程评估等多方面深刻的改变。

完全学分制需要更为民主、灵活多样的课程供给体系，以满足学生个性化的学习需求，促进学生的个性化发展，让课程来适应学生而非让学生适应课程。从实践来看，P校在满足学生个性化学习需求方面做出了以下努力。

其一，针对学生发展需求设置课程。P校认为人的发展需求主要有知识技能需求、身心发展需求和个性特长需求，学生需要能够满足其智力、品德、技能等多方面发展需求的"课程供给"；课程名为"五彩人生课程"，意在为学生的终身发展打下基础。

其二，拓展国家课程，并促进课程平等。在传统教学模式下，历史课、地理课课时比较少，学生也将其视为"副科"；而P校则用一个学期集中开设历史课，再用另一个学期集中开设地理课，把原来分散的课时集中，每周课时与语文、数学一样，让学生更加重视。为了更好地完成任务，艺术课是两节连上。语文课被分为文言文基础阅读、初中记叙文基础写作、演讲与口才、古典诗词欣赏等7门课，学生可围绕感兴趣的学科进行深入学习。

其三，给予学生选课自由，开设多门选修课程。选择带来学习的责任，让学生增加了学习投入时间、增强了参与感。P校目前设置了25门选修课。艺术方面开设了众多的选修课程：美术包括版画、国画、油画；音乐包括戏剧、合唱、音乐剧；另有学校特色课程，如微电影制作、摄影、化妆、理财等可供学生选修。只要12~15名学生有需求，就再开设选修课程。

其四，课程难易程度更能针对学生需要。P校的初步设想是文科课程以分类课程为主，理科课程以分层课程为主。学校在学生能力分化较大的科目，如数学科目，开设了分层课程，分为三个层次，即数学1、数学2、数学3。其中数学2是标准的初一水平，数学3针对数学能力和基础更强的学生，而数学1则是6年级水平。学生可根据自己的学习程度自主选择适合自己的层次。学校开展小班化教学,每班人数控制在30人以内。

2. P校课程改革的意义与反思

P校实施走班制改革的意义何在呢?长期以来,惯性的思维认为课堂教学是学校教育的核心,要提高学校教育的质量就要变革课堂教学模式。对于教学模式的崇拜大抵出自这种想法,去杜郎口学校、洋思学校取经的校长与教师也大都怀揣着将他们的教学模式搬回本校的期望。但是,通过教学变革来促进学校变革有其局限性,不顾实际的移植模式也是危险的。好的教学依托授课教师的巨大努力能够做到某种程度的因材施教,但是不能从根本上克服固定班级授课制固有的"齐步走"弊病;教学受学校课程结构、课程评价制约太多,受应试教育的重重钳制,变革空间有限。因此,要实现学校质量的全面提升,必须将注意力从专注于教学变革转移到推进课程变革,从学校层面进行整体的课程设计与重构。

当前,几乎每所有追求的学校都在建设校园文化和学校特色方面铆足了劲、动足了脑筋,但舍却人才培养的个性化和学校课程的多样化,这些只能是点缀的"花边"。学分制、选课制给予了学校一定程度上的课程设置权与办学自主权,能够最大限度地促进学校办学特色的形成。课程是学校服务于学生学习需求的主要产品。没有课程特色,现代学校制度所追求的政校分开、管办分离的制度框架也就失去了意义、缺乏灵魂。

学分制、选课制所变革的不仅仅是教学组织形式,更重要的是其背后人才观、价值观变化所带来的教育观念更新,是自由、公平、民主观念在学校系统中更为系统深入的体现。选课制要求更加尊重人的差异、尊重人的学习自由、促进人的创造力发展、围绕人的学习需求来组织教学活动;选课制的知识供给体系更体现了学习者的需要导向,更加灵活与民主,而非仅仅体现国家意志;选课制度的设计初衷也是让每个学生都能参与到学习过程中去,都能在学校教育中有所获益,体现教育促进社会公平的理念。教育不是选拔人才并将失败者筛选出来的工具,而是要促进每个人的潜能发挥。从现阶段来看,学分制、选课制的制度设计较好地满足了个性自由发展与社会公平的双重要求。

反观之，从制度设计来看，中学固定班级授课既无效率又不公平。在固定班级授课的传统中学，为了应对学生学习程度参差不齐的状况，快慢分班教学几乎是所有学校的一致选择，而快慢分班教学带来了学生自尊受损、教育资源分配不公等弊病。这个长期困扰传统学校的巨大弊病，在选课制下被轻松地化解了。学分制、选课制能保证每个学生在其原有的基础上真正有所进步，而非因习得性无助而选择放弃。

P校改革之所以能成功，有赖于四个必要条件——教育行政管理部门的支持、具有变革意识的校长、具备课程开发能力的师资队伍、较为丰富的教育资源。实施选课制，需要增加教师编制、降低生师比、缩小班额，这些都依赖于地区经济发展状况与教育经费投入，需要得到地方政府财政和人事部门的支持。

P校办学实践证明，学分制和选课制在许多地区都有实现的可能性。尤其是对于大多数省会城市与东部发达地区城市来说，在初中与高中阶段已经完全具备推行学分制与选课制教育形态的物质条件，也已经具备了学分制与选课制教育形态的社会文化资源。在"新高考"选考背景下，考试改革为课程改革释放了更多自由空间，可为何多数学校选择了套餐式考试科目组合，只为学生提供有限的选择，而不能放开手脚，让学生自由选择，实现完全的选课走班制呢？当然，学校课程改革从一个状态快速转到另一个完全不同的状态，短期内实现突变，是不太可能的。但是，时间并非影响课程改革的最重要因素。利益和效率仍是最重要的考量因素。套餐式考试科目无疑是当前考试制度下成本最低、收益最高的课程安排方式。可见，阻碍学分制与选课制实施的主要是陈旧的教育观、"唯分数"的评价观及因循守旧的惰性心理，以及应试教育背后陈旧的质量观、人才观与价值观等。这些是更难解决的问题。

（二）理念驱动式学校

在中小学学校中，有一类学校办学理念和模式直接源于西方教育家，既不以参加国外高考为目标，也不以参加中国高考为目标，没有教科书、没有作业，表现出对于世俗评价机制和体制化学校制度的超越。这类学校既稀少又独特，其中的代表就是华德福学校。华德福学校协会（SWSF）对华德福教育的界定是：接受所有儿童，无论其学术能力、阶级、种族和宗教；考虑全体学生的需求，包括儿童的精神需求；教育是基于儿童发展的不同阶段进行的；培养儿童热爱学习和学校的兴趣；视艺术活动和想象力的培养为一个整体来学习……培养一些有能力的年轻人，他们有较强的自我意识和多种能力，从而成为对社会和经济都负责的公民。[①]2004年，由黄晓星、张俐和李泽武三位老师发起主导，来自国内外的热心人士包括大学生、学者、工人和商人等共同参与，在成都锦江区成立了华德福学校，这是中国内地第一所实践华德福教育的学校。学校是独立办学、非营利性质的私立学校机构，被列入国际华德福学校名录。作为我国内地第一所华德福学校，它成为后办的几所华德福学校的学习样本；同时，每年也有大量的公立教师和校长来此校参观和培训。

由于华德福学校的独特性和不可复制性，本研究不准备赘述华德福学校的办学理念和实践，而是选择近年来在中国基础界因变革而声名鹊起的东北师范大学附属小学（以下简称东师附小）作为研究个案。东师附小拥有师范大学附属小学的典型优势：师资配备、办学条件远远优于一般学校[②]，如东师附小选聘教师原则上要求硕士学位或毕业于985或者211高校的优秀本科生[③]，大学与教育行政部门共建的附属学校多通过政策的倾斜、大学的声誉优势迅速赢得生源优势[④]。但与一般师范大学附属小学不同的地方是，东师附小随着时代的变换而不断地演变与革新，并在教育理念的驱动下追求更符合儿童天性的教育。从东师附小70余年的发展历程来看，它具有三大鲜明特点，即尊重儿童的教育思想、变革创新的传统与学者治校的追求。

在阅读大量文本和访谈东师附小校长、教师、家长的基础上（访谈对象情况如表7-2所示），本研究将东师附小变革成功的关键动力因素分为外部环境、精神文化、制度结构、人员。

[①]陈园园.华德福学校教育的实践探索[D].重庆：西南大学，2010.
[②]张松祥.从教育实习看实质性教师教育共同体体制建设——基于师范院校与附属学校管理传统的分析[J].当代教育科学，2014(13)：25-30，45.
[③]赵树峰，钟明，王凌玉.大学办基础教育的实践与探索——以东北师范大学基础教育办学为例[J].东北师大学报(哲学社会科学版)，2018(6)：137-142.
[④]朱润蕾.大学附中与高校合作办学的现状研究——基于上海市宝山区六所附中的调研[J].当代教育论坛，2017(5)：87-92.

表7-2 访谈对象基本情况一览表[①]

访谈对象编码	访谈对象	性别	学历	教龄	职称
DSHY	校长Y	男	博士	—	教授
DSTG	教师G	男	硕士	30	一级教师
DSTB	教师B	男	博士	15	省级骨干教师
DSTY	教师Y	女	硕士	21	高级教师
DSTH	教师H	女	硕士	12	一级教师
DSTC	教师C	女	硕士	1	暂无（新手教师）
DSPW	家长W	女	博士	—	教授

1. 东师附小变革成功的关键要素之外部环境

（1）办学自主独立性强

师范院校是以培养师资为主要任务的，重视发挥中小学实践基地的作用是其显著特点。[②]东北师范大学最初办基础教育，一方面是为大学科研提供实验场，为毕业生提供实践之所；另一方面也是为大学教职员工解决子女教育问题。在这一背景下，附属小学成为东北师范大学的一个重要组成部分，两者在财政、人事与业务上相互关联。[③]东师附小延续了早期隶属于东北师范大学的关系，其财政主要来源于大学，且管理权属于大学校长办公室。[④]因此，与大多数公立小学的一个重要区别就是，东师附小属于大学附属机构，在办学上享有比其他学校更多的自主权，来自外部的干扰和束缚相对较少。

> 专家来治校，他可以容易保持自己学校的定力。因为现在做什么事情都离不开大环境。有的学校办起来不容易有特色就是上边怎么要求的就怎么做，他就是很少有自己的思考。他的想法也很难变成实际

[①] 编码说明：前两位字母为学校简称，第三位字母为角色编号，其中H为校长，T为教师，P为家长。第一次引用某单位访谈对象的话语用"-1表示"，以此类推。

[②] 赵树峰，钟明，王凌玉.大学办基础教育的实践与探索——以东北师范大学基础教育办学为例[J].东北师范大学报(哲学社会科学版)，2018(6)：137-142.

[③] 赵健.大学附属学校的历史传承与转型发展[J].教育发展研究，2017，37(12)：8-15.

[④] 赵树峰，钟明，王凌玉.大学办基础教育的实践与探索——以东北师范大学基础教育办学为例[J].东北师范大学报(哲学社会科学版)，2018(6)：137-142.

行动。那么学者专家治校呢？第一，他有自己的想法；第二，他能够坚持自己的想法；第三，他能把海内外优质的资源引进学校。（DSHY-1）

首先，在办学理念上，东师附小能够按照自己的理念办学，坚持自己的理念办学；在教学内容上，东师附小有权利设置更为灵活的课程，这为校本课程的开发以及实施提供了便利；在教学实施上，东师附小受到地方教育主管部门对教学安排的管控较弱，能够根据学校既定的教学安排推进；在教学评价制度上，东师附小拥有更加自由设置的权利，其一直致力于追求符合学生发展的、科学的教学评价模式，而非致力于完成统一的、生硬的指标。可以认为，东师附小学校变革的成功，在某种程度上来说是基于办学的相对自主性和独立性。

（2）大学资源辐射支持学校变革

除了与大学之间紧密的财政关联助力东师附小获得办学相对自主权，人事关联与业务关联更是为东师附小提供了巨大的资源支持。人事关联即学校的校长及教师来自大学的任命，由大学履行人事管理权和业绩考核权；业务关联主要指学校在大学授权的条件下，在招生、课程教学、教师准备与教师发展、研究成果应用等方面与大学之间存在互惠关系。[1]这也意味着东师附小一方面能够直接承接大学先进的办学理念，并将其落地于具体的教学实践；另一方面能够通过学术会议、讨论交流的契机学习海内外先进的办学理念。

> 我觉得，大学的支持还在于它不断地通过大学的教师、家长、实习生把海内外比较先进的理念传播到附小的每个角落，传递给附小的教师。我觉得这个是非常重要的。这些支持包括我们和大学在一起接待国内外的学者、开办会议，包括来自全国的中小学的校长、教师到大学研修。（DSHY-2）

另外，东师附小在科研管理上能够获取来自大学的天然支持。最突出的便是来自东北师范大学教育学部专家对东师附小科研和教学的指导。

---

[1] 赵健.大学附属学校的历史传承与转型发展[J].教育发展研究，2017，37(12)：8-15.

它承载着大学的教育教学改革的任务，而且它有普通学校难以匹敌的专家力量的支撑……除此之外，我们还有多种渠道支持，其中一种是我们搞研讨、搞研究、搞项目，学部的有关老师直接参与、直接指导。(DSHY-3)

2. 东师附小变革成功的关键要素之精神文化

文化因素对于学校变革也有重要的影响。积极的学校文化对学校的发展变革起着推动作用。在众多文化因素中，东师附小创办至今所形成的变革传统和科研文化是推动东师附小变革的重要精神文化因素。

(1) 变革传统营造学校变革文化氛围

变革文化是学校组织内在的精神力量或意义体系，是学校变革能够发生与维持的基础，包含进取和创新两个核心内涵。[①]进取是指为了学生发展、为了提高学校教育教学质量，教师和管理者能够锐意进取、大胆尝试。他们能够清醒地意识到自身在社会转型时期的历史使命，不满足于现状，直面自身存在的问题，能够看到自身发展过程中存在的隐患，看到并认真学习其他学校在改革发展过程中的有益探索和经验。创新指的是学校成员具有一种意识，认为不能也不应该安于现状，他们始终有一种改变习惯做法或思维的意识，希望通过自己的努力实现理想的教育目标。变革文化是驱动学校变革的内在精神力量，能够在原动力上支撑学校的教育改革行动。而东师附小变革的成功同样离不开学校形成的变革文化。从东师附小的发展历史进程来看，早在建校初期，东师附小便产生了变革文化。例如，东师附小第一任校长王祝辰在杜威来华讲学期间受到其影响，开始探索与儿童好动的天性相适应的"行动教学法"。此后，历任校长也都积极进行变革。可以说，学校变革的基因已经融入学校校长与教师的学业。变革文化也在历史的发展中逐渐积淀，推动东师附小的校长及教师积极主动变革，致力于追求创新创造。

(2) 率性教育为学校变革提供价值引导

学校变革的成功体现在教育理念的革新及教育理念在教育、教学实践活

[①] 阎亚军，祝怀新. 变革文化与学校教育改革[J]. 高等教育研究，2019，40(7)：46-50.

动中的落地。无论是东师附小的理论创新还是实践发展，都离不开校长及其团队的科学研究。东师附小变革的领导者于伟校长提出的率性教育理念，主要是针对我国小学教育长期存在的对儿童天性保护不够、教学过程中对学生的要求"一刀切"等弊病的思考，更是其参与数百节课，从真实的课堂中省思，在实践中生成的理论。

> 我去东师附小的第一步就是研究历史，熟悉现状。同时我也发现在小学"一刀切"的情况比较突出。尤其是小学的教师以女老师为主，她们做什么事情很认真，追求完美，包括在对学生的要求方面，不论是走路，还是坐姿，包括答题、写字等方方面面都希望孩子们做得越来越好。这种"一刀切"的完美主义的形象还是有的。我觉得对于小学的孩子来说，特别是男生，他的生理和心理还处在发展当中，没必要树立一些硬性的要求。所以我就想怎样让学校成为孩子们喜欢去的地方，甚至成为孩子的乐园。教师应该很好地琢磨怎么保护孩子的天性，怎么尊重孩子的个性。（DSHY-4）

率性教育强调打破成人立场的"完美主义"，对于儿童的天性更加敏感，强调保护儿童天性、尊重儿童个性、培养儿童的社会性。因此，率性教育反对教育过程管理的严密化对儿童个性创造思维的压抑，反对和警惕教育管理评价的片面化消解儿童个性的发展。率性教育的愿景便是将儿童从狭隘的功利主义和成人本位的立场中解放出来，让学校变成学生的"慢步调自由空间"、儿童兴趣发展的"沃土"、可以体验探究的"智慧之家"与促进儿童想象力与创造力发展的"梦工厂"。[①]

从对家长的访谈中，研究者发现这些理想的价值已经体现在教师对待学生更为耐心、更为积极的"等待学生成长"的态度之中。

> 给你举几个例子吧，我们小孩二年级的时候出国待了一年，没有学汉语，所以这一年其实孩子汉语落下挺多的，但是东师附小的老师

[①] 于伟."率性教育"：建构与探索[J].教育研究，2017，38(5)：23-32.

是很包容的。他给孩子时间,他等待孩子耐心成长。所以在这个过程当中,几乎没有一个老师说孩子要补课或者是给他负面的打击,反而有很多老师给了孩子特别多的鼓励。(DSPW-1)

另外,好的理念必须能落地,走向实践,这一过程离不开教师教研团队积极作用的发挥。于伟校长及科研团队通过扎根课堂,关注教师的教与学生的学,在省思中发现教师的教往往是通过演绎的方式,但是儿童学习新知识的规律之一就是通过从个别到一般的归纳刺激其创造性。基于此,率性教学的重点工作就聚焦到有过程的归纳教学上。如此,探寻理论逻辑与实践逻辑的契合点、探索教育研究与教学实践的对接点,东师附小形成了诸如率性教学的实践策略。①

> 我们提出率性教育,用了几个月时间,后来提出率性教学又花了大概半年的时间。我自己的团队成员包括我们的教研组成员,反复讨论什么是率性教学,后来大家就集思广益。大家提出,首先要有根源。即使是小学的内容也不那么简单,比如东师附小的语文老师有时要看"说文解字"。其次,有过程,特别是归纳过程。我们觉得这对小学生来说是很重要的。因为孩子们对世界的认识是一个归纳过程,从个别到一般的过程,操作体验的过程、对话交流的过程是非常重要的。我们在一起多次论证后就达成了共识,后来提出了率性教学。更具体地说就是,有过程的归纳教学。大概经过六轮的实践,许多老师看到了这种教学理念、教学思想的好处,所以率性教学在东师附小应该说已经生根了,在逐步地推进。(DSHY-5)

无疑,率性教育的提出对于深化、尊重儿童的价值立场和建构符合儿童思维特点的教学方式具有统领作用,为小学教育发展塑造了美好的愿景。在持续的讨论和交流中,率性教育的内涵不断得到深化,获得了教师和家长的认可。并且,率性教育也体现在学生的精神面貌之中,"孩子们的整体表现

---

① 于伟.从"书斋"到"田野":课堂教学改革实践逻辑探寻——基于东北师范大学附属小学"率性教学"实践的思考[J].中小学管理,2021(7):5-9.

是，阳光的、积极的、向上的、自由的感觉"(DSTY-1)。

> 它这个理念（率性教育）最开始的时候就是我刚到东师附小的时候，不是特别理解。但是后来不断有专家讲座，每年校长会组织率性教育的发表会、发布会等，还会有学校的一些学科委员、教师做公开课、公开教学，也会有全国各地的很多教师到我们这儿来观摩，所以经过这几年的学习，我觉得率性教育是非常符合学生身心发展规律，也非常尊重学生身心发展规律的一种教育。它是一种能够真正尊重儿童身心发展特点的教育理念。(DSTB-1)

总而言之，东师附小学者治校的特点，使得它对于新的教育思想和未来教育发展新趋势比较敏感，能够以前瞻性的眼光培养未来社会所需要的人，办学愿景具有更强的理想性和超越性特点，而不是墨守成规地片面强调教育要适应社会现实。

3. 东师附小变革成功的关键要素之制度结构

作为一个相对独立的组织，学校组织内部包含众多的人员、活动、规章制度以及组织结构等。对于组织而言，制度是组织运行的基本保障，制度设置的合理与否在一定程度上影响着组织的运行状况。学校组织也不例外。科学的学校制度能够适应学校发展的需要，促进学校的良性运行，而不健全不规范的学校制度则难以维持学校的正常运转，甚至可能会阻碍学校的发展。作为一所具有多年办学历史的示范性学校，东师附小一直沿袭变革与创新的优良传统，其中，学校制度的创新也在不断的尝试与实践中进步，成为推动学校变革的有效力量，为变革效果的实现与学校的可持续发展保驾护航。随着学校变革的不断深入，东师附小创新性地设置了相关制度，并在长期的实践探索中不断对其加以完善，以真正发挥教育教学变革实效。这些制度主要包括以教师为本的管理制度、扁平化的组织结构和以学生为本的学校研修制度等。

（1）以教师为本的管理制度

一所优质学校的发展离不开一批优秀的教师，一所持续变革的学校更是无法忽视追求上进的教师队伍的力量。教师管理与培养制度对于教师队伍的建设与学校教育质量的提升具有重要的促进作用，教师专业能力的提升也为学校变革提供了源源不断的动力支持。东师附小以教师为本的管理制度体现在以下四个方面。

其一，东师附小注重为教师成长创造良好的专业发展支持、智力支持，为教师屏蔽无关干扰与行政性琐事，使得教师在信任、和谐和比较自由的氛围中专注于教学和专业发展，保持不断进步的内驱力。

> 东师附小非常注重保护教师。我刚刚提过的阶梯工程，还有青年基金课题、专家讲座、外出培训，还有像STEM项目式学习这种先进教育理念的第一时间引进等，都始终使教师处于开放的、不断进步的状态，给了教师很大的学习和进步的成长空间。而且，在东师附小就是只要教师肯努力，学校一定是从各个方面为教师做好保障工作的。（DSTH-1）

其二，学校管理的自由度较高，给予教师尝试教学创新的自由空间，鼓励他们的教学创新行为，并为他们实现自己的教学创新提供资源支持。

> 他（校长）非常地尊重教师，体现在哪里呢？他尊重教师的想法，鼓励教师去创新。比如说在我们2018年开始的这个STEM研究的过程当中，他在空间、时间和资金上都给予了配合。然后我们首批种子教师也经历了失败、尝试、探索的过程，学校并没有催促或者质疑我们，学校给我们的就是支持，首先是给我们足够的资金让我们去做这个项目。（DSTH-2）

其三，学校注重教师的个性化发展，并不以一把尺子去衡量所有教师的表现，而是让教育变成协奏曲，让每个教师发挥自己的长处。

> 我个人比较喜欢个性化的管理，不希望老师们都成为一个模具里

刻出来的东西，比如说有的老师的特长就是上课，他就愿意上公开课，而且级别越高的公开课，就越兴奋；然后有的老师呢，他可能擅长理论思维，虽然他上课不一定是全国顶尖级的，但是他的理论思维非常好，所以别的老师上完课之后，他可以给对方议课、磨课；再比如说，有的老师呢，他可能比较擅长研究学生，就是他对孩子特别了解，经过持续的研究，他对孩子的各个方面如性格、特点什么的有他自己的一套理解。总之，每个老师的风格都是不一样的，所以我们在考核学科委员的时候，采用了一种叫菜单式考核的方式。（DSTB-2）

其四，学校内部形成了螺旋上升的教师培养阶梯制度，有助于资深教师与年轻教师之间的相互交流，并能促进年轻教师的快速成长。教师以入职年限与专业能力为标准，依次进入青蓝工程、希望工程、名师工程、学科委员会这四个层级分明、相互衔接的教师培养工程。各个教师培养工程的培养年限为3~5年，并采用汇报课的形式进行评选升级，教师参评其所在工程对应的评杯活动，如"青蓝杯""希望杯"等，获评的教师可进入更高一级的教师培养工程，依次持续进行教师的培养提升活动，比如教师顺利完成希望工程的评选培养流程后，可以申请加入名师工程。学校会综合教师的教学能力与科研能力等进行评选与考察，以确定通过的教师名单。

> 我觉得学校是很注重老师的幸福感的，学校把时间都用在对老师的专业培养、专业提升上，没有用更多的事去干扰老师日常的工作和学习。这个也是我对比两个学校之后，觉得幸福感大大提升了的重要因素……这样好的教育环境给了我很大的鼓舞。在东师附小，学校管理层给老师们留有一定的自由度，很尊重老师的专业素养提升和个性发展，还有就是就像刚才我说的，也没有更多的其他的烦琐的事情来干扰我们进步和学习。（DSTY-2）

（2）扁平化的组织结构

学校作为一个包含多种组成要素的组织，在对组织内部成员与要素的调动上需要借助组织结构的力量，以实现最佳的管理效果与变革效果。就学校变革而言，除了制度之外，组织结构也贯穿于学校组织内部，对变革过程与效果具有支撑性作用与统领性作用。合理的组织结构有利于协调学校内部各层级之间的关系，促进组织的规范持续运行，影响着组织目标与组织变革效果的实现。组织结构框架不仅影响着组织的日常运转与维系，也对组织的整体构造与团体风貌产生影响，进而形成风格各异的组织。科学的适宜的组织结构进而成为学校变革时不容忽视的重要方面。

在扁平化管理模式下，东师附小形成了三级管理模式，即决策层—协调层—执行层。其中，决策层包括以校长为主的小组成员，协调层由学科委员会主任和学校主管教学的副校长以及主管德育的副校长组成，执行层则主要包括教师与学生。各层级部门各司其职、各尽其能、各安其分、各得其所，共同推动学校的正常运行以及深度发展。具体而言，决策层负责制定相关政策方针路线，具体的实践工作由协调层带领各部门成员共同实施，并进一步深化到一线教师所在的执行层。

> 我们一直在推动扁平化管理模式，就是……应该怎么说呢？给老师们的赋权要更多，包括对学科委员会的赋权，比如在建制选择上实现全过程民主。……想进一步改革，就要进一步赋权增能。（DSTB-3）

值得注意的是，在东师附小组织管理与变革的过程中，作为学校非行政性组织之一的学科委员会发挥着不容忽视的作用。学科委员会可以看作东师附小学科层面体制机制的设置，即将各学科内部最为核心的骨干力量集中起来，形成包括德育在内的12个学科委员会。各学科委员会又包括学科委员会主任、副主任以及学科委员三个层面。在全校范围内，学科委员会全程指导学校教研工作的开展，并指导教师进行各学科的教育研究活动，确保课程开发的顺利进行。学科委员会的设置不仅有助于推动学校校本课程的开发与学科专业的发展，也有利于提高教师的专业水平与教学研究的积极性。此外，学科委员会的指导与学校内部良好的科研氛围交相辉映，共同推动学校的变革与教师的终身发展。

（3）以学生为本的学校研修制度

学校教育与学生发展是一个不断变化的动态过程，一成不变的教育方式与理念难以适应当前教育的发展，也无法促进教师个人的成长进步。这就要求学校内部开展教育研究活动，以更好地提升教师的教学水平，适应不断发展变化的教育现实。学校研修制度是以解决问题为主要目标的研修方式。东师附小秉持科研兴校的先进理念，逐步建立了校本教育教学研究制度，在研究和反思学校场域内教育教学活动的过程中，促进教育问题的解决。其校本教研并非"花架子"，而是始终围绕着如何更好地促进学生发展而展开。

> 比如我们学科做了很多专题研究。这个专题可不是教师想什么就是什么，它是针对学校的一些问题、学生的现状来进行的，比如，我们针对城里学生动手能力比较差的现象开发了手工课研究。大概做了五六年手工课研究，其中包括剪纸、慕课等很多方面。(DSTB-4)

以学生为本的学校研修制度使得学校内部的教育教学研究活动与教师的培养提升活动有机结合，这一方面推进了学校内部教育教学研究制度的建设和完善，提升了教学质量，另一方面促进了教师教研活动的制度化参与，在解决教育问题的过程中实现了教师的专业发展，提升了教师的教研意识与教研水平，调动了教师参与教研提升活动的积极性与主动性，从而为学校的教育教学变革提供了重要的内生力量。

> 对东师附小来说，几乎每天都是研究日，每天都有不同层面的研讨课，大家都在搞这些研究。像这个行动研究，其实在东师附小，我个人觉得几乎每个场域都存在，就是时时刻刻在发生，它的频率是非常高的。(DSTB-5)

另外，日常的教学研讨持续进行。一项改革如果没有相应的教师文化，改革将化为表象或虚幻。[①]东师附小突破个人主义的藩篱，建立了协同合作的

---

① 于伟.从"书斋"到"田野"：课堂教学改革实践逻辑探寻——基于东北师范大学附属小学"率性教学"实践的思考[J].中小学管理，2021(7)：5-9.

教师文化，构筑了教师的学习共同体。在学科委员会的带领下，东师附小形成了学年组、学科组等研究团队。研究团队共同确定主题、开展行动研究，整个研究团队在遵守共同价值规范的同时保持个人的自主性和独立性。教师共同体的建构促进了教师文化的形成，进而提升了教师课堂教学改革的自觉性。

> 东师附小老师的备课，从来不是一个人决定的，而是要与团队协商进行的，而且在团队里面有老师的师傅，有教学组长，还有与其同样年级的老师。老师们要经过多轮的商讨，想想这个课怎样在前期先把教学思路敲定。敲定思路之后，老师就要配合相应的三个阶段，也就是，要怎样去实现情境与具象，给孩子们设置怎样的情境，然后在操作与体验的过程当中给孩子们设计什么样的实验活动，让孩子们能实现对知识的归纳，还有就是以什么样的方式在对话与省思的阶段呈现孩子们头脑中知识的发生、发展的过程……这些都是需要老师们去思考的，也是需要老师们去设计的。(DSTH-3)

4.东师附小变革成功的关键要素之人员

人员是变革的重要影响因素，附属学校变革所涉及的人员主要可以分为三类。一是教育者，包括校长、中层管理者和一线教师，其中，校长在学习型组织中扮演设计师、管事人的角色[1]，对学校变革与发展的影响很大；而中层管理者和一线教师则扮演变革促进者的角色，是学校变革的主要力量。二是受教育者，即学生，学生是学校系统中最为活跃的要素，其素质高低既为千家万户所关注，也影响着社会对学校的评价。[2]三是学生的家长，由于东师附小与东北师范大学保持着紧密的联系，故而家长这一角色身份与大学、附属学校教育者的角色有所重叠，这一主体对学校变革有着强大的推动力量。

---

[1][加]迈克尔·富兰.变革的力量——透视教育改革[M].中央教育科学研究所，加拿大多伦多国际学院组织，译.北京：教育科学出版社，2004：87.

[2]李佳敏，范国睿.从复杂到简约：学校变革路径探索[J].教育发展研究，2009(22)：14-18.

家长的尊重、信任与参与也成为推动教师在教学上精益求精的重要动力。"我们时时能感受到来自家长群体的尊重,也能感受到老师和家长的配合教育所带来的幸福感。"(DSTY-3)

(1) 变革型校长

校长是一所学校的核心和灵魂,其办学思想、教育理念和领导能力对学校变革与发展发挥着极为关键的作用。菲利浦·海林格和海科认为,在教育革新和学校改进中,校长是成功的政策变革的关键。[1]从最初学校是否进行变革、如何变革到实施变革的效果怎样等,校长具有不可替代的影响和作用,倘若没有来自校长的积极、技术娴熟的支持,学校变革的实施很少能取得成功[2],即使有成效,效果也会大打折扣。

东师附小的变革是在教育理念的指导下产生、发展且不断拓宽的。东师附小有着良好的变革基因,且其变革拥有历史传承,在各个时期都是以儿童的视角、围绕如何促进儿童发展开展实验教育的。于伟校长在继承已有办学成果的基础上,结合中国传统哲学提出了率性教育的办学理念,这既是对东师附小近些年儿童观的总结与提炼,也具有时代性、本土性、引领性的特点。

> 我提出率性教育不是仅仅针对东师附小,因为东师附小一直是一所很好的学校。我主要是从全国来看怎样调动孩子的学习积极性。现在这种中考、高考的应试教育,比较强调功利主义的教育,家长和孩子压力都比较大,特别是小学生、中学生甚至大学生都有厌学的情况。我就想,要很好地思考一下到底什么是教育、什么是小学教育、这个教育怎样才能遵循儿童的身心发展规律特点。所以我提出率性教育虽然立足东师附小,但实际上是面向全国的。(DSHY-6)

在整个教育理念落地的过程中,校长领导下的系列变革机制牢牢把握学

---

[1] Hallinger P, Heck R.Understanding the Principal's Contribution to School Improvement[M]//InWallace M, Poulson L(Eds.).Learning to Read Critically in Educational Leadership and Management.London:Sage Publications Ltd, 2003:194-212.

[2] Hallinger P. Meeting the Challenges of Cultural Leadership: The Changing Role of Principals in Thailand[J].Discourse:Studies in the Cultural Politics of Education, 2004, 25(1):61-73.

校变革的关键路径，切中学校人员的内部需求以撬动学校变革。于伟校长不仅带领科研中心和教学管理中心共同研究、制定率性教学顶层行动研究规划，还建立了各级各类制度保障激励体系，充分激发教师的主体能动性，提升教师变革的内部动力。

除此之外，校长个人魅力、个性化关怀等因素也不断拓宽学校变革的路径。于伟校长在各学科单元研究过程中广泛参与，及时掌握研究团队的研究动态以及存在的问题，为其提供相应的指导。"到东师附小两年多，听了400多节课，可以说有价值的东西都是在听课过程中与老师们互动交流产生的。"[1] "就目前我到学校这几年发现于伟校长的领导管理特别人性化，他也特别尊重老师，注重对老师专业素养的培养，包括师德师风的培养。"（DSTY-4）"于校长是更儒雅的，你看他就是一个很温柔的小老头儿，总是笑眯眯的。但是他更是一位学者型校长，每一个学期都会给我们布置很多读书任务，让我们多读书，多学习，多研究。"（DSTH-4）于伟校长的身体力行、个性化的关怀，对工作表现出的极大热情和积极性，以及整个学校管理团队所给予教师的自主性和自由度，正是感染和激发教师工作积极性和组织认同感的重要因素，也进一步打通了学校的变革路径。

（2）学习型教师

教师是学校变革的主要力量，但由于对学校变革的不同认识以及自身的素质等因素的影响，在学校变革中教师会扮演不同的角色。历史学家古斯塔夫森认为，教师抵抗变革的因素主要分为两部分，一是对熟悉的模式和制度的依赖，二是原有制度和模式会触及制度设计者的既得利益。[2]这在东师附小的教师团队中却难以发现，究其原因：一方面，东师附小教师团队的整体素质在基础教育领域是非常高的，他们本身就更容易接受新的、先进的教育理念；另一方面，东师附小的历史传统和制度设计推动着教师形成变革的诉求和意识。

从最初的教师选聘到各个阶段的培养发展，东师附小的教师团队建设和发展都体现出非常高的质量，并且教师队伍的综合素质在全国范围内都是非

---

[1] 于伟. 一位小学校长的教育哲学之思与本土行动[J]. 人民教育，2017(5)：33-35.
[2] 季洪旭. 普通高中学校的变革路径[D]. 上海：华东师范大学，2019.

常突出的。东师附小还设置了系列健全的促进教师专业发展的机制和平台，更是不断提升教师团队的质量，满足教师专业成长的需求。沿着教师专业成长的道路走来，东师附小针对每个阶段的教师设置了阶梯式培养工程，并且打造了学科内部及跨学科的学习共同体，推动教师从态度观念到具体行动各方面落实学校变革，甚至很多资深教师也依然保持着学习的热情。

> 我们科学组年纪最大的L老师，他已经50多岁了，但依然保持着一种非常亢奋的学习状态，你在科学组里面是看不到"躺平"的人的。（DSTH-5）

> 东师附小始终坚持的一个理念，就是培养的教师一定是终身学习型的。目前东师附小的教师对课题研究的兴趣是非常浓厚的，尤其是在繁荣校区。因为繁荣校区这边的年轻教师，像我这样三十四五岁或者三十五六岁的非常多，所以他们的研究兴趣也更加的浓厚……学校会提供种种支持让我们的研究变得不是一种重担，而是让我们感受到乐趣、很有兴趣地进行研究。（DSTB-6）

可以看出，东师附小的变革过程中，教师团队内部呈现的不同状态大致可以划分为三类。第一类是变革的先锋者，这类教师多是中层管理人员，他们具有变革的主动性和探索性。先锋教师遵循校长指明的方向和原则，将办学理念落实到学校组织中去探索、实践，制定相应的教育教学实践方案，影响一线教学。第二类是变革的中坚力量，通常由名师、优师团队组成。此类教师能将先锋者探索制定的实践方案在学校试行、反思、修订、示范、推广，为教师队伍提供专业引领和示范，是促进理念实践化、实践丰富化的重要力量。第三类是逐步尝试理解变革者，此类教师多是新入职教师，他们会通过一段时间的观望，比较原有的认知观念与新的教育理念的实践效果，当他们逐步看到新教育理念更能体现教育的本质时，他们便会真正投入学校变革。

三、创新型学校成功的关键

决定学校变革成败的"变量系统"既包括学校外部力量的支持与保障，

也离不开学校组织内部的力量。①从这个角度来看,学校变革的动力可以大致划分为内部动力和外部动力。弗莱蒙特·E.卡斯特和詹姆斯·E.罗森茨韦克提出组织变革的动力,将内外部动力进一步细化,包括环境、目标与价值、技术、结构、社会心理、管理以及咨询人员。②李佳敏和范国睿则聚焦于学校组织内部,将学校组织的构成划分为人、结构、技术、任务四大要素。③依据这些学者对组织变革动力构成要素的分析,结合两所创新型学校发展的实践样态,本研究认为学校变革成功的关键动力来自外部环境、精神文化、制度结构和主体行动四个因素。

第一,开放的环境与独立的边界。基于开放系统的观点,组织与环境之间存在可渗透的界限。一方面,由于界限的存在,组织能在一定程度上抵御外界的干扰,保持独立自主性;另一方面,界限的可渗透性为组织提供了部分应对具体环境的力量。④创新型学校需要在独立自主和与向外界开放互动两方面保持平衡,既要抵御外界压力,不能被外部琐事支配、被社会变化风潮左右,又要保持面向外部环境的开放性,其中连接学校与外部环境的媒介应该是学生面向真实社会的学习体验,而不只是学习书本知识这一抽象的符号体系。学校与社会的开放性互动应围绕增进和丰富学生面向真实社会的学习体验这一过程展开,学校在与外界社会互动中不断获取资源与机会。事实上,几乎所有的创新型学校都表现出这一基本特征,它们不是关门办学,而是与社区、大学、企业等外部机构有着频繁的互动。通过互动,多方努力凝成更大的教育合力。除此之外,东师附小尤为强调空间环境的开放性,为此,学校甚至拆除了教室门,建立了开放式的教育建筑,将走廊空间与普通教室一体化、开放化。

第二,人本的精神文化。尊重儿童的教育精神、为儿童成长提供服务与

---

①[加]迈克尔·富兰.变革的力量——透视教育改革[M].中央教育科学研究所,加拿大多伦多国际学院组织,译.北京:教育科学出版社,2004:12-18.

②[美]弗莱蒙特·E.卡斯特,詹姆斯·E.罗森茨韦克.组织与管理——系统方法与权变方法[M].4版.北京:中国社会科学出版社,2000:764-770.

③李佳敏,范国睿.从复杂到简约:学校变革路径探索[J].教育发展研究,2009(22):14-18.

④[美]弗莱蒙特·E.卡斯特,詹姆斯·E.罗森茨韦克.组织与管理——系统方法与权变方法[M].4版.北京:中国社会科学出版社2000:182.

全面支持的专业精神是创新型学校的灵魂。文化是教师共同体所形成的一套重要的共识和稳定的价值观，它能够通过指导行为、赋予行为一定的意义对组织做出重大贡献。对学校来说，学校精神文化是学校文化最核心的部分[①]，包括学校长期发展而积累的教育理念、办学思想以及价值观等。学校的办学愿景，如儿童为本、为学生终身幸福奠基，是激发学校创新的精神力量，没有强烈的道德价值和教育情怀的追求学校改革的行为要么是错误的，要么是行之不远的。人本的精神文化还表现为共同体精神，即强调教师之间的合作与共享，强调教师团队的共同成长。可以说，共同体精神是将尊重儿童的教育情怀落实于行动的一个重要的中介性因素。简言之，推动创新型学校发展的核心精神为：尊重儿童的教育情怀，推崇教师合作的共同体精神，鼓励创新的自由探索精神。

第三，治理结构的变化。从媒体报道的案例来看，乡村学校的转型多有社会机构的介入，如淳安县富文乡中心小学被21世纪教育研究院托管，淳安县教育局下放自主设计办学路径权、自主安排工作时间权、自主分配办学资源权等，以迅速提升办学质量，补齐农村教育短板。学校五年内不参与县里联考，而选择制定更适合乡村学生"生活教育"的考核指标。[②]内部治理结构则更强调通过多元主体之间的合作与参与提高治理效率，满足多方利益诉求。学校人员的支持、参与是学校变革得以开展与成功的前提和保障，他们对变革的认识、态度和行为等直接影响学校变革能否开展及实施效果。[③]变革型校长、学习型教师是首要的要求，参与型家长是重要的辅助力量。各类主体力量之间的合作是学校教育创新取得成功的重点。

第四，保护教师能动性的弹性学校管理制度。制度是一种理性设计的行为规则体系，既包括规则和程序，也包括组织结构。其中，组织结构指组织内各组成要素及其结合方式的模式或互相联系的框架。[④]学校组织结构和制度

[①] [美]约翰·杜威.民主主义与教育[M].王承绪，译.北京：人民教育出版社，2001：217.

[②] 淳安有所"中国最美乡村学校"[EB/OL].(2018-10-15)[2023-10-16]. https://www.sohu.com/a/259684490_261796.

[③] [美]弗莱蒙特·E.卡斯特，詹姆斯·E.罗森茨韦克.组织与管理——系统方法与权变方法[M].4版.北京：中国社会科学出版社，2000：766.

[④] 王春花.学校组织结构变革的动因和思路[J].上海教育科研，2007(7)：62-63.

设计要民主化、扁平化，要让教师的教和学生的学成为学校的中心。资源分配要围绕这些活动进行，包括时空安排、教学组织、分班分组等制度设计都要以教的自由与学的自由为中心，保持弹性、灵活性，尊重差异性。在制度设计中，要保障教师教的自由，资源分配要向课堂教学和学生辅导倾斜，要支持教师改善教学的创新活动。制度必须成为解放人的能动性的工具，激发和放大人性中的善，而不是压制人的创新性与能动性的僵化而冰冷的外部命令。

第五，更新学生的学习方式和学习体验。任何学校变革最终都要落实到学生身上，体现为学习方式的优化和学习体验的更新。首先，通过课程重构更大程度地保障学生的学习自由，也就是说，越是变革资源丰富的学校，越应该给予学生足够的选课自由和学习自由，为学生的学习创造更有意义的体验。其次，让学习与真实世界发生联系，解决现实生活中的问题。正如教育变革专家沈祖芸所言，"要判断一所学校，是否称得上是创新学校，就看它的课程有没有变。如果课程结构没有改变，形式上再怎么'翻花样'，都只能是一种隔靴搔痒"[①]。她倡导课程体系的重构要依据孩子的认知和成长规律。小学顺应儿童经验的整合性，应以主题式和任务式学习贯穿始终，而不是分科教学；初中学生探索领域开始慢慢聚焦，这个阶段就开始按照学习领域来划分；高中应该以分科教学和跨学科学习为主。她同时指出，应按照学生的成长需要，重构学校学习空间、活动空间和生活空间，降低班级规模，让学习随时随地发生。课程体系和学校空间的重构，辅以教学方式的改革，可以推动学生学习方式和学习体验的转型，造就具有成长性思维的学生。他们具备心理韧性和积极态度，无惧挑战并拥抱变化，以发展的眼光看待自己与他人，相信智力以及其他能力都可以通过学习和努力得到提高，我们姑且称之为"成长型学生"。理想的状态是，孩子们从学校和社会汲取有益的能量，乐观而幸福地自由成长。

总而言之，创新型学校是顺应社会转型与教育转型的必然产物，它们代表着未来学校教育发展的趋势——兼具开放性与独立性的学校环境、较为人

---

① 沈祖芸.学校课程结构不变，翻再多花样也不叫创新[EB/OL].(2021-03-01)[2023-10-15]. https：//new.qq.com/rain/a/20220404A0136K00.

本的精神文化、多元主体参与的治理结构、保护教师能动性的弹性制度、与现实世界联系更紧密的真实学习体验五个方面协同变革的结果。或许上述五个因素并不会同时具备或在场，但正如萨乔万尼所坚信的那样，学校不同于一般的工业组织，学校在本质上是一种学习的共同体。[①]创新型学校便是努力把学校由组织转化成学习共同体或学习型组织，人们为了美好的东西而共同努力，这是学校顺利变革的关键。

[①] 冯大鸣，托马斯·萨乔万尼.再造学校领导——与美国三一大学萨乔万尼教授的对话[J].全球教育展望，2002，31(5)：3-5.

第八章

创新型小微学校研究

当前,教育改革进入攻坚期,人们期待学校教育能够满足学生的多元化和个性化需求,然而学校教育依然延续着工厂化时代标准化的粗放人才培养模式。于是,一种创新型小微学校悄然而生。一个复杂系统越是处于主流,发展得越是完善,就越难发生非连续性创新,因此创新往往发生在边缘、弱势、非主流的系统。创新型小微学校就是产生于教育系统边缘的比较另类的学校,其中一些甚至还未被正规教育系统认可。它既不同于以信息化为主要手段进行教育技术创新的未来学校,也不同于公立学校的改革,它是教育大地上生出的一株生机勃勃的幼苗,它的学校规模小,然而创新幅度大,试图对现有的学校教学模式进行颠覆性创新。"始生之物,其形必丑",虽然创新型小微学校的初步变革还很稚嫩,其美好的改革理想未必能实现,但其先行的探索尝试和富有特色的课程体系、其成功经验和失败教训,都将为我国基础教育变革提供借鉴。

一、创新型小微学校的内涵及发展背景

(一)创新型小微学校的内涵

创新型小微学校是立足于现实的社会环境和教育环境,在新的教育价值理念指导下,从教育目标、教育方法、教育内容等教育元素上进行创新并取得了一定教育效果的小规模学校。

创新型小微学校的首要特征是创新。创新不只是形式上新，如果理念不变，只是技术更新、校舍翻修、方法转换，就算不得创新。教育创新的核心是理念创新，在培养什么样的人以及怎样培养人方面观念独特。当然，创新型学校也不并意味着对传统教育全盘否定或者全面改造，在教育新理念下采用传统教育方式，"旧瓶装新酒"，亦可谓创新。

创新型小微学校的第二特征是学校规模小。美国教育学研究者福克斯等人发现，与经济领域类似，大规模学校增加的管理成本也会削弱规模经济，当班级学生数量超过20人时，学生在课堂上注意力不集中和低出勤率的现象便会频繁出现。蒙克发现，当学校规模达到400人以后，学校就不会从规模经济中获益。另一些研究表明小学生和初中生更倾向于从小规模学校中获益，而高中生则更多的从大规模学校中获益。小规模学校师生合作更为频繁，且师生对学校具有更加持久和强烈的归属感。[1]中国目前的创新型小微学校，班级人数一般不超过25人，每个年级大多只有一个班，学校总人数普遍在100人以下，部分学校在校学生不到50人；学生年龄层次以5~12岁学龄段为主，但也有一些学校包括初中和高中学段，为基础教育阶段的全日制学校。目前，几乎所有的创新型小微学校都是民办学校，但这种具有教育实验性质的民办学校与常见的民办学校办学方式迥异。在应试教育大环境下，很多民办教育在办学规模上，追求大而全以降低办学成本；在办学方式上，基本是与公办学校同质化的升学竞争，多样性和创新性乏善可陈。创新型小微学校却反其道而行之，不追求规模经营，也不采用同质化发展策略，而是另辟蹊径。

创新型小微学校试图打破"大而全"的办学模式、突破"小而弱"的办学弱势，追求"小而美好""小而独特"的办学愿景。因而，创新型小微学校的核心指标不仅是规模小，更重要的是通过教育理念创新和方法创新从应试教育中突围，实现学生个性化发展的价值理念。

（二）创新型小微学校的发展背景

创新型小微学校是在国内外教育改革的基础上产生的。

---

[1] 赵丹，曾新.学校规模扩大对"生均成本、教育质量"影响的复杂性——基于美国学者研究的文献综述[J].外国教育研究，2018(7)：56-69.

第一,应试教育向素质教育转轨的需要。"民主管理""走班选课制"是教育创新的常见词,这其中最著名的就是北京十一学校走班上课的教育模式。然而,诸多学校的改革犹如"戴着镣铐跳舞",在应试教育大背景下,实现个性化学习依旧艰难。因此,在体制之外,一些家长为了满足自己孩子的个性化发展需求,办起了创新型小微学校。创新型小微学校凭借其"小微"的特点,能够对教育需求做出迅速的反应;其超前的办学理念、灵活的办学机制,受到了许多家长的青睐,成为一股独特的办学力量。

第二,国际上关于教育创新的探索也在如火如荼地进行。英国夏山学校无疑是其中的先行者,其大胆的、基于学生自由的教育创新吸引着来自世界各地的学生。20世纪70年代,美国开始了支持小规模学校的尝试和探索,甚至开始了对大规模学校的拆分和改造。到2002—2003学年为止,8.7%的全美国公立学校在校学生就读于小型学校。21世纪,美国中小学校规模朝缩小的方向发展,并通过特许学校、磁石学校、校中校等鼓励教育创新的项目来促进学校变革。[1]在家教育(home schooling)兴起,这也可以被视为最小的创新型小微学校。查尔斯 M.赖格卢特和詹妮弗 R.卡诺普出版的《重塑学校——吹响破冰的号角》基于信息时代和其他变化提出全面创建新型学校的主张,认为教育要满足全体学生的需要,并通过项目学习、合作学习、教学支撑等教学手段,实现"生本中心"[2]教学理念。

二、创新型小微学校的特点

当前,我国创新型小微学校主要集中于两类地区:一是发达地区,如北京、深圳等地;二是教育创新活跃地区,如成都、大理等地。在主流社会的视野之外,创新型小微学校如雨后春笋般自发生长,较为典型的学校有一土学校(北京)、悦谷学习社区(佛山)、华德福学校(成都)、先锋学校(成

---

[1] 付卫东,董世华.当前美国支持小规模学校的重要举措及对我国的启示[J].外国中小学教育,2011(7):40-43.

[2] [美]查尔斯 M.赖格卢特,詹妮弗 R.卡诺普.重塑学校——吹响破冰的号角[M].方向,译.福州:福建教育出版社,2015:前言.

都）等。这些学校的前身很多是家长为自己孩子创办的家庭学校，其共性特征是试图超越应试教育主导下的传统学校。这些学校各有特点，整合起来可以拼接出创新型小微学校的整体特点。

（一）教育理念关注个性化发展

创新型小微学校的变革，从根本上说，是基于"以人为本"的教育理念的变革。当前学校教育强调学校本位、知识本位和管理本位——学生要适应学校，而非学校去适应学生；一切学校活动都服务于知识传授；通过空间分割、单位定位、时间分配、层级检查等技术对于学生行为进行规范化训练，学生的个体发展和个体需求居于次位。这种教育无疑使得学生学习体验不佳，并且造成人才培养的巨大浪费——用一把尺子去衡量所有学生的发展，罔顾学生多方面的发展潜力。

"以人为本"教育理念的升阶，经历了三种状态：第一种状态是知识本位，追求分数和升学率；第二种状态是能力本位，追求成功和卓越；第三种状态是个人本位，追求创造力和幸福，是教育的最高理想。[①]创新型小微学校主要以第三种状态为价值追求，它不仅关注学生的能力培养，更关注学生的存在体验和成长需要，尤其关注学生的创造力培养、幸福体验。例如，悦谷学习社区以"学生自由、自主、自觉"为办学理念，华德福学校强调"个人精神的自由与独立"。这些学校的共同特点是试图超越现实功利的计算，让教育回归更根本的育人功能——促进个人的内心完整、精神丰盈和人生幸福。在这些学校里，每个个体都很重要，教育过程被视为个体寻找自我、实现自我的过程，学校通过时间和空间赋予学生自主性，营造自由宽松的环境，促进学生个性化发展。

（二）课程设置面向真实世界的问题

课程设置涉及"学什么"的问题。19世纪，英国教育家斯宾塞曾提出一

---

① 杨东平：创新教育学校的未来与前景[EB/OL].（2019-08-09）[2022-12-12].https：//mp.weixin.qq.com/s/4wK9qAtq3jpkOp3btPUiuw.

个著名命题——"什么知识最有价值",这掀起了教育界关于课程问题的讨论。他本人立足于"有利于人的完满生活"的目标,最终提出"科学知识最有价值",进而形成了在相当长的时期内"科技理性一统天下"的局面。可见,课程问题表现为知识问题,实质是价值问题,取决于"要培养什么样的人"。基于个性化教育理念,创新型小微学校的课程设置不追求系统性、学科性和基础性,从而更体现了个性化、生活化和跨学科的特点。

创新型小微学校的课程尝试围绕学生生活经验的统一性和完整性来建构课程,多运用综合课程、跨学科课程和活动课程来打破分科课程壁垒。华德福学校没有教科书,课程围绕自然、社会、艺术展开,学生要学习建筑、金工和木工;雁山学堂则强调在自然世界中学习,例如草木间的晨读、山中徒步、草木染布,都是学堂内的生活日常。创新型小微学校围绕学生的真实生活重建课程,知识与生活、社会实践的联系日益密切;学校课程的提供者,不仅是学校和教师,也包括家长、社区、社会企事业机构。

创新型小微学校也在课程的多样化和选择性方面做出了一定的尝试。悦谷学习社区由师生共同制定课表,为学生量身定制个性化课程,课程内容来源于学生的兴趣和现实生活。每个学生都有一张课程表,课程表每学期都不一样。

(三)学校组织管理扁平化

"以人为本"的教育理念必然意味着学校组织管理模式的变革。传统的学校通常采用科层式管理模式,形成"校长—中层领导—教师"三级管理制度,体现为领导与被领导的关系,行政权威在某种程度上压制了教师的发展活力。在"唯管理"理念盛行的背景下,师生关系也表现出权力的不对等,教师以身份权威形成对学生的压制,形成"教师讲—学生听"的教学关系,不利于学生个性化发展以及创造力的培养。学校管理是对学校教育精神内涵的展示,正如克里夫·贝克所说的,"学校的组织和气氛必须被看作完整的价值教育计划的一个重要因素。一所学校,如果不能实践它在价值方面所教的内容,它就什么也没教"[1]。教育管理如果失去了其教育精神,学校教育就是失败的。

---

[1] Beck C M. Chapter Ⅷ: The reflective approach to values education[J]. Teachers College Record, 1981, 82(5): 185-212.

学校管理的教育价值体现在其既能激发教师的活力，又能促进学生的发展。新型学校变革采取扁平化组织管理架构和分布式领导方式，淡化了管理的色彩，着力营造家庭般的文化氛围，以促进个体发展为最终归宿。华德福学校刻意淡化身份意识，校长的称呼是不存在的，所有的教职人员无论其职位如何，都只被称为"老师"；学校所有教龄在三年以上的教师组成"自治会"，教什么、怎么教都由教师自己决定，教师具有极强的教学自由和学术自由。[①]先锋学校建立学生委员会，学生拥有自主权，通过民主的形式，对公共事务的决断进行辩论和讨论，例如学校的空间规划、课程设置、纪律规范都是由学生民主决议形成的。明悦教育由学生自己制定学习公约，每个班也有自己的班规，张贴在班级外墙上，并针对不同课程制定不同的班规。学生在管理自治活动中体会到自由与纪律的张力，探索如何既使自己获得最大限度的自由又不妨碍他人的自由，在这一过程中培养批判精神和民主素养。总的来说，创新型小微学校管理注重分权和赋权，推崇自我管理、自我教育，凸显管理的教育性。

（四）教学组织打破固定班级模式

大班额一直是制约我国课堂教学改革的瓶颈。创新型小微学校的特征之一就是"小微"，具有因材施教的天然优势，其教学组织形式主要有三种，即小班教学、走班教学以及混龄教学。

小班教学是指班级人数不超过25人，按年级进行分层教学。这种教学方式在有固定教学班的创新型小微学校中较为常见，例如华德福学校、明悦教育等。全校范围内也有一些混龄课程，例如体育课、合唱课、户外学习等。

走班教学是指学生根据自身需要和学校实际情况，选择某种教学内容，在不同类型的教学空间内流动学习。在创新型小微学校中，走班教学通常与个别教学、混龄教学结合在一起。以悦谷学习社区和先锋学校为例，它们的整个学校为一个教学单位，学校根据学生需要开设课程，有相同课程学习需

---

① 程红艳.为了公平与质量——基础教育学校变革探究[M].济南：山东人民出版社，2015：86.

要的学生一起学习，否则进行个别教学。

混龄教学是创新型小微学校普遍采用的一种教学组织形式，它突破年龄限制，使用能够让每一位学生获取最丰富的学习体验的方式来组织学生（如根据学生学习自主性、能力、兴趣等组队），是差异化教学的新样态。[1]固定班级被取消后，与之相伴的班主任制被导师制取代，导师与学生之间是一种个别指导的关系，指导范围涉及学生的学习、生活以及生涯规划等多方面内容，师生关系更具平等性和尊重性。

（五）学习方式突出"做中学"

创新型小微学校普遍反对传统学校中比较狭隘的知识传输方式，认为学习不只是看书、做题和考试，而是如日本教育学家佐藤学所提出的，学习是关系重建和意义重建的实践活动。"学习的活动是建构客观世界意义的活动，是探索与塑造自我的活动，是编织自己与他人关系的活动。"[2]创新型小微学校致力于丰富学习的内涵，优化学生的学习方式和学习体验。其中，主要的做法便是强调"做中学"，即杜威所说的"主动的工作"和直接经验的获得。"做中学"主要包括三种形式。

一是将实践课程纳入学校课程体系。例如，悦谷学习社区、明悦教育设置了耕种、烹饪等实践课程。二是在学科教学中调动学生的身体活动。例如，华德福学校注重学生的学习过程中带有节奏性和艺术性的全身活动，舍弃单一的智性知识的教学方式，将富有创造性的艺术、手工、肢体律动及音乐与平衡厚实的语文、数学、自然和社会课程密切结合，滋养整个孩子——头脑、心性与四肢的均衡发展。[3]三是在解决问题的探究过程中进行学习，例如采用项目式学习、探究式学习。教师通过驱动性问题组织、引导、展开教学活动，学生在这些活动中相互合作、运用新的学习技术参与探究，以解决问题，开

---

[1] 祝智庭，管珏琪，丁振月. 未来学校已来：国际基础教育创新变革透视[J]. 中国教育学刊，2018(9)：57-67.

[2] [日]佐藤学. 学习的快乐——走向对话[M]. 钟启泉，译. 北京：教育科学出版社，2004：38.

[3] 成都华德福学校：义务教育[EB/OL].[2022-12-12].http://www.waldorfchina.org.cn/col.jsp?id=125#anchor=row_497&fromColId=146.

发和呈现表征问题解决的成果。项目式学习因其问题导向、真实情境、学生探究的特点受到许多创新型小微学校的青睐。

"做中学"的学习方式决定了其学习空间的灵活多样,学校不再是学生学习的唯一途径和场所,学生学习的空间不断拓展。随着课程的变化,学生既可以在教室学习,也可以在社区、科技馆、企业进行考察,甚至可以去不同的城市进行跨学科的研究性学习。比如,明悦教育每周都会外出学习,去野外、去博物馆、去美术馆……所去地点和当周的学习主题相呼应;再如,雁山学堂每年都会有一个月左右的游学时间,孩子们通过口、耳、眼、鼻、身,通过自己的所见、所闻、所感来学习当地人文和自然知识。

(六)教育技术并非推动学校变革的必要因素

"互联网+教育"的出现,孕育着一种全新的教育形态。信息技术被日益广泛地运用于在线学习、家校合作和课程资源分享。信息技术可以更好地监控学生的即时学习状况,生成个性化成长报告,进行可视化数据分析,加强家校沟通,提高教育效率。

但是技术要走向与教育的深度融合,而不仅仅是技术的简单应用。技术只是教育变革中的"沧海一粟",更多的是作为一种替代策略应用于教学,还不足以支撑整个教育系统变革的发生。"互联网+教育"中关键的是"人",而不是"网"。教育技术推动学校变革主要在于其改变了学生的学习方式,增强了学习者之间的人际互动和知识多向传输。如果舍此,教育技术便可能为更加精致的应试教育服务。华德福学校代表了教育变革的另一种样态,其以鲁道夫·史代纳的人智学为基础,极为重视个人精神的自由和独立。学校不鼓励学生看电视,也不提倡教师使用多媒体教学手段,某种程度上就是防止现代信息技术所携带的泛滥信息对人精神的自由发展造成干扰,使人保持精神宁静和专注。①这表明技术并非学校变革的首要条件,互联网解决的是知识传授的问题,人和人的交流、情感和情感的沟通、生命和生命的对话才是教育的本质,切不可本末倒置,用技术代替了人的作用。

---

①程红艳.为了公平与质量——基础教育学校变革探究[M].济南:山东人民出版社,2015:84.

笔者从教育理念、课程设置、教学组织、学习方式、技术因素等方面归纳了创新型小微学校的特征（见表8-1）。

表8-1 创新型小微学校的特征

新型学校	教育理念	课程设置	教学组织	学习方式	技术因素
华德福学校(成都)	个人精神自由与独立	自然、社会、艺术	分年级、小班制	综合课程、主题式教学	不鼓励使用信息技术
明悦教育（北京）	以中国文化哲学为核心，与多元现实世界接轨	运动健康发展系列、生活事件课程系列	班级授课、混龄教学	综合课程、主题式教学	信息技术的作用不突出
雁山学堂（温州）	向孩子、向内心、向大自然学习	基础知识、传统文化	混龄教学	学科教学、个性学习、游学	增加学习机会、优质资源共享
悦谷学习社区（佛山）	学生自由、自主、自觉	基础课程、生活课程、户外课程	为学生定制课程、混龄教学	个性化教学、项目式学习	个性化服务、远程、移动学习
一土学校（北京）	全人培养个性化学习	符合国家教学大纲、兼顾个性化发展	分年级、小班制	个性化教学、项目式学习、游学	个性化服务、家校互通
先锋学校（成都）	学会做人、学会思考、学会学习	根据学生兴趣设置课程	选课制、混龄教学	提问式学习、项目式学习	个性化服务

三、创新型小微学校的价值反思

传统学校采用标准的教育流程批量化生产人才，满足了机器大生产的人力资源需求。当前，社会增长动力正加速从要素驱动转向创新驱动，这从根本上决定了未来学校将从"批量生产"模式走向"私人订制"模式。[1]创新型小微学校呼应了这一时代的要求，作为新生的教育模式，其既有独特的内在价值，也有一定的局限性。

---

[1] 曹培杰.未来学校变革：国际经验与案例研究[J].电化教育研究，2018(11)：114-119.

（一）有利于满足学生多元化教育需求

创新型小微学校的出现，是我国社会经济和多元文化发展的产物。人们对教育的需求也日益多元，催生了这类新型学校的出现。创新型小微学校使得不适应常规流水线式标准化教学的学生觅到容身之地。以先锋学校为例，学生形容自己来到先锋学校的行为是从公立学校"出逃"。这里既有公立学校所谓的"问题生"，也有"学优生"。"问题生"在公立学校里通常是被边缘化的个体，但是在先锋学校里却品尝到学习的快乐，并最终找到适合自己的学习步调，找到自己愿意为之奋斗的人生目标；"学优生"虽然在公立学校中被优待，但是在周而复始的学习中依旧迷茫，因此也来到先锋学校，试图寻找属于自己的人生。①

无论"问题生"还是"学优生"，都是人为贴上的标签，以分数为唯一评价标准，将学生分成了三六九等。所谓的"问题生""偏科生"，在普通公立学校里很难获得成功的机会。然而，标签下的每一个人都是独具特色的个体，"每一个学习者的确是一个非常具体的人。……他有他自己的个性，这种个性随着年龄的增大而越来越被一个由许多因素组成的复合体决定。这个复合体是由生物的、生理的、地理的、社会的、经济的、文化的因素所组成的"②。创新型小微学校所做的就是关注并尊重每一位学生的发展需要，通过多样化的选修课程、民主化的管理方式，让学生在不断参与的过程中，发掘其内在动力，唤醒其自我意识，找到属于自己的人生步调。从现实来看，有近九成的家长和孩子对创新型小微学校是满意的。③可见，创新型小微学校为不同学生的成长提供了更多的教育选择，有利于满足学生日益多元化的教育需求。

（二）有利于促进教育多元化发展

当前，继续发展民办教育主要是为了满足公众多样化的教育需求，增强

---

① 成都先锋学校：几只气球的出走[EB/OL]．（2015-06-25）[2019-12-12].https：//chuansongme.com/n/1482739.

② 联合国教科文组织国际教育发展委员会.学会生存——教育世界的今天与明天[M].华东师范大学比较教育研究所，译.北京：教育科学出版社，1996：196.

③ 教育蓝皮书："小微学校"符合九成家长期待[EB/OL].(2018-04-25)[2019-12-12].https：//www.jiemodui.com/N/93960.html.

教育供给的丰富性和可选择性。此时，作为面向学生个性化发展的创新型小微学校的教育形式尤为可贵。不同于传统意义上的民办教育，创新型小微学校并不追求盈利，而更加坚持教育的理想性。同时，它在教育体制外生长，避免了行政体制的束缚和科层化，在办学模式上具有更大的教育创新空间。它是面向未来教育的尝试，是从教育理念、教育内容、教育方式等层面进行的系统变革，向着实现个性化发展的教育理念而努力，无疑有利于促进教育多元化发展。

（三）暂时不具备可推广性

创新型小微学校的发展面临的较为突出的一个问题是办学资质不被许可。目前只有不到半数的创新型小微学校获得了办学资质，多数游走于教育培训机构与学校之间，一些学校甚至面临"非法办学"的指责。很多创新型小微学校在办学规模和办学条件上达不到国家办学标准，在教学内容的选择上与国家课程标准不同，无法取得办学许可，学生无法取得学籍。从目前来看，在毕业生流向上，创新型小微学校创建时间普遍较短，毕业生数量很少，大多毕业生会选择申请出国深造，少数毕业生选择参加国内高考。另外，当前很多创新型小微学校还处于摸索阶段，办学模式尚未成熟。创新型小微学校由于办学的理想性和超前性，在办学过程中也可能会出现低谷、失败或反复，理想不得不向现实妥协，或者想坚持理想却难以为继；教师流动性较强，学校缺乏专业的师资力量来践行自身的教育理念。再者，相较于普通公立学校，创新型小微学校无公共教育经费投入，由于生均成本高、收费较高，目前尚属"教育奢侈品"，经济基础薄弱的家庭被直接挡在了创新型教育门外。在国家政策还不甚明朗的情况下，创新型小微学校的发展存在一定的风险性和较大的不确定性。

虽然创新型小微学校暂时不具备可推广性，但并不意味着这种教育形式只是昙花一现。一个新事物的生命力不在于它产生之初的状态，而在于是否符合时代的发展趋势，创新型小微学校亦然。从其促进个体发展的内在价值而言，创新型小微学校符合未来教育的发展方向，并且，教育多元化发展也是实现教育公平的必由之路。我国台湾地区的全人中学同样经历了艰难的办学历程，但最终成为台湾全人教育理念实施的典范，广受赞誉。我国创新型小微学校的发展，如果能探索出独特的教育模式，其创新经验也必然会惠及所有学校，并可能引发教育创新的连锁反应，有利于促进教育系统变革。

四、对创新型小微学校发展的建议

未来教育的竞争不是民办学校与公办学校的竞争，而是创新学校与传统学校的竞争。①创新型小微学校代表着未来学校的一种可能样态，然而其在当前教育实践中面临重重困难。教育制度和政策设计应扶植创新型小微学校的发展，同时创新型小微学校也要寻求发展的内生动力。

（一）促进创新型小微学校发展合法化

首先，对于这类创新型小微学校的发展，国家要给予法律上的认可，赋予其合法性。我国2016年修订的《民办教育促进法》目的就在于整顿培训市场，这在强化国家意志的同时，也限制了社会教育力量的自主性。应该看到，民办教育的范围是很大的，既有为城市中产阶层服务的国际学校、"贵族学校"，也有农村地区以农民工子女为对象的寄宿制民办学校，还有创新型小微学校。对于不同类型的学校应分类管理。2014年11月，我国台湾地区一次性通过"实验教育三大条例"，即《学校型态实验教育实施条例》《高级中等以下教育阶段非学校型态实验教育实施条例》以及《公立国民小学及国民中学委托私人办理条例》。立法的总则是鼓励教育实验与创新，以保障人民学习及受教育的权利，增加人民选择教育方式与内容的机会，促进教育多元化发展。在此基础上，教育被分为"个人实验教育""团体实验教育""机构实验教育"。这使台湾体制外教育实验如森林小学、全人中学等得以正名和合法化，为台湾地区实验教育的发展打开了一扇新的大门。②当前权宜之计为对于办学成效好、口碑好的创新型小微学校，弱化对其办学规模和办学条件的硬性

---

①杨东平.鼓励有抱负的老师创办小微学校[J].中国农村教育，2016(3)：12.
②蔡晨雨.台湾另类学校教育之研究——以台湾全人中学为例[J].教育科学论坛，2017(13)：34-38.

要求，给予其办学资质和更大程度的自由发展空间。从长远来看，我国立法应将创新型小微学校纳入办学体系，以"能否促进教育多元化发展、促进学生个性化发展"为审视原则，鼓励民办教育和公立学校共同开展创新实验，给予其创新经费资助，并对其办学效果进行督导。

（二）给予创新型小微学校发展专业支撑

第一，创新型教师支持。教育的创新实践还需要一批勇于变革的创新型教师。教育改革专家富兰指出，教育改革遵循25/75原则，即解决方案的25%是好的指导性理念，而75%的工作却是找到方法践行新理念。[①]创新型教师要打破应试教育的教育惯习和路径依赖，拥有找到合适的方法来实现未来教育理想价值的教育智慧。这一转变显然非常困难。创新型教师不仅需要教育勇气和教育智慧，还需要更强的觉察学生个体发展需要的洞察力以及开展跨学科教学的知识基础。

第二，加快教育系统的整体变革。归根结底，创新型小微学校的出现是整个教育改革浪潮中的一朵浪花，它的前景取决于整个教育系统改革的力度和步伐。创新型小微学校的可持续性发展还要依托于整个教育系统的变革，如果教育改革停滞不前，创新型小微学校的发展源泉也会逐渐干涸。通过进一步解放教育和赋权教师，把更多办学空间释放给社会，创新型学校的发展才会有源头活水。

（三）寻求创新型小微学校发展的内生动力

我国创新型小微学校的发展是在多元教育需求的呼唤下产生的。创新型小微学校发展的动力来自教育技术革新、教育专业人士自发的教育革新及社会力量兴起三者的有机连接、共同努力。教育技术革新能更好地实现个性化教育理念，如"无处不在的学习""一人一张课程表"等新的教育形态；专业人士和社会力量的组合也使教育改革能够更好地顺应社会发展的需求，获得更大的社会支持。创新型小微学校的可持续发展需要三者之间持续交流、分

---

① [加]迈克尔·富兰.教育变革新意义[M].3版.北京：教育科学出版社，2005：291.

享经验，将观念、技术、资源有机联系起来。

当然，创新型小微学校的发展并不意味着对我国现代教育彻底背离，对传统教育完全否定。未来源于现在，更根植于传统，创新型小微学校发展的内生动力还需要回归教育传统，回归教育的本质。E.希尔斯认为现在和未来"总处在过去的掌心之中"，"传统是围绕人类的不同活动领域而形成的代代相传的行事方式，是一种对社会行为具有规范作用和道德感召力的文化力量，同时也是人类在历史长河中的创造性想象的沉淀"[①]。人具有文化性和独特性，未来教育的发展不应舍弃我国的文化根基，也离不开我国文化的滋养，"切不可用所谓的未来性遮蔽民族性，切断传统的根脉"[②]。从现在到未来是一个生长演变的过程，在当下的教育创新实践中孕育着未来的种子。教育中的创新不是推倒重来式的大破大立，而往往是由量变引起质变的渐进性改革；不是鄙弃传统，与传统一刀两断，而是在某个时间段对于传统的创造性回归。

归根结底，人的价值才是学校教育的核心价值，是过去、现在乃至未来学校发展的共有特质；创新型小微学校所做的正是回归育人的常识。尽管它的发展尚不成熟，也不可避免地面临理想与现实的摩擦，但它的尝试仍是可贵的。

---

① E.希尔斯.论传统[M].傅铿，吕乐，译.上海：上海人民出版社，1991：译序.
② 成尚荣.未来学校的哲学追问[N].中国教育报，2017-10-18(9).

第九章

"U-S"式学校变革模式研究

在当今社会急剧转型时期,很多大学的教育研究者参与中小学校变革,和中小学教师共同推动学校变革,这种"大学与中小学结成伙伴进行合作,致力于解决中小学教师专业发展或学校改进中存在的问题"[1]的学校变革方式即"University-School"式学校变革(以下简称"U-S"式学校变革)。成功的"U-S"式学校变革必然是深度、可持续、有效、双向的变革。所谓深度,指"U-S"式学校变革必须超越形式主义和表面主义,使得大学教育科学研究与基础教育实践发生根本性的变化,即"走得深";所谓可持续,指"U-S"式学校变革不是追赶潮流、短暂易逝的,而是能周期性地推进,即"走得远";所谓有效,指"U-S"式学校变革最终能够改变学校师生的生存状态,提升学生的学习质量,解决各个学校自身发展中的问题,即"走得准";所谓双向,指"U-S"式学校变革使合作双方都能获得收益和成长,建立起合作、信任、共生的关系,即"走得好"。

一、"U-S"式学校变革的意义与价值

在当代,我国比较有代表性的"U-S"式学校变革包括:20世纪90年代北京师范大学教育系与河南安阳市人民大道小学、华中师范大学教育系与湖北省荆门市东宝区象山小学等开展的主体性发展实验,华东师范大学教育学

---

[1] 杨颖东.大学与中小学伙伴合作现象的文化学解释[J].教育发展研究,2012(15):90-95.

系叶澜教授主持的"新基础教育"研究,以及2002年首都师范大学教育科学研究院与北京、石家庄等地中小学合作设立的"教师发展学校"等。①

(一)"U-S"式学校变革对于中小学发展的意义和价值

中小学教育实践者因为长期沉浸于琐碎、变化、及时性的实践情境和结构,缺乏对实践的整体把握、理解和设计,经常会产生"做了很多,但想得没这么深,做得也不完全在点子上"②之类的困顿、无助和孤独感。他们非常需要理论文化的介入与互动,以使自己的经验和境界产生质的飞跃。"U-S"式学校变革这种伙伴合作模式对于中小学校发展有着重要的意义和价值,具体表现为:在教师方面,"U-S"式学校变革能"帮助教师提升专业知识、专业技能,……建立专业学习网络,……使教师在感情方面得到支持",从而"建构起相互信任、相互支持、相互鼓励的社群文化";在学校领导方面,"为学校培育教师领导内变革的能动者",最终推动学校范围内的改进;在学校发展目标方面,"帮助学校将发展目标聚焦于学生的需要和学业成就",同时"帮助学校人员通过合作进行发展计划的制定";在学校组织方面,"可以为学校带来资源,……使学校的教学文化改变",从而使得"教师对待变革不再持有保守的态度"。③

(二)"U-S"式学校变革对于大学研究者的意义和价值

"U-S"式学校变革使得参与合作的大学研究者对自己的角色和高等教育的作用进行更深入的反思。叶澜教授认为,10余年的"U-S"式学校变革使得她"对学校生活实际、师生的生存状态、学校实践的可改变性以及转型时期学校的动荡与变化等一系列方面,有了在书斋里阅读无论如何都不可能获得的深切感受和思索。……真切地感受到儿童发展的巨大潜力,……真切地

---

① 杨小微.转型与改革——中小学改革与发展的方法论[M].武汉:湖北教育出版社,2004:144-150.
② 吴国丽.十年跨越人生路[M]//叶澜,李政涛,等."新基础教育"研究史.北京:教育科学出版社,2010:418.
③ 梁歆,黄显华.学校改进:理论和实证研究[M].上海:华东师范大学出版社,2010:259-265,275-278.

感受到理论的力量，它在变革实践中的不可或缺性"①。此外，"U-S"式学校变革也能促进大学人员的专业发展，使得大学人员的专业研究更贴近教育实践，在知识创造的过程中把自己的研究变为教师易于理解的，并且与其教学实践相关的文章，不断创造出关于学校改进、学校变革的知识以更好地服务于中小学，促使大学人员对自己的教学实践进行变革等。②

"U-S"式学校变革对大学研究者最具灵魂性的影响是唤醒并促使其实践自身的存在价值。在现代社会中，"知识愈来愈专业化，知识可以转化为权力甚至金钱。知识分子变成了专业人士，他们个人的收益可能相当可观，但是他们往往失去了独立的立场，为政权、为企业服务，而不是为了社会"③。进而言之，大学中的教育研究和教育研究者很难避免被僵化体制、经济利益、权力欲望、精致的利己主义思维方式等限制和奴役。在这样的背景下，真诚、富有深度和情怀的"U-S"式学校变革正是大学知识分子在当今功利化、浮躁化的世界里对社会和自我的救赎。

二、阻碍"U-S"式学校变革成功的因素

虽然"U-S"式学校变革有其独特的意义与价值，但在实践中不尽如人意。"总体来看，我国U-S合作的状况十分参差不齐。只有为数甚少的合作达到了一定深度，实现了教育理论与教育实践的交互创生、大学与中小学的共同发展；相当数量的合作虽然历经多年，也有一定成效，但并未使大学教育科学研究与基础教育实践发生具有根本意义的变化；还有更多的合作则始终滞留于表面文章，热衷于形式包装。"④在更多情况下，参与"U-S"式学校变革的大学研究者很容易面临挫折或失败。牛瑞雪在对一项搁浅了的大学与

---

① 叶澜，李政涛，等."新基础教育"研究史[M].北京：教育科学出版社，2010：147-152.
② 梁歆，黄显华.学校改进：理论和实证研究[M].上海：华东师范大学出版社，2010：259-265，275-278.
③ 许倬云.知识分子：历史与未来——许倬云讲演录[M].桂林：广西师范大学出版社，2011：(简体版自序)2.
④ 吴康宁.从利益联合到文化融合：走向大学与中小学的深度合作[J].南京师大学报(社会科学版)，2010(3)：5-11.

中小学合作的行动进行深入研究后发现,"默然的教师群体""学校支持的消退""研究者的尴尬身份"等都是合作搁浅的重要原因。[1]杨朝晖通过对参与"U-S"式学校变革的6位大学教师的深度质性研究后发现,最大的难题是来自"大学教师自身的挑战"和"对自我角色的认同危机",具体表现为"挫败感挥之不去""不安全感隐含其中"等。[2]笔者自2010年起以"教师工作坊"的方式深入中小学开展"U-S"式学校变革的实践与研究,虽然取得了一定的成效,但经常会产生挫折感、困惑感甚至绝望感,几难坚持。那么,变革何以如此困难?阻碍"U-S"式学校变革成功的因素又有哪些?

(一)变革意识和资源准备不足带来的合作隐患

变革是一个充满不确定性的长期过程,如果没有充分的准备,变革就很难取得成功。

第一,在变革意识方面准备不足。"U-S"式学校变革需要的变革意识至少包含四个要素:一是对自身发展的不足有较清醒的批判意识;二是对理想的教育变革有较清晰的愿景意识;三是具备强烈的改变现状的意识倾向;四是做好了长期扎根实践,以推动产生于理论与实践互动基础之上的学校变革的心理准备。

对于中小学校而言,其变革意识不足主要表现为习惯于自身封闭保守的组织性格,缺乏进行变革的强烈意愿和勇气。正如保尔·朗格朗在《终身教育引论》中所言,"在维持和保证社会运转的机构当中,最难以改变的当属学校"[3]。这是因为"学校组织机动化比较慢,对外部环境的主动适应性比较差,惯性力量容易使学校速度变慢,这种惯性力量会成为学校变革的阻力"[4]。英国教育学者路易丝·斯托尔依据"学校运营的有效还是无效"及

---

[1] 牛瑞雪.行动研究为什么搁浅了——大学与中小学合作研究的困境与出路[J].课程·教材·教法,2006(2):69-75.

[2] 杨朝晖.大学教师介入中小学实践的角色调适研究[M].重庆:重庆大学出版社,2013:9-10,135-158.

[3] 保尔·朗格朗.终身教育引论[M].周南照,陈树清,译.北京:中国对外翻译出版公司,联合国教科文组织出版办公室,1985:123.

[4] 徐高虹.学校变革的内部阻力与克服[J].教育发展研究,2008(Z1):81-83.

"学校发展势头是改良还是下降"两个维度将学校分为五种类型,即前进学校(有效-改良状态)、巡航学校(有效-下降状态)、徘徊学校(较模糊状态)、挣扎学校(无效-改良状态)、沉没学校(无效-下沉状态)。[①]在五种学校中,具有良好的改良意愿并愿意尝试的学校是前进学校与挣扎学校,挣扎学校虽然当前状况糟糕,但是教师们意识到必须改变,也愿意改变;徘徊学校、沉没学校则不愿意发生变化,前者教学质量不是特别好也不是特别差,对现状心满意足,后者则破罐破摔,并将学生的学业失败原因归结为生源糟糕、家长素质太差等。对于大学和大学的教育研究者而言,其变革意识不足则主要表现为:更多地停留在理论批判和愿景号召之上,缺乏强烈介入现实、改变现状的意识;对变革过程想得过于简单,对其复杂性和艰巨性缺乏足够的估计;没有做好长期扎根实践和甘心吃苦的意志准备等。

第二,在变革资源方面准备不足。变革资源包括经费、政策、制度、奖惩权、合法性权威、文化积淀、硬件设备、学习机会、可支配的时间和空间、关系网络等。"U-S"式学校变革本质上是一种变革过程,而只要是变革就一定会面临种种拒绝改变的强大阻力。这种阻力可能来自变革相关者某种根深蒂固的防护性心态,也可能来自"体制化生存"的顽固困境,因此变革者必须动用足够强大的资源促成变化的发生。相对于自上而下、倚重强行政力量的学校变革而言,"U-S"式学校变革显得行政权威尤其薄弱,可利用的资源比较有限。不但如此,这些有限的变革资源在很多情况下还以自发式、随机性、零散化的状态存在于学校变革的过程之中,缺乏整合式的资源集聚效应。如果"U-S"式学校变革的双方意识不到这样的资源环境,不能周密地预计变革所需资源的数量、品质和类型,无法激活各种可能的潜在变革资源,就会使得"U-S"式学校变革在资源上准备不足,从而为后续的变革过程埋下隐患。

(二) 变革过程中的"盲点效应"造成的变革系统内耗

在"U-S"式学校变革的过程中,包括政府机构、教育行政当局、社会力量、大学的教育研究者、中小学校长及管理者、教师、学生、家长等在内

[①] 路易丝·斯托尔,迪安·芬克.未来的学校——变革的目标与路径[M].柳国辉,译.北京:北京大学出版社,2010:97,216,166-167.

的变革相关者都处于变革中的不同"位点",每一个人只"能够清楚地看到连续体终端的自己是处于什么状态,但是却不能认识到连续体中其他成员做了哪些工作"①,也不能真切地体会到变革对于其他成员的真实意义,从而使得各变革相关者视野狭窄单一、思维容易走进误区、彼此容易产生误解,这就是"U-S"式学校变革中的"盲点效应"。

从系统方法论的视角看来,教育系统在运行过程中至少存在"拆台""内耗""涌现"三种状态。②其中,"拆台"是系统内耗的极端恶化状态,"涌现"则是系统功能运行的理想状态,二者存在的可能性都较小,现实的教育系统中大量存在的情况是各种原因引起的"内耗"。如果把"U-S"式学校变革视为一个系统,那么变革过程中的"盲点效应"恰恰强化了所谓的"局内人"与"局外人"的对峙,导致变革系统出现极大的"内耗",从而使"U-S"式学校变革的整体效能大大降低。例如,教育实践工作者近乎天然地认为教育理论研究者不了解现实,喜欢宏大空洞的话语和理念,回避真实的问题解决;处于变革中的连续体另一端的教育理论研究者则近乎天然地认为教育实践工作者没有思想,缺乏深度,过于实际和功利以及需要指导、改造和解放等。再如,中小学一线教师倾向于认为,学校管理者的工作非常容易,他们的工作就是给教师下命令,他们的改革也经常是心血来潮——今天这样改一下,明天那样改一下;学校管理者则认为,自己所进行的变革非常重要,同时也非常艰难,却常常得不到教师们的真心支持和贯彻落实。

(三)变革双方内在文化冲突带来的变革主体隔阂

由于各自所处场域与惯习的不同,"大学中的教育研究者与中小学的教育实践者形成了两套迥然不同的关照教育的基本'技术',即'想'教育的方式和'做'教育的方式"③,导致大学与中小学之间出现了内在文化差异。这种

---

① 吉纳·E.霍尔,雪莱·M.霍德.实施变革:模式、原则与困境[M].吴晓玲,译.杭州:浙江教育出版社,2004:14.
② 蒋士会,郭少东.基于复杂性科学的课程研究[C]//第七次全国课程学术年会研讨会论文集,2010:952.
③ 杨颖东.大学与中小学伙伴合作现象的文化学解释[J].教育发展研究,2012(15-16):90-95.

差异在变革过程中经过环境因素的发酵，会造成双方在思维习惯、行为方式、话语方式、价值取向、评价标准等方面的不同，从而引发"U-S"式学校变革双方的内在文化冲突。

"U-S"式学校变革双方的内在文化冲突突出表现在彼此对变革需要的误判上。一方面，大学研究者未能充分理解和满足中小学教育实践者的真实需求，只是把"U-S"式学校变革定位于帮助中小学校获得课题资助、提升学校名气、帮助中小学教育实践者发表论文、提高获奖率等各种外在的效果或利益上，而没有意识到这些效果或利益都是外在于广大中小学教师日常性的教育教学实践和生活实践的，教师们希望获得与课堂教学、班级管理、个人专业发展和生命成长息息相关的指导与合作。另一方面，中小学教育实践者未能考虑大学研究者的真实需要，只是将其作为"帮忙做事"的"资源"甚至是"工具"，不能充分理解大学研究者探求纯粹真理、发展学术知识、推进社会解放的学术动机和情怀，也不能设身处地地理解他们在当代大学体制内的尴尬处境，从而以过于功利、急躁的心态来定义和要求"U-S"式学校变革过程。

"U-S"式学校变革双方的内在文化冲突还表现为难以建立平等的、真诚对话的氛围。一方面，大学的研究者往往不愿意或不容易放弃话语权，习惯以"专家"的权威口吻、"教育真理终极拥有者"的裁判心态、"脱离情境"的抽象学术话语指导与评判实践。在这种情境下，中小学教育实践者表面上对大学的研究者表示尊敬和重视，内心却疏远和排斥。另一方面，中小学教育实践者往往缺乏对理论的重视和自觉，"对理论的分析缺乏应有的兴趣和能力，……把个人实践的改变寄托在他人提供的具体的操作性的指导上"[①]，自觉或不自觉地表现出某种"极度实用主义"的集体文化性格。于是，大学研究者在合作过程中容易产生被"工具化"利用的体验和感受，认为理论和自身的价值没有得到应有的尊重和重视。

（四）体制内固有的评价瓶颈带来的巨大变革压力

从大学研究者方面来讲，目前大学的评价和考核机制打消了他们参与中

[①] 叶澜.思维在断裂处穿行——教育理论与教育实践关系的再寻找[J].中国教育学刊，2001(4)：1-6.

小学校变革的热情。毕竟大学人员的晋升、评级以及获得在同行中的评价主要依靠的是其研究成果,在进行"U-S"式学校变革时,很多大学人员将这种工作视为一种"服务",而未必认为这是进行研究的好机会。[①]因此,大学研究者未必愿意或者不敢投入大量的时间和精力从事"U-S"式学校变革工作。从中小学教育实践者方面来讲,目前应试化、功利化、竞争性的评价机制也制约了他们的积极性。在应试教育的现实处境中,学生成绩是评价中小学教师教育教学质量最主要的指标,许多中小学教师不愿意花费时间和精力进行教学研究,这使得中小学教育实践者没有时间和耐心来培育"U-S"式学校变革的文化基因,但又期望实现"短平快"的变革。因此,在激励机制还不完善的条件下开展协作反而会影响双方推动学校变革的积极性,使协作流于表面化。[②]

通过上述分析可以发现,体制内固有的评价机制以结构性的方式影响和制约着"U-S"式学校变革进程,并且成为"U-S"式学校变革的评价瓶颈。这一评价瓶颈往往使"U-S"式学校变革在实施过程中逐渐走样甚至异化为追名逐利的工具,而不能真正成为促进双方发展、实现制度突围的路径。

三、成功的"U-S"式学校变革应具备的条件

虽然"U-S"式学校变革取得成功非常困难,但它是可能实现的。通过对已有的"U-S"式学校变革的经验、教训和规律的总结与提炼,笔者发现"U-S"式学校变革要取得成功,应具备以下几个条件。

(一)根据"U-S"式学校变革的不同阶段及时调整变革策略

1."U-S"式学校变革准备期的策略

这一阶段最主要的问题是双方如何选择适宜的合作伙伴。对于大学研究

---

① CLARKRW.School-university relationships:An interpretive review[M]//SIROTNIKKA,GOOD-LADJI. School-University Partnerships in Action:Concepts,Cases,and Concerns. NewYork:Teachers College Press,1988:55.

② 卢乃桂,张佳伟.院校协作下学校改进原因与功能探析[J].中国教育学刊,2009(1):34-37.

者来说，参与变革的中小学是否具有变革意识是最重要的因素，我们可以对此做出大致的判断：依靠传统资源和良好生源维持好的口碑但因循守旧、拒绝变化的巡航学校不是好的合作伙伴；徘徊学校、沉没学校也不是理想的合作伙伴。发展势头良好、管理民主、教师学习氛围浓厚的前进学校才是最好的合作伙伴，基础薄弱但具有变革意识的挣扎学校次之。对于中小学教育实践者而言，不能盲目地以名头大小、职称高低、经费多寡等外在因素来寻找大学的合作伙伴，而应该努力寻找具有教育情怀和对话意识、具备一定的教育理论背景与实践互动基础的大学研究者及其团队。

2. "U-S"式学校变革初期的策略

"U-S"式学校变革的双方在确定伙伴关系之后开始进入初期运行阶段。这一阶段的关键问题是学校变革从何入手。首先，"U-S"式学校变革可以从反映最强烈的问题入手。例如，在课堂教学方式上，改变语文课堂教学方式就比改变其他科目的教学方式更容易获得支持，因为语文教学相对来说争议更大、问题更多。再次，"U-S"式学校变革可以从阻力最小的地方开始。一般来说，变革阻力最小的地方就是涉及利益重新分配最少的地方。从这些地方入手，实行渐进式的变革，能够创造一种共同发现并解决问题的真诚、轻松、有效的工作氛围，也更容易让学校和教师接受。变革的初期是第一个关键时期，也是研究者熟悉实践话语、理解实践逻辑、探讨学校变革空间的重要尝试期。经过初期的磨合，如果研究者与实践者能相互信任，建立良好的对话关系，变革就能继续顺利开展。

3. "U-S"式学校变革中期的策略

在"U-S"式学校变革的中期，变革逐渐制度化、组织化，中小学教育实践者逐渐成为变革的主体，自发地生成对于教育变革的新做法、新想法，变革的方向往往脱离大学研究者最初的设想，既可能朝着好的方向发展，也可能朝着坏的方向发展。坏的状况表现为中小学教育实践者的负担较重而收益较少，惰性与消极抵抗情绪与日俱增；大学研究者在遇到"谁也不知道该怎么办"的情境时怀疑自己所做研究的价值，于是变革最终不了了之。在这种情况下，大学研究者需要随时反思自己与中小学教育实践者之间的关系，坦承自己在变革过程中的困惑与无知，与中小学教育实践者重建真诚、信任的关系。同时，大学研究者要做好以下三件事：一是进一步探讨学校变革的真实需求；二是把握变革的方向，发挥价值引领与目标引领的作用；三是通过调查、访谈等方式随时评价变革的效果。在实践中，如果能很好地落实这三件事，就能使变革顺利度过中期危机。

4. "U-S"式学校变革后期的策略

让变革持续发生而非半途而废，难度尤其大。从初期的"顺利"到中期的"防御"，再到后期的"瓶颈"，大学研究者必须与中小学教育实践者协同攻关。成功的变革需要时间，以实施特定革新方案的形式而呈现的重大变革，至少需要2年的时间。而制度性变革则需要5~10年的时间，与此同时还须变革基础结构（政策、动机、所有各级机构的能力），这样才能形成和维持有价值的成果。[①]实际上，无论是课程改革还是教学变革，教育变革的问题最终是人的问题。中小学教师如果在变革中被尊重、被聆听、被赏识，就有变革的动力。变革的高压力必须伴随着高支持，大学研究者必须为参与变革的中小学教师尽量争取时间、经费、制度等方面的保障条件，否则变革就难以为继。可见，在变革的过程中，无论是大学研究者还是中小学教育实践者，对教育的理解都在不停地成长与发展，其合作关系要发生"引导—合作—共生"的转变。

（二）发挥"U-S"式学校变革中"变革金三角"的关键作用

一个成功的"U-S"式学校变革在启动和发展时期至少存在三个关键角色——作为"U-S"式学校变革发起者、推动者、反思者的大学研究者，作为"U-S"式学校变革发动者、推动者和有力保障者的中小学校长和作为学校变革实施层面的实践者、引领者的教师领袖——的有力支持，他们不能彼此替代，他们互相支援，构成"U-S"式学校变革过程中的"变革金三角"。大学研究者必须对学校的变革理想与人的发展愿景有着坚定的信心，在某种程度上具有不求功利的专业精神，而且有深入教育实践的真实意愿、情怀和

---

① 富兰.教育变革的新意义[M].4版.武云斐,译.上海：华东师范大学出版社,2010：94, 12.

意志。作为"变革金三角"的核心要素,大学研究者需要意识到自己在"U-S"式学校变革中角色的丰富性,形成清晰、丰富、温情、发展的"自我":可能是"相互诉苦与相互安慰的朋友"、"精神的支持者与具体的智力支持者";可能是"欣赏者、鼓励者、理论力量的介入者"、"共同的研究者、研讨者、参谋者";也可能是"欢庆者、享受者"、"终身学习者、自觉的学习者"等。[①]同时,成功的"U-S"式学校变革需要大学研究者组成差异性合作的变革团队,这一团队对于"什么是理想的教育"有着共同的愿景和取向,他们来自不同的学科,拥有不同的视角,更利于在变革过程中激发和创造深度、多元的可能性资源和变革空间。

已有研究认为,校长的非道德领导、专制主义的学校文化是阻碍教师积极向上的最大障碍。[②]在"变革金三角"中,中小学校长起着连接、沟通和转化的关键性作用,必须具有民主、开放、善于沟通转化的变革意识与智慧。一方面,因为在变革系统中所处的位置和相应的职责,校长较之一般的教师可能把握问题更为宏观,谋划发展更为长远,思维格局更为宽阔,变革愿望更为迫切,因此与大学研究者的对话可能更有基础;另一方面,作为教育实践者的校长长期扎根于教育实践,了解的现实教育处境更为真实,把握的学校、教师和学生的发展需求更为准确,捕捉的实践情境信息更为动态,因此能更好地为学校和师生代言。

教师作为变革的动力是做成任何事情的前提条件。[③]有研究者从学校变革收益评估的视角出发,把变革过程中的教师分为四类:一是重视变革的个人收益、在变革中积极能动的"领头羊";二是乐于接受变革,却又挣扎在成本-收益角力之中的"适应者";三是随遇而安,对自我重构的方向缺乏清醒认识的"小卒子";四是表面顺应而内心抵制的"演员"。[④]也有研究表明,在学校中支持变革、观望变革与抵制变革的人数比例分别为20%、60%、

---

① 李家成.教育学理论重建中的实践立场——以学校道德教育变革实践对德育理论建构的价值为例[M]//叶澜."生命·实践"教育学论丛(第2辑).桂林:广西师范大学出版社,2008:181-182,179-180.
② 谢翌,张释元.学校变革阻力分析——一所县级重点中学的个案研究[J].教育发展研究,2008(8):62-67.
③ 富兰.教育变革的新意义[M].4版.武云斐,译.上海:华东师范大学出版社,2010:94,12.
④ 尹弘飚.教师对学校变革的成本收益评估[N].中国教育报,2007-09-04(6).

20%。[①]这都表明在现实情况中,教师极易成为保守力量和心态的代表。因此,打破教师变革心态的僵局,尤其要注重发挥"变革金三角"中教师领袖的引领作用。教师领袖是教师群体中的灵魂人物,他们不一定是学校变革的发起者或学校领导班子的成员,但一定是在教师群体中有着较高威望、与变革项目有着共同的价值观并认同变革项目、能积极参与变革进程的教师。[②]他们是教师群体公认的变革领袖和楷模,拥有视野长远、与时俱进、积极进取、注重教育内在价值等变革特征。他们能让宏观、模糊的"U-S"式学校变革意图在具体的情境中显现与创生,促进变革过程中能量的凝聚,用自己的实际行动示范和引领教师群体投入变革。

(三)将"U-S"式学校变革评价落实于学生的真实成长过程

"U-S"式学校变革双方要在密切沟通、平等协商的基础上建立全面评价学校变革效果的标准,包括教师标准、学生标准与家长标准。在现实中,许多教育变革直接以教师为关注目标,以促进教师专业化为目的,相对忽视了学生的体验和成长。但是,"教育变革的成功最终要让教师的成功有效地转化为学生的成功"[③],学生的成长与进步才是推动教育变革持续进行的强劲动力。好的教育不应仅仅是一种宏大的叙事结构或制度结构,它最终要落实到每一个具体的个人尤其是学生的真实成长过程之中。任何与教育相关的变革实践都必须不断地回到这个源头进行根本反思,重新获得启发,汲取思想营养,从而凝聚成行动的勇气和智慧。因此,在"U-S"式学校变革过程中,我们应该把评价的焦点落实于学生的真实成长,这样才能抓住教育变革的关键。在上述三个标准中,学生标准应该成为"U-S"式学校变革评价中最重要和最根本的评价因素,它至少包括三个方面:其一,学生的各学科成绩是否有进步;其二,学生是否更加享受学习的过程,对于学校生活的幸福感、

[①] 谢翌.学校文化重建个案研究——N中学校本变革解读[J].教育理论与实践,2007(10):21-25.

[②] 卢乃桂,陈峥.作为教师领导的教改策略——从组织层面探讨欧美的做法与启示[J].教育发展研究,2006(9A):54-57.

[③] 路易丝·斯托尔,迪安·芬克.未来的学校——变革的目标与路径[M].柳国辉,译.北京:北京大学出版社,2010:97,216,166-167.

自我的认可度（自尊、自信、自治程度）是否有所提升；其三，是否促进了学生多方面兴趣的发展。

（四）创生"U-S"式学校变革过程中的意义与情感支持

"U-S"式学校变革过程中人与人之间意义和情感的创生与支持，是变革取得成功的重要条件。有学者在详细梳理和回顾"香港学校改进项目"十余年的发展历程后认为，"在教育工作的情境里，'人'的因素始终是最重要的"，大学与中小学合作的学校改进计划应该把"一切从心开始"作为工作的座右铭。[①]真正富有人性且能扎根实践的学校变革，应该始终以具体个人的立场和视角关注、关心、关怀每一个变革者的意义和情感世界，而在诸多意义和情感之中，尤其需要关注的是承认和信任。

从某种意义上说，人的存在过程就是为了承认而斗争的过程。"承认有三种形式，情感承认形成爱的关系、权利承认形成相互尊重和自尊、社会承认（社会赞许和重视）形成相互协作。"[②]这三种形式为个人提供了自信、自尊和自重三种现实的自我关系。因此，成功的"U-S"式学校变革必然是大学研究者与中小学教育实践者之间、大学研究者团队内部、中小学教育实践者团队内部不断释放、表达和生成情感承认、权利承认和社会承认的过程。国外学者的研究表明，"大学与中小学合作伙伴之间建立信任关系是关键"[③]。国内的相关研究也表明，"U-S"式学校变革过程中的合作与共同发展，"最不可缺少的是尊重、坦诚、信任、充满希望"[④]；"U-S"式学校变革合作的能动作用能否维持，"其关键不一定在于它的活动式样和频率"，而是"学校与支持机构的'三信关系'，即信任、信心和信念"[⑤]。因此，善于珍惜和创生

[①] 卢乃桂.能动者的思索——香港学校改进协作模式的再造与更新[J].教育发展研究，2007(12B)：1-9.

[②] 金生鈜.承认的形式以及教育意义[J].教育研究，2007(4)：9-15.

[③] CLARKRW.Effective professional development schools[M].San Francisca Jossey-Bass，1999：11.

[④] 李家成.教育学理论重建中的实践立场——以学校道德教育变革实践对德育理论建构的价值为例[M]//叶澜."生命·实践"教育学论丛(第2辑).桂林：广西师范大学出版社，2008：181-182，179-180.

[⑤] 卢乃桂.能动者的思索——香港学校改进协作模式的再造与更新[J].教育发展研究，2007(12B)：1-9.

以承认和信任为核心的意义和情感支持,"U-S"式学校变革过程就将是一个不断人性化、生命化的美妙旅程。

(五)在"U-S"式学校变革中实现双方的文化融合

吴康宁认为,要想使大学与中小学的合作得以深度的、可持续的推进,要想使大学与中小学的共同发展得以切实的、可持续的推进,双方在合作中的文化融合为必由之路。[①]在他看来,达到文化融合状态的"U-S"式学校变革意味着大学与中小学合作的主要动力既不是自身利益诉求,也不是优化自身智慧的发展期求,而是对建构共同世界的一种宽广的精神需求,是把对方作为目的、时刻为对方发展着想的伙伴关系。

"U-S"式学校变革中的文化融合一定是在认真倾听和回应各自真实需要的过程中展开和实现的。当中小学校教师被问到"希望高等教育如何支持学校改进"这个问题时,他们的回答通常是:"大学能将研究成果以容易理解和应用的方式提供给中小学校";"大学能帮他们架起一座沟通理论和实践的桥梁";"大学能为学校全体教职员的发展提供服务";"大学担当变革推动者的角色";"大学担当批评性的朋友,从外部不带偏见地审视学校";"大学能在学校数据的统计和整理方面,在监控和评价学校效能和学校改进方面提供专家性建议和意见"。[②]大学研究者则希望中小学校能适当超越狭隘、现实的功利主义教育考量,维持真理、知识和价值的传统与尊严,保持工具理性和价值理性的均衡;同时要理解和体谅大学研究者"体制化生存"的现代性处境,尊重和爱护研究者。唯有如此,"合作的过程既是中小学教师自我更新、自我超越的过程,也是大学人员置身于草根式研究实践而获得真实成长的过程"[③]。

"U-S"式学校变革中的文化融合尤其要重视变革过程中冲突或矛盾的建

[①] 吴康宁.从利益联合到文化融合:走向大学与中小学的深度合作[J].南京师大学报(社会科学版),2010(3):5-11.

[②] 路易丝·斯托尔,迪安·芬克.未来的学校——变革的目标与路径[M].柳国辉,译.北京:北京大学出版社,2010:97,216,166-167.

[③] 宁虹,杨小微.实践意义与深度介入:"U-S"合作的京沪对话[J].基础教育(上海),2010(2):3-14.

设性价值。合作或协作并非要求意见一致，"文化不是固化，讨论、争议才是文化的本质"①，"协作经常会有争论和争吵，这些争论大部分与个人无关而集中在真正的分歧上"，"表面一致，没有冲突往往是做出错误决定的原因"②。因此，在"U-S"式学校变革中，面对冲突时，形成一种建设性态度对于合作的顺利推进至关重要。叶澜教授在总结"新基础教育"研究的经验和规律时深刻地指出："过程中双方不可避免地会因原有的差异而产生分歧、摩擦甚至抱怨和对立。然而这是丰富过程的现实构成，是推进双方变化，并在变化了的双方的基础上，形成具有内在相通、互补、互生意义上的复合主体的重要实践力量。"③对于"U-S"式学校变革过程中产生的冲突或矛盾，双方应该抱着"问题是朋友""珍惜冲突或矛盾"的态度，"在相互信任的基础上扶持多元化"④，真实面对并付诸行动去解决，丰富变革的内在价值和过程价值，从而实现彼此的文化融合。

总之，"U-S"式学校变革本质上是一种"共栖关系"（symbiotic relationship）。在这种关系中，双方应同时是"自私"和"无私"的。⑤虽然"U-S"式学校变革要取得成功会面临重重困难，但只要明晰且规避变革过程中的阻碍，捕捉和创建变革成功的条件，就极有可能成功。这需要更多的大学研究者和中小学教育实践者共同努力推动这场"静悄悄的革命"。

---

①[加]迈克尔·富兰.变革的力量：续集[M].中央教育研究所，加拿大多伦多国际学院，译.北京：教育科学出版社，2004：94，49.

②[加]迈克尔·富兰.变革的力量——透视教育改革[M].中央教育研究所，加拿大多伦多国际学院，译.北京：教育科学出版社，2004：100.

③叶澜.大学专业人员在协作开展学校研究中的作用[J].中国教育学刊，2009(9)：1-7.

④[加]迈克尔·富兰.变革的力量：续集[M].中央教育研究所，加拿大多伦多国际学院，译.北京：教育科学出版社，2004：94，49.

⑤张景斌.大学与中小学的伙伴协作：动因、经验与反思[J].教育研究，2008(3)：84-89.

第十章

"U-G-S-S"学校变革模式研究

学校变革可以成为整体教育改革的突破口。如同家庭是社会最基本的细胞，学校也是教育最基本的单位。学校是整个大教育系统的缩影，从中可以透视教育系统中权力运作、信息交流、情感支持等多个维度的内容。我们从学校变革这一相对有限、相对简单的系统出发，可以管窥教育改革这一复杂系统中内部各要素之间以及内外要素之间的互动关系，增加对教育改革的认知。学校变革也是教育改革的落脚点，轰轰烈烈的教育改革如若不能增进教师在教室中的改变、改善教学体验和学习体验，其效果也是有限的。

一、"U-G-S"模式的作用及局限

20世纪90年代以来，随着义务教育的普及和办学条件的改进，薄弱学校成为制约基础教育的短板。学校变革的主要目标就是改造薄弱学校，其主要模式为"G-S"（Government-School）学校发展模式。政府常常运用"输血疗法"对薄弱学校进行资源注入、或运用"手术疗法"对薄弱学校进行关停并转。"G-S"模式下，政府干预学校变革常常采取单向化、强制化、运动性的方式，设置指标，甚至急于求成，直接从形态上取缔薄弱学校，其效果往往难以持久。

"S-S"（School-School）模式即优质学校对薄弱学校的帮扶支教，也成为一种辅助形式。但以一所中心学校带动其他学校发展，常常影响有限，难以

持续，政府的介入与支持成为必要条件，因此出现了"G-S-S"（Government-School-School）模式。该模式的代表之作当属上海市农村义务教育学校委托管理项目。2007年，上海市教育委员会借鉴浦东新区的经验，推动全市20所郊区农村学校与市区有关学校、机构建立了委托管理关系。其基本设想是：由政府出资购买教育服务，以签订契约的形式，委托中心城区优质教育资源——学校或教育专业机构对薄弱学校进行管理，带动薄弱学校发展。[①]整体上看，被托管学校在管理水平、教学质量、教师水平和社会反响方面呈现积极变化。[②]民营非营利机构上海成功教育管理咨询中心在委托管理中发挥了重要作用，其负责人、成功教育的奠基人刘京海总结道："成功教育的委托管理的本质在于通过优秀校长的管理经验与优秀教师的教学经验的复制与推广，帮助更多的薄弱学校获得成功，促进城乡教育一体化与教育均衡化。"[③] "G-S-S"模式无疑是一种行之有效的模式，但是"复制经验"既是其长处，又是其软肋，因为经验具有条件性和有限性，并非放之四海而皆准，"经验失灵"不可避免；另外，作为输出方的优质学校，只是在消费经验，并没有产生突破经验和创新经验的动力。

近年来，随着高校办学功能向社会服务的拓展，"U-G-S"（University-Government-School）模式也逐渐流行。如华东师范大学新基础教育研究项目、首都师范大学教师专业发展学校项目等。"U-G-S"模式在政府力量的支持和推进下，利用大学的专业指导力量，与中小学形成伙伴关系，促进大学与中小学之间的利益共赢与文化共融，以此推动中小学变革。"U-G-S"模式发起合作的主体更为多元化，政府、中小学和高校等都可能成为发起者。相对于"G-S-S"模式，"U-G-S"模式理念更加开放。然而，当前"U-G-S"模式依然存在许多问题，其突出问题便是投入多、见效慢。这在中部省会城

---

① 陈效民.探索突破体制障碍复制放大优质教育——义务教育阶段学校委托管理的实践与思考[J].教育发展研究，2011(6)：12-17.

② 朱怡华.探索"委托管理"，促进教育公平——基于上海基础教育实践的调查与思考[J].现代基础教育研究，2011(1)：22-35.

③ 刘京海.教育中介机构托管农村薄弱学校的实践与思考——以上海成功教育管理咨询中心委托办学为例[J].上海教育科研，2015(3)：22-25.

市 M 市的实践中可见一斑。①2017 年，M 市教育局正式开展义务教育委托管理学校项目，选择 55 所薄弱学校作为受援学校，以中心城区 41 所优质义务教育学校和 5 所在汉高校及市教科院作为支援单位，对每所薄弱或新建学校投入 30 万元，将之委托给高校或相应的教育科研部门来实施对口管理。笔者多次访谈高校项目参与人员，他们共同的感受是"太难了，推不动"。城郊薄弱学校师资力量差、办学条件差、人心浮动，缺乏变革的动力和基础；新建学校办学条件较好，但事务繁多，理论者与实践者交流不畅，变革难以深入到课堂；并且被委托管理的学校之间也无交流。考察其原因，主要是大学与中小学文化差异太大，教育理念与教育实践存在鸿沟；另外，学校变革的自觉意识与能力比较薄弱，与大学合作更多的是配合行政命令。

二、"U-G-S-S"模式的特征

"U-G-S"模式和"G-S-S"模式均有其局限性，而"U-G-S-S"模式（University-Government-School-School）汲取了前两者的优点，同时又有生成新教育理念或实践的机会。华中师范大学道德教育研究所与玉泉小学及其结盟农村学校闵集乡中心小学（以下简称闵集小学）的合作当属"U-G-S-S"模式的实践形态。"U-G-S-S"模式的核心特点如下。

其一，大学与多所中小学在共享资源的基础上开展合作，参与学校纯属自愿。以华中师范大学道德教育研究所开展的"U-G-S-S"模式为例，玉泉小学是合作的中坚力量，它与闵集小学有多年的合作经验，在 2014 年开始与华中师范大学团队合作之后，闵集小学也顺理成章地被纳入大学与中小学合作的进程。

其二，参与的中小学有多所，且它们的学校教育质量不同，既有城市优质学校，也有城郊薄弱学校或乡村学校，并且学校之间互动频繁，而非只是分别与大学保持单线互动。玉泉小学当属城市优质学校，有着成熟的管理体

---

① 武汉市统筹推进城乡义务教育优质均衡发展[EB/OL].（2017-11-08）[2023-11-18]. http://jyt.hubei.gov.cn/bmdt/gxhptlm/cxal/201711/t20171108_436796.shtml.

制和敬业能干的教师队伍；闵集小学则是一所农村学校，基础设备虽尚能满足需要，但教师队伍青黄不接，专业化存在问题。之所以要求学校教育质量异质，是为了促进教育均衡发展，实现教育公平理念，防止大学与中小学合作仅仅为好学校的发展"锦上添花"。

其三，"U-G-S-S"模式中四方主体平等互动、各司其职。合作必须建立在各方良好互惠的信任关系之中。对于政府来说，其职责只是为大学与中小学的合作、城乡中小学之间的合作提供制度支持、政策依据和经费支持，搭建合作舞台，当这个舞台搭建好之后，政府就"功成身退"了，不再插手具体的合作事务，类似于提供担保的"中介人"。在此基础上，大学、优质学校、薄弱学校之间的合作信任关系更为重要、更实质化，甚至决定了合作的成败。三方都非常重要，不可或缺。出于变革学校教育的共同愿景，三方形成合作关系。三方对于理想教育的价值取向和愿景是一致的，都高度认同理想的学校应该是公平且优质的。对于中小学来说，大学介入充当了一个"诤友"的角色，是出于善意到学校来找问题、提意见、给建议，而非唱赞歌；因此，无论是优质学校还是薄弱学校，其校长都需要具备开放的变革意识和学习意识，即便是优质学校的校长也要承认自己的学校并非完美，能够直面学校发展的问题。另外，优质学校与薄弱学校也是平等的伙伴关系，而非优质学校强行将自身教育实践复制或移植于薄弱学校。

三、"U-G-S-S"模式的具体实施

2014年，华中师范大学与玉泉小学合作开展教师发展支持计划；2015年元月起，孝感市玉泉小学与闵集小学结为一体化联盟。双方在平等协商的合作基础上制定了《校际联盟六年工作计划》，制定了系列管理制度，如建立领导小组、明确议事规则、制定交流教师的考评标准。双方的合作主要包括下列内容。

其一，管理融通。双方合作的重要目的之一是提高闵集小学的管理水平。每年由玉泉小学派3名教师对闵集小学挂职顶岗帮扶，其中一人挂职闵集小学副校长。截至2018年初，玉泉小学已派出9人。闵集小学也相应派出2～3

名教师到玉泉小学进行跟岗学习。2016年，闵集小学派出3名年轻教师去玉泉小学跟岗学习，这些教师分别参与玉泉小学教师发展中心的管理工作以及班主任管理工作，并承担相应的教学任务。应该说，两校互派的教师都是本校相对年轻能干的骨干教师和中层干部。这一机制对于双方来说是互惠共赢的。玉泉小学的中层干部有了总领全局、独当一面的机会；而闵集小学的中层干部也有了去优质学校学习先进的管理经验的机会。这一举措也有助于为两所学校未来的发展储备管理人才。

其二，教研合作。双方合作的重要目的之二是提高闵集小学的教学质量。两校在教学上逐渐同步，采用同样的试卷，期末进行统一考试和质量分析。玉泉小学对闵集小学教学帮扶形式比较多样，首先是最常见的优质课的直接示范与辐射。如每学期玉泉小学教师会进行"送教下乡"活动，送优质课、送信息技术培训、常态课堂视导诊断、举办专题讲座和个人成长事迹分享会等；并且，通过"1+X"空中课堂可直接使用信息技术将闵集小学纳入与玉泉小学的同一课堂，在英语、音乐、美术等农村学校师资比较匮乏的科目上实现优质教学共享；同时，对于学科先行课，支援教师往往会进行率先示范。其次是教学合作，比较有特色的做法是每学期定期开展一次同课异构式的"备、上、评"活动，两校教师紧密合作，围绕一个主题，分别承担备课、上课和评课的任务；最后是围绕教育教学专题问题进行研讨活动，如2016年两校开展了"以班主任工作为问题导向，以低年级班级管理模式作为探究突破口"的德育沙龙活动，闵集小学15个班主任赴玉泉小学进行了参观与交流活动。闵集小学教师也参加华中师范大学道德教育研究所团队在玉泉小学开展的教研活动，参与公平优质课堂理念的学习。

其三，教师交流。双方合作的重要目的之三是促进闵集小学教师的专业化水平。当时，闵集小学教学人员共46人：50岁以上教师16人，中年教师14人，省招教师15人，退休教师1人。年纪大的教师对于信息技术不熟悉，基本不能使用电教手段进行教学；中年教师个人专业发展没有启动，本应是学校的中流砥柱，却没能做好承上启下、传帮带的工作；年轻教师刚从大学毕业，不缺知识，但缺手把手教的师傅，学校也没有这方面的培训工作，无法植入教育教学理念。首先，加强对闵集小学中青年教师的短期培训，依托玉泉小学"影子工程项目"等，将闵集小学所有50岁以下教师和中层领导送到玉泉小学进行为期一个月左右的跟岗短训。其次，促进两校教师之间的师徒结对，师徒之间相互听课、评课、探讨课例。学期末，每位徒弟还须呈现一节较高质量的汇报课。

其四，促进学生发展。双方合作的重要目的之四是促进闵集小学学生的发展。首先，支援教师在闵集小学推进班级文化建设，优化班级管理，完善少先队阵地工作，成立闵集小学少先队大队委；其次，支援教师在闵集小学开展了生动活泼的体育比赛、经典阅读、合唱等活动，丰富了农村学校学生的校园文化生活；最后，加强两校学生的直接互动，进行班级对接，开展结对班会、少先队大队部主题班会以及队会活动，鼓励两校中高年级学生结对，并通过书信往来、网上交流、交换书籍、互送小礼物开展活动。

四、"U-G-S-S"模式的成效

经过三年的合作，"U-G-S-S"模式取得了突出的成效，促进了义务教育城乡均衡发展。玉泉小学与闵集小学均有了长足的发展，具体表现如下。

其一，闵集小学的管理水平、教学质量和教师专业发展水平均有所提升。经过整合、删除、添补、修改的18项管理制度、实施方案在闵集小学扎根运行起来。学生行为规范养成教育的多元评价制度逐步形成。玉泉小学团队主推集体备课，帮助闵集小学集体备课制度从无到有逐渐建立起来，从5个试点年级组到16个备课组全面铺开，取得阶段性成绩，闵集小学校本教研氛围逐渐形成。闵集小学的主干课程，语文、数学、外语教学质量提高明显，学生成绩均有较大幅度的提升。年轻教师的专业发展水平提升明显，在支援教师的引领下，14名省招大学生制定了《三年专业发展规划书》。

其二，玉泉小学的校园文化与教师专业发展水平有了明显提升。在校园文化方面，合作之初，玉泉小学的校园环境成人化本位鲜明，学校像银行或政府机构，缺乏儿童气息；学校办学理念和校园文化杂乱无章，"如同满身披满珍珠的贵妇"，缺乏提炼；三年之后，玉泉小学的校园环境有了很大改善，系统化的办学理念建构起来了，公平优质教育和公平优质课堂的理念被教师广泛接纳。在教师专业发展方面，玉泉小学教师自身专业发展有所突破。玉泉小学教师直陈他们发展的困境是虽然得到的帮扶比较多，但走出去的机会比较少。与大学的合作，使得玉泉小学教师可以去武汉观摩学习新的教学方式，反思自己的教学方式。

从成本与收益的角度来看，教育局只需要给每位交流的教师每年发放不足万元的补贴，便可以使得一个农村学校的面貌大为改观；显然这种聚焦于学校发展核心要素即管理要素和教师要素的措施，较之于动辄几十万元的信息技术和物资设备投入，其回报更为直接，也更加丰厚。教育局支持大学与中小学的合作，引入一所大学的科研力量，使得本地教育与国内最新教育发展趋势相对接，同时为本地教师培训与整体提高建立了稳固的基地。地方教育局投入时间和精力少，"让专业人做专业事"，无须亲力亲为。因此，在"U-G-S"模式的基础上发展起来的"U-G-S-S"模式更为有效，成本更低，而回报更高。

五、"U-G-S-S"模式成功的要素

其一，文化在异质中走向融合。有良好的社会资本做支撑，大学与中小学的文化异质性不再是障碍，而是变成了中小学变革的精神资源和动力；优质学校与薄弱学校也存在局部文化差异，这种文化差异成为撬动薄弱学校变革的杠杆。从生态学的观点来看，差异而非共同性促进发展。平衡与失衡是生态运动过程中两种复杂的生态关系的表现形式，它们既是生态主体与其环境关系的反映，又是不同生态主体关系的反映。系统必须以多元化的结构和多样性的产品为基础，以分散风险、增强稳定性。①在社会资本的支持下，文化异质性有助于增强合作系统的平衡性。

其二，知识信息的分享是多维度多元化的。不仅优质学校以有效的教育管理和良好的师资队伍对薄弱学校产生直接影响，优质学校也从大学教育科研工作者那里获得新的理念，批判性地审视自己的教学实践。大学教育科研

---

①刘贵华，朱小蔓.试论生态学对于教育研究的适切性[J].教育研究，2007(7)：3-7.

工作者也从优质学校及薄弱学校的学校变革中，检验了自身理论知识的有效性，调整和修正理论假设。大学教育科研工作者、优质学校、薄弱学校（农村学校）在知识分享中实现三方共赢。当大学与学校群体紧密合作，真正构建起合作共同体时，对学校而言，其发展资源就不仅来自校内和大学，每一所学校都成为其他学校的资源；对学校教师而言，每一个人都成为其他人的资源；就"U-S"模式协作而言，"线性"资源变成了"网状""立体"资源。[①]

其三，理论与实践的有机结合。"U-G-S"模式下，大学教育科研工作者的理论输出之所以不能被薄弱学校转化为实践，就是因为理论对实践者来说过于高远，缺乏转化为实践的途径，薄弱学校的教师找不到可以操作的具体方法，不得其门而入。而在"U-G-S-S"模式下，优质学校则发挥了非常重要的桥梁作用。一般来说，优质学校教师专业发展水平更高，对教育新观点和新事物的领悟能力更强。大学教育科研工作者的理论可以被优质的学校教师吸收并转换为实践。优质学校教师将教育理论具象化，从而对薄弱学校产生直接的示范引领作用，最大限度地弥合"U-G-S"模式中理论与实践的鸿沟。换言之，教师往往只能理解位于其最近发展区的教育理论，并将教育理论按照其最近发展区的认知水平进行相应的裁剪；而大学教育科研工作者的角色就如同体育教练，并不适合直接充当竞赛选手。因此，教育理论与教育实践的沟通存在空白地带，需要中介来连接。中介可以由教育者、教育故事、器物等来充当。无疑，优质学校的教师是理论与实践之间绝佳的"转译者"，他们可以将理论转译为实践话语，也可以通过他们的实践促进大学教育科研工作者反思、修正与丰富自己的理论，使其更加具体、丰满。

"U-G-S-S"模式的实质就是推动教育变革的各方主体基于"什么是美好教育"的共识而进行的有效的社会合作。经济学家张维迎认为，经济学真正研究的是理性人之间如何合作。人类的合作范围越宽、越广，人类的进步就越快，像我们今天生活在地球上的人类，是在全球范围进行合作，这就是我们人类在过去的两百年中取得这么大进步的原因。他还指出，人类合作一般遇到两大困难：一是人的自私自利本性带来的囚徒困境，二是知识与信息有

[①] 张景斌，杨朝晖.大学支持中小学群体发展的新模式[J].中国教育学刊，2010(3)：76-78.

限带来的无知困境。①教育改革与学校变革面临的最大困难与最大契机是所有关心教育者以及教育利益相关者之间如何更好地合作的问题。"U-G-S-S"模式成功的核心在于用共同的教育愿景打破了利益的藩篱,使得大学教育科研工作者、优质学校、薄弱学校、教育行政管理部门走到一起,实现视域融合;"U-G-S-S"模式成功的核心也在于四方合作能够突破无知困境,实现畅通无碍的信息交流,在合作中各方既贡献知识也吸收知识。

总而言之,"U-G-S-S"模式是一条可以促进学校共同发展、推进城乡义务教育均衡发展的可行路径,值得尝试与推广。

---

① 张维迎. 社会合作的制度基础[J]. 读书,2014(1):61-69.

4

教育改革
前瞻篇

第十一章

中国教育现代化的文化选择

"现代化"这一使命几乎贯穿中国教育160余年的发展历程,其滥觞于19世纪60年代洋务运动时期"京师同文馆"等洋务学堂的开办。教育现代化意味着教育要围绕人的现代化重塑传统教育的使命、目标和内容体系,与此同时,增进教育的现代性,实现教育的人道化、理性化、民主化、法制化、专业化等目标。[①]教育现代化进程一方面推动中国教育挣脱传统,与世界教育接轨;另一方面,现代化作为全球话语体系的一部分,其可能因为携带的西方中心主义倾向引发文化殖民化与"自殖民化"方面的担忧。

一、教育现代化的理论困境

总体来看,中国教育一直是"跟跑者""追随者",常常满足于做"取经者",而不是"写经者""传经者"。[②]党的二十大报告明确提出,新时期党的中心任务就是"以中国式现代化全面推进中华民族伟大复兴",中国式现代化"既有各国现代化的共同特征,更有基于自己国情的中国特色"。在这一背景下,中国式教育现代化如何超越对西方教育的追随、模仿,如何在承继中国

[①] 褚宏启. 教育现代化的本质与评价——我们需要什么样的教育现代化[J]. 教育研究,2013,34(11):4-10.

[②] 李政涛,文娟. 教育学中国话语体系的世界贡献与国际认同[J]. 北京大学教育评论,2018,16(3):62-72.

传统文化的基础上建立独具特色、自主创新的教育现代化体系,这一百年未竟之业在当下如何切实推进值得学界深思。笔者在这里首先对教育中国化的演进历程和经验教训进行系统性反思。

(一)现代化的战略选择:西方化还是多元现代化

由于现代化取得了辉煌的历史成就,一些学者认为现代化只能是以西方为样板的西方化。以自由市场、民主制度为代表的现代化如同单轨列车,它的过程是同质的,必将驶向同一个终点。福山认为,不论什么样的社会,只要登上了工业化这部上升的电梯,它们的社会结构就会发生变化,政治参与的要求就会增加。①亨廷顿认为,现代化是同质化的、不可逆的进步过程,增加了人类在文化与物质上的幸福。②尽管现代化有不同的路径和形态,如有法国模式、德国模式和拉美模式之分,但其本质上都体现为不发达国家向发达国家看齐与过渡的过程。发展中国家要实现现代化,就必须引进西方先进的科学技术,仿效西方国家道路,并全盘引进西方的价值观点和政治体制。

另一些学者对现代化中的西方霸权持审慎态度,对其进行反思或批判。如英国哲学家毕尔认为,现代性的高歌猛进带来了物质的繁荣,但也带来了世界战争和对自然的掠夺。当前人类生活所遭受的核威胁甚至大屠杀,正是现代性的产物。③法兰克福学派如汤林森则进一步指出,这些灾难并非现代化过程中的偶发事件,反之,它们是须臾内造于启蒙大业本身的。④后现代学者对现代性同质化神话的批判更是不遗余力,一些学者指出,现代性本身即充满矛盾,有着不同的发展理路。当前以知识化为基础的第二次现代化与以工业化为基础的第一次现代化迥然不同,它强调对于传统文化的"回归",人类

---

① [美]弗朗西斯·福山.历史的终结与最后的人[M].陈高华,译.桂林:广西师范大学出版社,2014:6.

② [美]塞缪尔·亨廷顿.文明的冲突与世界秩序的重建(修订版)[M].周琪,刘绯,张立平,等译.北京:新华出版社,2010.

③ 塞缪尔·毕尔,马雪松.观念、行为与制度:政治科学的现代性根基[J].社会科学文摘,2018,29(5):35-37.

④ [英]汤林森.文化帝国主义[M].冯建三,译.上海:上海人民出版社,1999:273.

将如同保护生物多样性一样保护文化多样性[①],现代化不等于西方化,西方化不等于美国化,美国化也不等于基督教化[②]。

(二)教育现代化的文化选择:西方文化与传统文化的对峙

上述争议折射在教育领域便成为:中国教育现代化到底是西方教育所体现的普遍性教育规律在中国的本土化运用,还是扎根于中国的文化土壤和独特矛盾,探索中国教育发展的独特规律与特色模式?两者争论的焦点便是对于中国传统文化的理性认识与态度取舍。

一些学者坚持教育西方化或西方教育本土化,他们认为西方文化更高明、优越,实现教育现代化的路径主要是摒弃传统文化,不断模仿、借鉴和创造性地运用西方的教育体制、教育理论及方法。这些学者提出的以西方化为主的教育现代化模式,在发展战略上,强调教育国际化,与国际接轨;在具体策略上,移植西方教育制度和教育模式;在教育内容上,对标西方文明,强调自然科学和外语的学习。以这种模式推进的教育取得了巨大的成绩,但其非此即彼的简单对立思维、贬低自身传统文化和深深隐藏的民族自卑心理使得教育不可避免地沾染"精神殖民"和"自我矮化"的心理特质。

另一些坚持教育中国化的学者则对中国文化怀着温情与敬意,他们或持文化折中论,认为中西文化没有高低优劣之分;或持中国文化本位论,认为现代化必须扎根于传统文化,多持文化与制度二分法观点。如张君劢认为物质与精神、制度与文化应该加以区分,科学和政治的制度有其普遍性,中国可以学习西方,认可西方民主宪政制度;但在文化道德层面,在涉及价值和意义的问题上,科学是无能为力的。因此,拥有丰富伦理思想的儒家文化依然具有特殊的意义,即物质制度层面以西方文化为主,心灵精神层面以中国文化为主。[③]此后,费孝通、余英时等世界知名学者皆沿此路线,一方面肯定现代化过程中自由民主制度的价值,另一方面则认为现代化必须附丽于中国

---

①何传启.东方复兴:现代化的三条道路[M].北京:商务印书馆,2003:257-278.
②陈广亮.全球化与现代化:同质化与差异化[J].攀登(汉文版),2013,32(4):22-26.
③许纪霖.家国天下:现代中国的个人、国家与世界认同[M].上海:上海人民出版社,2017:86-87.

本土文化，提出了"文化自觉""内在超越"等理论。还有一些学者认为，教育可以学习西方教育制度、内容和方法，但不能背弃中国文化教育的精神传统，必须从中生发。

教育中国化发展模式是现代化进程中一股相对弱小的潜流与支流，却在暗暗积蓄力量。它在教育现代化的洪流中若隐若现，每逢社会转型与教育变革时期，便会发声。当前，中国社会改革向"深水区"迈进，"扎根中国大地办教育"、建构具有"中国气派"的教育学、破除"唯SCI"科研评价标准、弘扬中华优秀传统文化、复兴中国梦等呼声渐高，教育中国化的诉求逐渐凸显。在此背景下，深入探究现代化进程中"教育中国化"的曲折尝试，避免歧途，尤为必要。

二、教育中国化的实践尝试

教育中国化包含两个相互联系的诉求：一方面要求将教育扎根于中国本土和社会现实，探索教育自主发展的中国经验；另一方面要求重拾中国文化教育传统。从历史维度来看，教育中国化经历了三次浪潮。

（一）第一次教育中国化的论争

第一次关于教育中国化的讨论出现在20世纪二三十年代。彼时，经过新文化运动的洗礼，中国教育现代化已经颇见成效，中国优秀人才不必完全仰仗国外培养，中国优秀高校培养学生的质量也颇令人称道，达到西方名校认可的水平。然而，伴随着第一次世界大战以来对欧洲文化失败的反思，一些有识之士对于五四运动以来反对传统文化如"打倒孔家店""不读中国书""凡是外国的就是好的"的激进主义思想展开批判。1935年1月，陶希圣等十位教授联名在《文化建设》月刊上发表《中国本位的文化建设宣言》，针对中国五千年来积淀形成的价值信仰和文化生态的整体性、根本性的坍塌与崩溃状况，强调加强中国本位的文化建设，立足于中国此时此地的需要，旗帜鲜明地反对"全盘西化"主张。这在当时引发了关于"中国文化出路到底是中国本位还是全盘西方化"的大讨论。

一部分教育中国化的倡导者来自中国传统儒家思想的继承者，如梁漱溟和钱穆。梁漱溟深入探索中国文化伦理本位的基因，提出"回归中国文化"的号召，并尝试在中国农村进行社会改造和教育改造试验。不同于陶行知将西方思想本土化的尝试，他试图依靠农村的开明乡绅及乡约来教化村民。"以中国固有精神为基础，而吸收了西洋人的长处"①。几乎与此同时，钱穆批评中国教育从根本上走错了路，"今日中国之国家教育乃尽力自掘传统文化之根，又尽力为移花接木之试验"，"舍中国语言文字而专精英文"，"英国人读莎士比亚，我亦读莎士比亚。英国人读雪莱，我斯亦读雪莱而已"。对此，他不以为然，并批判道："这种教育已不仅是一种模仿教育，而是一种'次殖民地之教育'。"他提出："今日中国国家教育之唯一出路，端在转移此种模仿教育之积习。若使中等学校之青年，于晨光曦微，晚灯煜烨之下，手一卷而高声朗诵者非莎士比亚与雪莱，而为《论语》、《庄子》、《史记》、陶渊明，则具体而微矣。"②

另一部分教育中国化的倡导者来自新教育理论与实践的探索者。中国的教育先行者也认识到了盲目模仿外国教育的弊病。如教育家张伯苓办教育便经历了一个从大刀阔斧的"洋化"到"土货化"的转变过程。他初次访美时，看什么都好，恨不得将所有的东西都移植过来，因此他在南开大学聘请外籍教师，使用国外原版教科书。1924年，他认识到全盘西化的美式教育"水土不服"，教育不可脱离其民族性和文化性；1928年，他更加旗帜鲜明地反对"洋货教育"，提出南开大学日后要培养"知中国、服务中国"的人才。③20世纪20年代中后期到30年代，许多学者都认识到教育全盘西方化割裂传统，与中国国情亦不符。众多学者，如庄泽宣和舒新城，都参与到新教育中国化的运动中，用中国传统教育的特色去缓解新式教育的弊端。"中国的新教育，模仿日本与西洋都不对，非自己去建设不可。这种建设当然是不容易的，而且起首的时候是局部的、偶然的。"④

---

① 黄书光等.文化差异与价值整合——百年中国基础教育改革进程中的思想激荡[M].北京：教育科学出版社，2011：102-103.
② 钱穆.文化与教育[M].桂林：广西师范大学出版社，2004：61.
③ 李玉胜.张伯苓与南开大学的"土货化"[J].现代教育科学：高教研究，2014(3)：115-119.
④ 吴冬梅，俞启定，于述胜.何谓"新教育中国化"[J].华东师范大学学报(教育科学版)，2005(2)：70-76.

还有一部分批评来自"旁观者清"的国际友人。早在1931年,国际联盟专家对中国教育进行考察后撰写的报告书指出:"外国文明对于中国之现代化是必要的,但机械的模仿却是危险的。"他们主张中国的教育应构筑在中国固有的文化基础上,对盲目学习外来文化尤其是美国文化抨击力度甚大:"中国有许多青年知识分子,只晓得摹仿美国生活的外表,而不了解美国主义系产生于美国所特有的情状,与中国的迥不相同。"他们极为明智地指出,中国为一文化久长的国家,"凡将一国固有历史上之文化全部牺牲者,其结果未有不蒙其害者也"①。杜威在华演讲时也多次指出:中国在适应新的社会秩序的同时,不能丢掉自己的文化传统。

第一次教育中国化的讨论因为时机尚不成熟,争论的结果是"现代化"这一概念取代了"全盘西化"和"中国本位"两个概念,合并了两者之间的共识。遗憾的是,这一讨论后来被日军侵华炮火中断。现实地看,教育中国化的口号被党派利益利用,成为国民党实施党化教育和训育的理论依据。

(二)第二次教育中国化的尝试

新中国成立之后,中国终于可以独立自主地选择未来社会、文化和教育发展的道路,为新的社会培养新人。正如库姆斯所指出的:"大多数发展中国家于50年代或60年代开始的教育不过是引入的殖民教育制度的小型翻版。这种教育制度根本就不是设计来满足这些国家的特定需要和环境条件的。因此它们面临着严峻的选择:是应该坚持并发展外来的模式,还是应该发展一种本国模式但可以有选择地采纳一些别国的做法?"②

1958年,毛泽东在一次谈话中提到,教育必须为无产阶级政治服务,必须同生产劳动相结合。1958年9月,中共中央、国务院发出的《关于教育工作的指示》中明确提出,"党的教育工作方针,是教育为无产阶级政治服务,教育与生产劳动相结合",同时指出"教育的目的,是培养有社会主义觉悟的

---

①孙邦华.中国教育现代化运动中的中国化与美国化、欧洲化之争——1932年国联教育考察团报告书《中国教育之改进》的文化价值观及其反响[J].教育研究,2013,34(7):116-127.

②[美]菲利普·库姆斯.世界教育危机[M].赵宝恒,李环,等译.北京:人民教育出版社,2001:71.

有文化的劳动者"。这一方针的提出，标志着中国教育开始试图摆脱长期以来通过模仿欧美教育和移植苏联经验的做法，决意走一条中国教育的自主创新道路。客观地说，新中国成立后对模仿西方教育而形成的以知识授受为主要任务的制度化学校教育的批判不乏合理之处。如1964年毛泽东批判学校教育，"现在学校课程太多，对学生压力太大，讲授又不甚得法。考试方法以学生为敌人，举行突然袭击。这三项都是不利于培养青年们在德、智、体诸方面生动活泼地主动地得到发展的"[1]。制度化教育确有科层化、官僚化、升学竞争压力加剧等弊病，不利于扩大广大人民群众的平等受教育权。然而，接踵而至的是"大破大立"式问题解决方式，即完全无视现代教育专门化、理性化、系统化等特征，"另起炉灶"地将教室搬到田间地头，以革命运动、阶级斗争和生产劳动来代替制度化的学校教育，这一做法无疑给中国教育带来了浩劫。

这一阶段试图探索马克思主义中国化的道路，继承了五四运动以来的文化激进态度，试图抛开传统文化来进行教育中国化——对于传统文化持全面打倒和彻底决裂的态度，并试图抛开西方文化来进行教育中国化——对西方文化教育也持完全批判的态度，以阶级教育替代了资产阶级"爱的教育"。这一错误的"教育中国化"道路呈现文化虚无主义特征，割断了中国教育与优秀传统文化的联系，且封闭隔膜于世界先进文化，在文化精神上无所依傍，以至完全被政治时局裹挟。

（三）第三次教育中国化的尝试

改革开放之后，尤其是1983年邓小平为北京景山学校题词之后，教育现代化再度成为主旋律，强调中国教育要融入世界文化。在教育现代化的推进下，义务教育逐渐普及，高等教育大众化，教育法制化、民主化水平不断提升，中国教育取得了举世瞩目的成绩，中国开始从人力资源大国迈向人力资源强国。与此同时，对于传统文化和传统道德的研究也不再是"禁区"，学者们被打断的工作得以重新开始。教育理论界学者如毛礼锐、王炳照等也开始

---

[1] 毛泽东.毛泽东论教育革命[M].北京：人民出版社，1964：18.

深入挖掘和批判继承中国古代优秀的教育传统。20世纪90年代，市场经济带来的道德滑坡、拜金主义、信仰缺失等精神危机症候激发国人思考"中国人的精神家园到底在哪里"的问题，人们开始重估传统文化的价值。传统文化在社会上开始复兴，读经运动悄然兴起。

21世纪以来，优秀传统文化复兴从社会活动进入政府视野。2011年，中共十七届六中全会明确指出：中国共产党从成立之日起，就既是中华优秀传统文化的忠实传承者和弘扬者，又是中国先进文化的积极倡导者和发展者。这是中国共产党首次在文件中以中国优秀传统文化"传承者和弘扬者"身份自居，无疑具有重要意义。党的十八大以来，传统文化被认为是中华民族的"根"与"魂"，习近平多次强调优秀传统文化是我们在世界文化激荡中站稳脚跟的根基，是文化软实力的体现，在全球化时代更要弘扬优秀传统文化。2014年教育部出台了《完善中华优秀传统文化教育指导纲要》，该纲要不仅提出了加强中华优秀传统文化教育的指导思想和基本原则，还提出了建立实施传统文化教育的师资、评价等多元支撑保障体系。获得社会大众和政府双重支持的传统文化教育回归校园，其回归特征可以概括为：从台/港到大陆/内地，从老人到少儿，从精英到民众，从研究院到幼儿园。[①]在各地政府的支持与推动下，传统文化进校园活动呈现蓬勃发展之势。全国多所学校开展了以诵读古典书籍活动为主题的优秀传统文化教育，并增加了传统文化知识在课本与考试内容中的比例。在学校教育中一度被中断的传统文化教育内容，在全球化的视野下得以承继和接续，为培养中国人的文化认同和文化自信奠定了基础。

三、教育中国化的风险

对当前教育中国化效果做出客观评价尚需时日。然而，通过对前两次教育中国化的历史回顾可知：当社会呼吁教育西方化或现代化时，教育中国化可能朝气蓬勃、快速发展；当我们立志自主探索教育中国化时，教育中国化

---

① 陈先达.中国传统文化的当代价值[J].中国社会科学，1997(2)：30-40.

可能误入歧途、质量下滑。教育中国化似乎是一个充满风险和陷阱的旅途。为中国教育找到一条自主发展的道路是无数学者孜孜以求的理想。但为何这一理想可能通向万劫不复的深渊？深入思考教育中国化诉求提出的历史背景与思维方式，或许对这一问题的解答有所裨益。

（一）教育中国化与民族主义

民族主义源于中国在现代化过程中被列强侵凌时出现的忧患意识，表现为对本民族生存发展的热烈关注和理想情怀，即任何个人、理论或思想体系都要体现为为振兴中华民族的目的和需求服务的价值，如马克思主义在中国得到广泛认可就是因为它能"救中国"。在这种情况下，民族危机最初会加速教育现代化的进程。危机越深重，要求彻底改进传统教育、推进现代教育的呼声就越高，发展到极致便是为了民族的救亡图存而抛弃传统文化。

同时，教育中国化也源自民族主义的诉求。教育中国化诉求高涨的时候，往往也是民族意识高涨的时候。如20世纪30年代的教育中国化诉求便与反抗帝国主义文化侵略、回收中国教育主权的行动相呼应。第二次教育中国化的尝试也与中国社会在国际政治中的困危局面激起的自力更生的民族意识密切相关。当前第三次教育中国化尝试，与全球化时期探索中国特色社会主义道路、重建中国文化自信的使命密切相关。无疑，民族主义对于国家振兴和公民身份认同具有积极作用。

然而，民族主义可能会带来对中国文化的盲目乐观。如出现"中西文化对峙论"或"中国文化优越论"，认为中国文化足以与西方文化对峙抗衡，没必要向西方文化学习；或"厚中薄西"，视西方文化为粗俗的物质文明，中国文化为高雅的精神文明，提出西方文化需要中国文化去拯救。同时，民族主义也有滑向狭隘民族主义的风险。狭隘民族主义可能因警惕文化侵略、要求文化主权而走上排外道路，以民族利益为由反对学习外国文化，认为支持外国文化的均是帝国主义侵华的代理者。在这一心态的影响下，甚至出现以不读外国书、不学外语为荣的现象。这其实是一种自绝于文明世界的行为，会将自己的心智变得闭塞。

（二）教育中国化与民众主义

教育中国化的失误部分源于中国社会和教育长期存在的精英文化与大众文化之间的鸿沟。精英文化以接受西方文化的知识分子为代表，他们心态开放、追求民主与自由；大众文化以平民百姓为代表，他们追求温饱安乐。早在民国时期，这种阶层分化就已初见端倪。如小说《围城》中方鸿渐的生活与当前大学教授生活相差无几，但与当时萧条破败农村"闰土"们的生活有天壤之别；孙柔嘉女士的生活似乎与当代女性相差无几，而当时大多数女性依然在父权统治下裹着小脚，遵守"三从四德"，几乎未受教育，甚至不会写自己的名字。精英人士与底层社会农民虽然在生活轨迹上偶有交集，却难找到共同语言。精英与底层、城市与农村、地主与农民、资产阶级与无产阶级、脑力劳动与体力劳动等系列社会差异在新中国成立前便根深蒂固地存在。

新中国成立之后，这种社会阶层和文化分化被夸大化、意识形态化。在极端民众主义语境中，人民是一个想象共同体，他们纯粹、高尚、无辜，而精英则走向人民的对立面，被描述为贪腐、邪恶与卑劣的存在。[1]在这种情况下，人民主权和人民统治使得抽象的人民穿上统治阶层的外衣，教育中国化的诉求便以代表大多数底层民众的抽象人民的社会心理为准则。在社会分工中，强调体力劳动，鄙视脑力劳动；在道德价值上，强调吃苦耐劳和艰苦朴素，否定审美体验和生活享受；在文化选择上，强调普通百姓的日用劳作经验比精英的高雅文化更有价值，"卑贱者最聪明，高贵者最愚蠢"[2]；在知识价值上，持一种拿来就用、立竿见影的狭隘实用知识观甚至是反智主义态度，将科学原理及人文社会科学知识都排除于知识体系之外，造成了"教育贫瘠"和"文化沙漠"状态。

（三）教育中国化与文化激进主义

百年以来，在教育现代化与中国化的进程中，始终未能很好地解决中西

---

[1] 袁婷婷.民粹主义的中国境遇[J].探索，2018(1)：93-100.
[2] 李波."卑贱者最聪明，高贵者最愚蠢"——毛泽东对"鸭绿江一号"拖拉机的批示[J].百年潮，2009(8)：43-45.

文化调和问题，未能处理好教育深层内在的文化矛盾和文化危机问题。其一，中西文化以何为本？是以中国文化为本，还是以带有普遍性的、以西方精神为主要代表的西方文化为本？其二，中西文化如何融合？在个人精神上，应是拖着长辫而说英语的辜鸿铭形象，还是新文化的师表、旧道德的楷模的胡适形象？

教育中国化的风险与文化激进主义密切相关。文化激进主义是五四运动之后一段时间我国学者对待传统文化的主流取向，强调文化的发展需要通过决绝的革命方式，而非改良式的渐进方式；其思维方式是非此即彼的；其对待社会问题的态度是比较简单的，即主张进行文化方面的革命。其实，文化革新与制度重构是相辅相成的。如果只进行文化革新，而不进行制度重构，文化就会变得越来越激进，试图打破一切旧文化和旧习俗，社会丑恶现象将完全被归咎于落后文化，文化成为制度失败的"替罪羊"。文化激进主义具有毁灭一切经典和颠覆一切权威的破坏性气质。英国思想家柏克指出，传统是人类健全的进步和发展的唯一保证，毁灭性的破坏将导致一种新的专制主义强权，唯有传统才能维持社会免于全面的混乱与崩溃。①

文化激进主义的典型态度是不允许辩论，不允许文化异见者发声。实际上，文化不仅具有道德与价值属性，还需要以探讨"什么是真""什么是知识"的知识观作为核心因素，同时需要制度佐以建构可以自由讨论的公共空间，即文化并非凝固的，而是流变生成的，需要在公共领域的自由讨论中形成重叠共识。但如果教育制度不允许自由讨论，知识就会被权力操控，成为权力的奴仆，公共理性就不能涌现。

四、教育现代化与中国化关系之再审视

教育中国化的失败尝试深刻地揭示了两个显而易见的道理：一是教育现代化不能脱离中国传统文化，文化激进主义只能带来灾难；二是教育中国化

---

①[英]柏克.法国革命论[M].何兆武，徐振洲，彭刚，译.北京：商务印书馆，2011：117.

亦不可脱离教育现代化的整体轨道和世界格局，否则便会被狭隘的民族主义、极端的民众主义裹挟。在现代化和中国化之间进行非此即彼式的选择对于教育发展来说有百害而无一利。

（一）教育现代化必须经由教育中国化而成

教育现代化是教育发展的目标，但这一目标的达成必须经由教育中国化而成。换言之，教育中国化不仅是教育现代化的阶段性路径，也是教育现代化的总体性目标。

首先，中国教育现代化必须扎根于中国优秀的教育传统。在教育现代化转型过程中，中国优秀的教育传统并没有得到足够的重视。"因材施教""知行合一""教学相长""慎思明辨"等古老的教育智慧和教育传统在向西方学习的过程中被丢失了。目前，我们可以从以下三方面进行探索：第一，坚持"尊师重道"传统，敬畏"师道"，总结古代学者的为学之道，不断探索古代优秀大师如孔子、韩愈、胡瑗等人的教书育人之道；第二，探索古代学校组织和制度的特点，中国古代书院师生"共同起居、悠游山水、质疑问难、相互启发"的教育方式至今仍有其价值；第三，认识中国传统文化与传统教育的独特性，如李泽厚曾将中国传统文化与传统教育总结为乐感文化、实用理性、情本体等，这使得西方的文化理论和教育概念很难直接解释和指导中国的社会实践和教育实践。

其次，我们在中国教育现代化过程中必须思考中国教育对世界教育的独特贡献是什么。新中国成立之后，中国基础教育和高等教育均得到长足发展，义务教育全面普及，高等教育也已大众化。我国提供了一个在经济落后、人口众多、差异悬殊的欠发达国家中推行教育现代化的特殊形态，可谓中国教育经验。中国教育经验有很多特点，如举国体制、全民动员、立法先行、坚持开放等。中国教育现代化进程中的成功经验表明，教育现代化的成功是国际视野与本土探索的融合。从西方引入的先进思想或做法只有与本国人民的实际需求及教育现实结合，与基层创新结合，才能开花结果。

最后，我们在中国教育现代化过程中必须思考中国教育发展的失败教训是什么。相较于其他的后发型国家，中国教育历经若干次推倒重来的大起大落、伤筋动骨。教育实践者和教育研究者要加强教育研究，加深对中国传统文化的了解，使得学术研究和教学实践扎根于中国教育改革发展的现实，研究中国的教育问题。

（二）教育中国化是现代化视角下的文化再生

教育中国化并非复古主义，其强调传统文化并非亘古不变、铁板一块的东西，而是在不断与其他文化的对话交流中重新生成和建构的。中国传统文化恰恰具有这种开放性和流动性，美国教育学者阿克曼十分幽默地告诫我们不要把传统教育与进步教育对立起来，或者将两者只看成是装饰华丽的手纺车中周而复始不断旋转的转轮，他引用DNA的生物隐喻解释传统教育与进步教育的关系："学校最显著的哲学形式，就如同DNA的双链一样：进步派和传统派是相互缠绕、相互作用、相互补充的。这就是我们应提倡的学校。"[①]借用他的比喻，中国传统文化和西方文化亦是文化DNA的双链，两者并非相互对抗、隔离与竞争，而是相互缠绕、相互补充、相互借鉴、相互融合的。

传统文化是什么？对这一问题的回答依赖于我们认识和诠释传统文化的方式。现在学者阐述传统文化的方式亦非过去所认为的那样是完全客观的，而是用已经受了西方文化洗礼的视角去看，即批判性的、现代性的视角去看，因此我们眼中的中国文化是已经被现代化进程大浪淘沙选择过的传统文化，是经过视域融合、理论扬弃之后产生的新文化。也就是说，传统文化是一种经过创造性转化后的文化再生，是一种无形而强大的精神力量。它对于重建中国文化和中国精神家园是有益的，且具有根本性作用。[②]许多学者的探索表明传统文化的创造性转化是一条可行之路：伦理学家何怀宏将传统伦理思想改造为底线伦理；加拿大学者贝淡宁认为传统中国的贤能政治经过改良可以规避选举民主的弊端导向[③]；钱穆在香港创办的书院制学校延续至今，在香港中文大学中被发扬光大。如此种种，都表明中国传统文化实际上是一个既包

---

① Ackerman D B. Taproots for a new century: Tapping the best of traditional and progressive education[J]. Phi Dalta Kappan, 2003, 84(5): 344-349.
② 杜维明. 建构精神性人文主义——从克己复礼为仁的现代解读出发[J]. 探索与争鸣, 2014(2): 4-10.
③ 贝淡宁, 吴万伟. 中国贤能政治的未来[J]. 南风窗, 2015(14): 22-23.

罗万象又具有开放性的知识宝库和观念体系，它可以通过意义重构、价值更新、策略选择等方式不断与时俱进地发展。

五、教育中国化与现代化的深度融合

教育中国化强调中西文化既不是西风压倒东风，也不是东风压倒西风，而是和谐共生、平等对话，以实现教育中国化与现代化的深度融合。教育中国化的路径更多是渐进的，而非突变的；是扎根生成的，是顶层设计与基层创新的融合，而不是"理论空降"或演绎推广式的。

（一）中国文化本位的精神重构

教育现代化并非文化中立的，而是要在教育主导精神及文化价值方面有所选择和依傍。教育中国化强调教育现代化以中国精神文化为本位，致力于培养了解中国传统文化和认同传统文化价值、具有开放心智与传统美德的公民。在培养目标上，教育中国化致力于培养知中国、服务中国的公民，这些公民既具有强烈的社会责任感、爱国主义精神，也具有国际视野和参与国际竞争的能力。

强调以中国精神文化为本，就要重构中国教育的文化DNA。中国文化本身具有的浓厚的古典人文精神和天人合一的生态文明思想不能只是被碎片化地塞入课程体系，而是需要学生整体而系统地去学习。传统文化能够贡献于中国教育的第一大财富便是中国古典人文精神。正如五四运动所批判的，中国传统文化中未能开出科学与民主。然而，科学与民主更多的是一种研究的方法、思维的工具或制度的手段，其背后更重要的应该是西方历史所孕育的独特的"精神自由"传统，尤其是西方文化中对于精神、理念、自然规律等抽象真理的孜孜不倦的探寻精神，这些是培育科学精神与民主观念的土壤。而中国教育精神之魂，也应该是来自中国传统文化中追求精神自由的古典人文精神。中国传统文化最能贡献于教育的人文精神就是对"仁爱""气节""道德""良知"等人之为人所必备的精神属性的追求，具体体现为以天下为己任的家国情怀、重义轻利的伦理精神，以及刚毅进取、自强不息的人生态度等。这些精神应该成为学校的灵魂，在学校文化、人际关系、行为方式等多个维度打下深刻的烙印，成为每位师生的精神底色。

（二）教育中国化的课程重构

教育中国化的战略选择体现为目标重构、课程重构。在教育中国化的战略选择上，要提防文化激进主义，循序渐进地进行课程重构。课程重构的第一个核心问题便是将中国传统精神文化的精要融入课程，尤其是将儒家经典书籍"四书"变为必修科目。我国台湾地区从1954年开始在高中课程中将传统文化设置为必修科目。从1971年起，台湾高中国文课程选录四书编纂为《中国文化基本教材》，后该教材更名为《中华文化基础教材》，中间一度从必修课变为选修课，但终又复归必修课程。2013年，该套教材引入内地，然而因难度较大、师资缺乏等因素限制而无法推广。显然，在传统文化教育方面，我们还有很多历史欠账。

课程重构的第二个核心问题是在课程建构方面融贯中西文化之长，让学校课程成为体现西方先进文化和中国先进文化的聚合体。笔者调研过一些优秀学校，发现一些有思想的学校管理者在文化选择上表现出反思的自觉意识，试图在课程体系中因地制宜地融合中西文化。如武汉格鲁伯实验学校校长认为中国传统文化中的经典吟诵、西方文化中的重视体育和社团文化，是中西教育传统中的宝贵财富，都应该在学校课程中有所体现。因此，他们注重传统文化教育，使用自编的传统文化教材，重视对中国古典文学的学习，同时加强了体育教育和自然教育。另一所国际学校定位于培养全球公民，致力于让学生学到包括中国在内的世界上最好的课程，于是他们引入加拿大的科学课程和原版教材，并使之与中国的人文课程结合起来，让学生在接受先进的科学文化知识的同时保留中华民族的优良传统和优秀的文化价值观。两所学校的管理者都不约而同地选择了民国人物作为他们的精神偶像：更强调复兴传统文化的武汉格鲁伯实验学校校长选择了张伯苓，而更强调全球视野的国际学校管理层则选择了马相伯。可见，中西文化可以很好地融合于学校精神与学校课程。中国学校要提高教育质量，做出世界一流的教育，必须在学校课程设计上更自觉地汲取中西文化传统中沉淀的最优秀的精神财富，探索两者深度融合的路径，而不是被当下盛行的应试文化、时髦的消费文化左右。

（三）教育中国化的视野重构

教育中国化不仅要总结中国经验，还要研究外国教育，在中西比较中更深入地理解中国教育，创建"在中国、为中国、属中国"的教育理论体系。比较教育专家萨德勒说过："在研究外国教育制度时，我们不应当忘记，学校之外的事情比学校内部的事情更重要，它们制约并说明校内的事情。我们不能随意地漫步在世界教育制度之林，像小孩逛花园一样，从一堆灌木丛中摘一朵花，再从另一堆中摘一些叶子，然后指望将这些采集的东西移植到家里的土壤中便会拥有一棵有生命的植物。一个民族的教育制度是一种活生生的东西，它是被遗忘了的斗争和艰难的结果，是'久远以前的战斗'的产物。其中隐含着民族生活中的一些隐秘的作用……如果我们以一种同情的精神去理解外国教育制度的真正作用，我们就会更好地使自己深入到我们自己的民族教育的精神和传统中，更敏锐地感受其中尚未被表达的理想，更迅捷地捕捉到反映教育制度发展或衰退的征兆，更乐于去识别威胁教育制度的危险以及有害的变革中的微妙影响……"①研究外国教育并非仅仅是拿来主义式的借鉴，也不能只满足于对西方新概念和新事物的猎奇追逐和知识搬运，更重要的是走出"当局者迷"的视野，重构对本国教育独特性的理解，对于本国教育发展变化趋势更为敏感，反思本国教育理论和教育实践，建构具有"中国表达、中国实践、中国经验、中国文化"的中国教育学。②

总而言之，在教育历史上，几乎没有罔顾本国传统文化而能成功进行教育现代化的先例。离开了教育中国化，教育现代化可能会成为没有实质的空壳、没有内容的形式、没有灵魂的过程。中国教育发展最终依赖于中国人自己独特的智慧，如此才能走向世界，才能用中国经验回馈世界。

---

① [美]艾萨克·康德尔.教育的新时代——比较研究[M].王承绪，等译.北京：人民教育出版社，2001：7.

② 冯建军.构建教育学的中国话语体系[J].高等教育研究，2015，36(8)：1-8.

第十二章

信任、合作与参与：教育改革的社会基础

改革开放四十余年，中国教育持续改革。当前教育改革已步入综合改革的攻坚期，但改革在人才培养模式、治理方式与评价制度等关键问题上仍未有实质进展，出现改革阻滞、改革举措过于密集、改革主体缺乏积极性[1]等问题。一些关注教育改革的学者，不禁追问："中国教育改革为何这么难？"[2]长期以来，教育研究者倾向于从教育系统内部去思考教育改革，"偏好于审视与琢磨教育改革的取向本身是否正确、思路本身是否科学、方式本身是否合理、效果本身是否明显等"[3]。但近年来，学者们逐渐将教育改革难的症结指向社会：教育领域综合改革所遭遇的许多问题都无法完全归咎于"教育领域"自身，甚至主要不能归咎于"教育领域"自身，其根源在于外部社会。[4]一方面，社会改革滞后制约教育改革和发展，一些问题看似是教育问题，实则是社会问题在教育领域的折射，如学业负担重很大程度上源于社会保障机制的匮乏，职业教育缺乏吸引力的根本原因是社会阶层利益分配的不平等[5]；另一方面，教育改革和社会发展脱节，只在教育系统内孤立地进行自我改革，其结果是教育发展变得单向、弱势、割裂、空泛和乏力。[6]因此，教育改革不能

---

[1] 吴全华.全面深化基础教育改革应处理好的几个基本关系[J].教育发展研究，2020(Z2)：1-6，22.
[2] 吴康宁.中国教育改革为什么会这么难[J].华东师范大学学报(教育科学版)，2010，28(4)：10-19，36.
[3] 吴康宁.社会对教育改革的制约[J].教育研究，2016，37(3)：34-38.
[4] 吴康宁.改革·综合·教育领域——简析教育领域综合改革之要义[J].教育研究，2014，35(1)：41-46.
[5] 项贤明.教育改革中的问题辨析[J].中国教育学刊，2015(1)：1-5.
[6] 李政涛.当代教育发展的"全社会教育"路向[J].教育研究，2020，41(6)：4-13.

局限于教育侧发力。①叶澜教授提出了包含教育系统和社会系统的综合的"社会教育力"概念,倡导唤醒当前既蓬勃生长又杂乱无序、处于"半醒半梦"状态的"社会教育力"②;李政涛进一步提出让所有人类实践形式和实践主体都充当教育责任,建设"全社会教育"或"教育性社会"③。从总体上看,教育学者对于教育改革的社会基础这一复杂问题的研究刚刚起步,对教育与外部社会系统的内在联系和互动机制的揭示还有待深入。因此,笔者尝试从社会合作体系中行动者的能动性出发,反思教育与外部社会系统的互动关系,识别社会系统中影响教育改革成败的关键因素,寻找优化教育改革的社会突破口,以期用更为稳健和更有活力的方式来推进教育改革。

一、教育嵌套于社会之中

社会是什么?一般认为社会是在现代化过程中出现的位于国家和个人之间的公共合作领域。其主要是在现代化生产方式推动下出现的国家机构和私人领域之外的人与人进行合作、交换与交往的空间,是国家力量作用于个人的中介与桥梁。美国学者雅诺斯基认为,文明社会可以划分为四个相互起作用的部分,即国家领域、私人领域、公众领域和市场领域(见图12-1)。④其中,公众领域是为实现公共事务而组织起来的合作领域,市场领域是为追求利益最大化而组织起来的合作领域。广义的社会是市场领域与公众领域的集合体,狭义的社会是指为了公共事务而组织起来的公众领域。公众领域是社会组成中的最重要且最复杂的部分,涉及政党、利益集团、行业协会、社会组织、宗教团体等多种类型的志愿联合组织。⑤

---

① 郝德永.教育问题的社会之因与教育改革的社会支撑[J].高等教育研究,2020,41(6):1-6.
② 叶澜.社会教育力:概念、现状与未来指向[J].课程·教材·教法,2016,36(10):3-10,57.
③ 李政涛.当代教育发展的"全社会教育"路向[J].教育研究,2020,41(6):4-13.
④ [美]托马斯·雅诺斯基.公民与文明社会:自由主义政体、传统政体和社会民主政体下的权利与义务框架[M].柯雄,译.沈阳:辽宁教育出版社,2000:19.
⑤ [美]托马斯·雅诺斯基.公民与文明社会:自由主义政体、传统政体和社会民主政体下的权利与义务框架[M].柯雄,译.沈阳:辽宁教育出版社,2000:16-17.

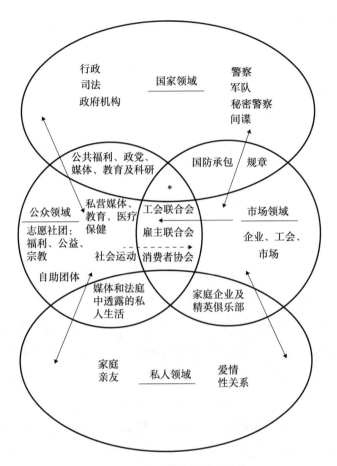

图 12-1 文明社会的组成部分

（一）社会与教育的关系：从"制约论"到"嵌套论"

教育与其置身其中的外部社会是怎样的关系？对于这个问题的认识，学界依次经历了"制约论""互动论"和"嵌套论"三个阶段。"制约论"凭借社会政治经济因素决定教育的机械线性思维，将社会与教育的关系仅仅定义为"决定关系、一致关系、反映关系、派生关系、依赖关系"[①]。"互动论"突破了"制约论"的机械决定论，强调教育的能动性，认为人类实践的本性及其不可被专业分割的完整性使得教育实践与其他的社会实践领域彼此勾连，

---

① [美]罗伯特·K.默顿.社会理论和社会结构[M].唐少杰，齐心，等译.南京：译林出版社，2008：713.

呈现作用力与反作用力交互共存的状态。德国教育学家本纳是其中的代表性人物，他从形而上学的角度指出：人类有六种共存的实践领域，即经济、伦理、政治、艺术、宗教和教育，"任何领域都无法要求一种封闭的独立性"，它们彼此之间既不可分离，也不可相互取代，其多方面相互依赖性构成了人类赖以保持和推进其自身存在的基础。①六大实践领域都依托于人类作为不完善动物的肉体性存在，具有同样的缘起性，借由人类的自由性、历史性和语言性等特性相互影响，共存于人类从不完善性出发走向自身确定性追求的历程之中。"互动论"以普遍联系的辩证观点揭示了教育与其他社会系统之间的互动关系，然而，其理论的丰富性也带来了实践上无法聚焦的模糊性。

  近年来，随着教育学与经济学、社会学等多学科的交叉融合，"嵌套论"观念逐渐流行。"嵌套论"兼容"制约论"与"互动论"的主要观点，认为"教育嵌入社会的政治、经济、文化结构之中并受其深刻制约"②，教育不仅受宏观的社会制度影响，还受阶层、城乡、地区等复杂因素的深层次制约；"可以把教育理解为深嵌于社会之中的一种构件……教育的真实状态是既受制于社会、服务于社会，又表征着社会、型构着社会"③。与"制约论"与"互动论"不同的是，"嵌套论"超越了仅从整体抽象和宏大的叙事视角看待教育与社会的关系的思维，试图从中观层面尤其是从行动者在社会关系网络中的能动性出发来揭示两者之间的关系。"行动者既不会像原子一样孤立在他们的社会脉络之外做出决定、采取行动，也不会盲目遵从他们刚好所属的社会文化族群为他们的特殊类型所写的表演脚本。相反，他们有目的的行动背后的意图嵌入社会关系具体而不断发展的系统中。这些关系网络构成了连接个人行动、社会制度和文化间的中观层次的关键部分。"④以行动者的能动性为中介，社会与教育的关系不是外在机械的，而是多样的、全过程化的，具有模

---

①[德]底特利希·本纳.普通教育学 教育思想和行动基本结构的系统的和问题史的引论[M].彭正梅，徐小青，张可创，译.上海：华东师范大学出版社，2006：8-9.
②吴康宁.改革·综合·教育领域——简析教育领域综合改革之要义[J].教育研究，2014，35(1)：41-46.
③吴康宁.社会对教育改革的制约[J].教育研究，2016，37(3)：34-38.
④[美]马克·格兰诺维特.社会与经济：信任、权力与制度[M].王水雄，罗家德，译.北京：中信出版社，2019：23.

糊目的与非线性机制特征。更具体地说，在行动者的行动之中，社会以关系网络的形态贯穿、融合并体现在每一个教育关系、事件和历程中。因此，教育与社会的互动在不同情境中多层次、多维度地交互发生。在这种嵌套关系中，教育不再是边界森严的封闭系统，而是一个与外部环境紧密联系的开放的能量与信息交换系统，我们甚至很难进行教育行为与非教育行为、教育场所与非教育场所、教育人员与非教育人员的孑然分割；承载社会关系网络的每一项教育实践都折射出社会的影子，同时蕴含改变社会的可能性。正如英国社会学家吉登斯的结构二重性理论所指出的，社会结构不是无主体的固定结构和权力匿名化的自动运行机制，而是必须依靠实践的延续才能存在。①行动者的能动性实践打破了宏观-微观、结构-行动之间的二元对立状态，既维持着结构也改变着结构。"不应把结构等同于约束。相反，结构总是同时具有约束性与使动性（能动性）。"②同样，教育改革在既定的社会结构中进行，而教育改革行动也可能再生产出社会结构。教育改革行动与社会变革也不是各自分离的社会现实，而是相互包含、互为媒介、互动同构的。教育改革具有能动性和先行性，并不是消极地等待社会改革完成之后再启动。

（二）社会基础的三要素

支持教育改革成功的社会基础是什么呢？已有研究将社会基础视为社会成员对教育改革的支持力量，社会基础越是广泛、越是坚实，改革成功的可能性越大，代价越小。③不同类型的社会成员对教育改革的支持广度、强度、纯度不同，尤其是关键人群作为利益相关者成为关键社会基础。若得不到关键社会基础的支持，教育改革难免事倍功半。④利益群体可分为三种类型，即内生型利益群体（以家长为主）、结构嵌入型利益群体（以知识产业为代表的

---

① 杨敏.社会行动的意义效应：社会转型加速期现代性特征研究[M].北京：中国人民大学出版社，2005：283.
② [英]安东尼·吉登斯.社会的构成：结构化理论纲要[M].李康，李猛，译.北京：中国人民大学出版社，2016：23.
③ 吴康宁.谁支持改革——兼论教育改革的社会基础[J].教育研究与实验，2007(6)：1-5.
④ 吴康宁.赞同？反对？中立？——再论教育改革的社会基础[J].教育学报，2011，7(4)：4-10.

群体）和关系嵌入型利益群体（人才市场）。①这些观点自有合理之处，但人们不得不追问：社会成员组成社会群体的条件是什么？如果社会文化和制度环境不能为社会成员之间的合作提供土壤和渠道，那么关键人群囿于囚徒困境而不能产生群体意识和集体行动，成为"乌合之众"，其社会支持自然也是无源之水，行之不远。换言之，合作增强和放大了行动者的能动性，教育改革更容易发生在社会合作运行通畅的环境之中。这不仅是由人类社会的合作本性决定的，也是因为教育实践从本质上来说便是嵌套于现代社会之中的利益相关的多元主体之间合作的事业。

现代社会是以促进所有人的普遍合作为宗旨的交往关系的实现。社会合作如何才能更为普遍地发生？社会信任是社会合作发生的文化土壤，为广泛的社会合作提供心理准备；社会参与是社会合作的制度渠道，使得社会合作行动的成果能够合法化、制度化，对实践产生影响。因此，以社会合作为中心，社会信任、社会参与联合起来为教育改革提供了从心理准备到实际行动、从行动到制度化的社会基础。具体表现为以下几点。

其一，社会信任是推行教育改革的社会心理基础。社会信任以及奠基于其上的社会诚信水平影响了教育改革的成本和风险。信任度较低的社会环境，教育改革难以实施，并且理想化的制度改革在实施中往往也会被扭曲，使得教育改革完全背离初衷。

其二，社会合作为教育改革提供了多维动力机制。社会多元主体之间的合作为教育改革提供资源和动力，使得教育改革突破以政府为主导的单一改革模式，从独奏变成协奏，进而在合作的去中心化的社会网络节点中自发地产生教育创新。

其三，社会参与提供了教育改革制度创新机制。社会参与使教育利益相关者通过与教育管理者、政策制定者之间的博弈，将合理的教育诉求从理念、口号变为合法化的制度，从而影响改革走向。

二、社会信任：教育改革的社会心理基础

信任是一种复杂的社会心理现象，是对他人（组织）表现出适当行为的

---

①吴康宁等.教育改革的社会支持[M].北京：人民出版社，2019：48.

预期。[①]社会信任一般分为特殊信任和普遍信任两种类型，其中，特殊信任是基于私人领域或有血缘关系的熟人之间的关系信任，普遍信任是基于陌生人领域的制度信任或公共信任。现代的社会信任更强调后者，即更多地表现为对于陌生人的合作互惠意愿、遵守规则及产生结果的积极期望。制度信任或公共信任被视为判断现代化的一个标准，构成社会资本的核心要素。[②]如人们轻松采购食品是因为政府对食品和药品的监管得力，若人们对政府或法院的（制度）信任降低，食品采购可能会成为难事。

（一）社会信任的作用

一些研究者指出，社会信任影响政治文化，进而影响政府绩效。政治学家帕特南以意大利为个案进行研究，发现尽管意大利南北两部分采取同样的政治体制，但南北政府绩效存在极大差异：北部自发性社会能够促进经济体的发展，社会自组织能力强，社会信任度也高；反之，南部社会信任度低，拥有高度分化的家庭主义[③][④]。福山进一步指出，社会信任影响经济发展。他依据社会信任程度将社会分为高信任度社会与低信任度社会两种类型。高信任度社会是指在社会中具有普遍互惠道德，如德国、日本以及美国等国家作为高信任度的国家，其信任半径延伸相对较长；低信任度社会是指社会上普遍缺乏人与人之间的信任，如韩国、法国以及中国等，其信任半径相对较短，更倾向于信任熟人与家庭成员。[⑤]对于高信任度国家来说，社会组织数量相对多，私有部门企业多且规模更大，知名的跨国公司更多。其根源就在于社会的自组织能力与信任密切相关，高信任度国家的社会自组织能力强。一般说

[①] 薛天山.人际信任与制度信任[J].青年研究，2002(6)：15-19.
[②] 伍麟，臧运洪.制度信任的心理逻辑与建设机制[J].华中师范大学学报(人文社会科学版)，2017，56(6)：172-180.
[③] [美]罗伯特·D.帕特南.使民主运转起来：现代意大利的公民传统[M].王列，赖海榕，译.北京：中国人民大学出版社，2015：97.
[④] [美]弗朗西斯·福山.信任：社会美德与创造经济繁荣[M].郭华，译.桂林：广西师范大学出版社，2016：99-104.
[⑤] [美]弗朗西斯·福山.信任：社会美德与创造经济繁荣[M].郭华，译.桂林：广西师范大学出版社，2016：315-316.

来，高信任度国家社会力量参与教育活动更为常见，突出表现为私立学校数量较多、质量较好。

社会信任作为政治文化和社会自组织能力在历史发展中沉淀的产物，具有长期稳定性。中国由于家庭（家族）中心主义伦理传统和特权专制的政治文化传统，社会信任度较低。杨明等人对1990—2010年的12个全国性调查数据进行分析发现，转型期中国的社会信任呈现以2002年为波谷的"U"形变化趋势。[1]这表明市场经济推动的信用制度在经济领域的建构，可局部改善社会信任状况。然而在整体社会文化和社会交往中，我国普遍的信任文化尚未建构。社会不信任不仅存在于各市场利益主体之间（主要是商品提供者和消费者），也存在于政府和民众之间甚至是社会不同阶层之间，突出表现为劳资冲突、干群冲突、医患冲突、家校冲突等。整体而言，中国社会信任程度仍处于低水平状态。

（二）社会信任缺失制约教育改革

社会信任对于社会行为有两大影响。一方面，降低交易成本。高信任度社会内部群体之间的活动一般不需要政府作为第三方干预，而缺乏信任的社会需要政府出台相关法律，将政府作为信任的替代品，由政府作为第三方提供信任担保，保障交易有序进行，因此社会管理成本比较高。另一方面，社会信任能够促使成本共担，一定程度上约束了"搭便车"的行为，有利于形成群体意识。[2]社会信任能够整合教育改革中教育管理者、教师、学生及其家长等相关利益主体的认知，从而在教育改革行动中基本达成共识，对人的行为和组织效能产生更强的激励作用、更低的互动成本和更高的行动效率。[3]当社会信任程度比较低时，教育改革的成本和代价就比较高。

其一，在社会信任程度比较低的情况下，旨在推动个人自由及赋权个人

---

[1] 杨明，孟天广，方然.变迁社会中的社会信任：存量与变化——1990—2010年[J].北京大学学报（哲学社会科学版），2011,48(6)：100-109.

[2] [美]弗朗西斯·福山.信任：社会美德与创造经济繁荣[M].郭华，译.桂林：广西师范大学出版社，2016：28.

[3] 季春梅，范国睿.社会资本：教育治理的行动逻辑[J].南京社会科学，2018(6)：139-143,156.

的教育改革比较难以推行。在社会信任程度比较低的情况下，教育制度改革者更倾向于采用风险更小的"坏人假设"，即教育政策制定者必须先假定，教育改革中会有一部分投机主义者钻制度漏洞，所以制度改革步子不能太大，而且要预设重重制度方案将改革可能产生的漏洞堵上，那些针对重要制度的改革更是如此。以高考改革为例，之所以中国考试改革不能摆脱"以分取人"制度的束缚、自主招生制度得不到大范围推广，就是因为社会信任度较低的情况下会出现大量的投机行为和寻租行为。任何在统一的大规模考试格局中创设出来的有限弹性和有限自由，如自主招生、特长招生、保送生等都可能被特权阶层利用，演化成新的教育不公。因此，社会信任缺失造成了教育改革中广泛存在的"公平悖论"，即强调"一刀切"的平等性公平会导致制度僵化，无法照顾个别差异；而强调"个性选拔"的差异性公平又会导致教育特权者的投机行为。因此，"公平悖论"造成考试改革在不断堵住制度漏洞（包括减少加分项、减少人为操纵性等）的同时，也在"公平"的名义下变得越来越僵化、越来越难以选拔创新型人才。考试改革的"公平悖论"反映了教育改革的深层困境——在社会信任匮乏的条件下，以强调教育公平与教育合法性为代表的政府主导力量和有着寻租逐利优势的特权阶层在教育改革中进行着持续而反复的博弈，使得教育改革只能沿着在程序上设计出越来越精致严格甚至僵化的制度要求（包括考试制度）的改革之路前进，其结果便是围绕着日趋单一化的评价标准出现越来越白热化的教育竞争。

其二，在低信任度社会，教育改革难以达成共识、责任共担。教育改革是一项系统的社会工程，涉及多元主体的利益。每一轮教育改革都会成为新的利益再分配或关系重组的合法化机制，成为多元主体维护与牟取私利的途径。这使得多元主体很难在教育改革的基本目标或改革理念上达成共识。教育改革收效甚微的缘由往往在于教育管理者与教育实践者之间、教育实践者与社会（家长）之间缺乏信任。多元主体间存在信任危机，实践者、家长群体、社会大众等甚至怀疑改革的动机。当需要采取集体行动时，网络中的每个成员首先会盘算如何利用网络为自己牟利，而且怀疑其他成员也会照此行事[1]，进而将简单的教育改革行动复杂化或将综合的教育改革要求简单化。教

---

[1] [美]弗朗西斯·福山.信任：社会美德与创造经济繁荣[M].郭华，译.桂林：广西师范大学出版社，2016：191.

育改革者怀疑教育实践者虚与委蛇，于是设置重重制度监督和烦琐的文案书写程序，增加了改革的无效成本；教育实践者则抱怨改革加重个人负担，在心理上抗阻改革。家长怀疑改革会减损自己的利益，不愿意承担改革的成本。近年来出现的家长走上街头抗议、家长投诉上访、家校冲突加剧等现象都表明教育改革的尝试创新会带来风险，如果得不到家长的信任和支持，教育改革便不得不"流产"。

三、社会合作：教育改革的多维动力机制

人类所有的进步都来源于合作。社会合作是不同社会组织间或个人之间以社会信任为前提进行的联合性活动，其目的在于实现单个社会成员或社会群体仅仅依靠一己之力而无法实现的生产或其他方面的目标，进而实现社会的正常运行和发展，并从中得到相应的回报。[①]合作并非如竞争一般强调自利的对抗性活动，而是强调自利与互利的统一。[②]社会合作从多个层面解决教育改革停滞不前的困境：一方面，社会合作使技术、人力、经费三种要素发生有效组合；另一方面，社会合作的深度与广度对教育改革的创新性、自发性和可持续性影响深远。

（一）社会合作促进教育改革的要素融合

吴康宁曾发现一个吊诡的改革现象："即便社会对于教育改革有着强烈需要……然而，当教育改革正式启动之后，一旦要真刀真枪地实施改革方案，一旦要深入地实质性推进教育改革，却未必能得到所需要的社会大力支持，也未必能从教育改革所处外部社会环境中得到充分助力。"[③]为什么即使是为了满足社会需要而进行的教育改革也得不到社会的有力支持？一个可能的解释是几乎所有的教育改革都需要大量资源投入，这超出了社会个体能承受的

[①]吴忠民.有效的社会合作何以愈益离不开社会公正——论社会公正与社会合作的关系[J].教学与研究，2018(7)：12-21.

[②]黄少安，韦倩.合作行为与合作经济学：一个理论分析框架[J].经济理论与经济管理，2011(2)：5-16.

[③]吴康宁.社会对教育改革的制约[J].教育研究，2016，37(3)：34-38.

范围，因此教育改革必须在社会合作体系中寻求支持。

首先，社会合作引导人们将经费和人力投入学校教育，营造全社会关注教育的氛围，解决教育改革迫切需要财力与物力支持的问题。所有试图提高教育质量的改革都需要大量的经费投入，只依靠政府投入是不够的，必须依靠社会捐赠。《美国高校捐赠报告》显示，2008年美国的高等教育机构拥有总额超过4000亿美元的捐赠资产，美国近2000所高校中有70所拥有价值10亿美元或更多的捐赠基金。[1]同时，多数教育改革都会增加对人员的需求，仅仅依靠学校教师是不够的，必须发挥志愿者的作用。如日本的课后托管项目呈现较好的发展态势，日本政府除建立并完善相关政策法规、加大财政投入之外，也鼓励非营利性组织、社区、社会福利组织等各类社会力量参与运营管理，并在实践中允许更多主体参与课后托管服务。[2]

更重要的是，社会本质上是一个开放演化、具有耦合作用和适应性的复杂网络结构系统，由大量的社会节点（人或组织）通过相互之间的作用关系连接而成[3]，彼此之间交流信息、分享知识。在各社会主体组成的多中心自组织网络结构中，节点链接更丰富且文化异质性更强的社会网络，为创新理念、人、经费、技术的结合创造了多种机遇和条件，可以将分散的要素集合在一起产生有效率的整体。在这种多中心自组织网络结构中，主体之间在彼此信任、重复互动的基础上，出现了互惠、互赖、双赢和利他的行为模式，促进了社会实践的改良优化。当企业家遇到了教育局局长、科技达人遇到了中小学教师、家长遇到了博物馆员、社区管理者遇到了校长等，每种相遇都可能产生理解基础上的共识，发现彼此需求，实现彼此互融共生和双赢的主体需求，这便催生了教育创新的可能性。比如：教育局局长接受了企业家的捐款，并同意在本市职业学校中为企业培养学员；社区管理者同意寒暑假在社区为学生开辟读书空间，而校长也同意学校报告厅在空闲时可供社区使用。这种"相遇"既嵌套于个体的社会网络之中，也存在于教育改革共同体的组织网络

---

[1] 周贤日，马聪.美国高校捐赠制度的特点与启示——《美国高校捐赠报告》解读[J].高教探索，2012(6)：58-62.
[2] 李智.日本儿童课后照顾服务制度及其启示[J].中南大学学报(社会科学版)，2016，22(2)：213-219.
[3] 范如国.复杂网络结构范型下的社会治理协同创新[J].中国社会科学，2014(4)：98-120，206.

之中，或许是源于人们之间的一次谈话，或许是源于灵感降临的一瞬间。社会复杂网络结构中来回穿梭的人际交往与链接、重复的"相遇"，无形中会为教育改革创造天时地利人和的条件，使得教育改革的理想通过要素融合变成活生生的现实。

（二）业内合作催生自生自发的改革方式

正如涂尔干所指出的，现代社会中建立在分工基础上的有机团结取代了压抑性的机械团结，次级群体承载着有机团结，是把原子个体和权力国家进行连接的道德中介，它们对于将个人凝结为相互信任和相互认同的道德共同体是相当关键的。①职业群体是社会中最重要的两大次级群体之一。教育行业从业者之间的合作及由此产生的共同体，有助于保障教育体系的自主性、自律性和独立性，体现了社会合作所能达到的深度。

其一，教育专业人员之间的合作，如校长之间的合作、教师之间的合作等，有利于通过知识分享、规范建构、愿景共享等方式实现行业自律。譬如教师工会组织一方面最大限度地维护教师权利，另一方面竭力维持教师的道德自律，制定教师的行为规范；校长之间的合作也促使校长对"理想的好教育"达成共识。与之相反，缺乏合作体系的教育体制则很难产生行业自律和自治行为，往往需要借助行政力量为教师制定师德规范，由教育局局长告诉校长该做什么。

其二，组织之间的合作，如中小学学校之间的合作、大学与中小学之间的合作、大学与大学之间的合作等。这种合作有利于资源共享和优势互补，并在此基础上形成良好的教育生态。如义务教育学区制改革促进校际优质教育资源的整合与共享，推动强校与弱校合作，有助于推动区域义务教育均衡发展。②此外，学校联盟发展模式的探索推动农村学校与城镇学校之间的合作，在一定程度上满足了农村小规模学校的发展需求，解决了农村小规模学校的发展困境。③

---

①高丙中.社团合作与中国公民社会的有机团结[J].中国社会科学，2006(3)：110-123，206-207.

②赵新亮，张彦通.义务教育学区制改革：缘起、理念及路径——基于共同体理论的视角[J].教育科学，2017，33(6)：1-7.

③安晓敏，邬志辉.农村小规模学校联盟发展模式探究[J].中国教育学刊，2017(9)：50-54.

其三，专业服务组织与学校的合作。专业服务组织是在教育行政部门、学校与相关学术机构合作中产生的教育评价、教育服务以及教育研究机构。这类专业服务组织通过在合作中再生规范的行业自律行为与专业能力赢得了社会的信任。它们的服务使得学校教育进一步摆脱行政化，走向专业化。如美国教育考试中心组织SAT考试作为第三方组织来实现统一考试，我国政府也初步提出了"管办评"分离、由第三方组织来开展教育评价的设想。

教育系统内教育利益相关者（包括家长、社区等）之间的普遍合作网络对教育改革产生孵化与催化效应。合作为自生自发的改革秩序创造了可能性。脱离组织和行动者之间的普遍合作及由之产生的教育共同体去奢望自生自发的改革秩序是不切实际的。正如改革开放初期农村土地承包制改革源自小岗村18位农民冒着巨大的风险按下"红手印"一样，自生自发的改革秩序强调改革是主体行动的产物，而不是政府或制度刻意设计的结果。教育改革的复杂性使得自上而下的顶层设计具有无法克服的局限性，因此必须依赖教育基层自生自发的动力机制。政府主导的教育改革中最有效率的一种做法是将基层探索的先进改革经验合法化、制度化，而不是"空降"某种教育改革的理想或实践。合作也为教育改革的去中心化及边缘突破创造了可能性。诺贝尔经济学奖获得者罗纳德·科斯认为，中国经济改革取得举世瞩目成功的一个不容忽视的因素便是边缘性力量（如乡镇、民企等）的推动。[1]同样，上下结合、自生自发等去中心化教育改革的方式比单一的政府主导性改革更有活力，其原因有以下两点：一方面，教育创新实践嵌入各种基层组织合作的社会网络节点，并在其中不断孕育、发酵和涌现；另一方面，在教育体系的边缘地带和中心地带实现了信息的有效连接，部分弥合了中央/地方、城市/农村二元分割局面带来的信息阻断，形成从中央到地方、从地方到中央改革的核心行动者与边缘行动者之间知识交换的信息环流，促进了教育创新的扩散。如此，教育改革既可以"农村包围城市"，也可以由城市溢出到农村。

合作虽然也可能产生群体抗阻教育改革的惰性，但从总体上来说，合作

---

[1] 罗纳德·科斯：什么是中国经验[EB/OL].（2013-09-04）[2023-11-01]. http://www.71.cn/2013/0904/731680.shtml.

的利大于弊。多样化、多层次、多元化的教育共同体使得教育系统的自律自治更稳定和更强大，也使得教育改革更尊重教育实践者的专业判断，更符合教育发展和人才培养的规律，沿着教育专业人士心中"美好教育"的目标不断演进。

（三）跨界合作或可解决教育痼疾

教育改革需要不同领域间的跨界合作。教育跨界合作指的是围绕基础教育改革进行的多领域、多行业的合作，它体现了社会合作的广度。教育跨界合作试图通过开放多元的网状知识结构来实现知识分享和创新，这种合作可以弥补教育的"短板"和"盲区"，解决教育系统无法独自解决的问题。

首先，教育领域最常见的跨界合作是组织场域合作，即学校组织与它所在社区的在地化合作。家、校、社作为地域共同体与利益共同体，其合作能够激发社区、家长的责任意识。教育不仅发生在学校，同时也发生在社区、家庭，并且后者对儿童的发展同样起关键作用。家、校、社的合作一定程度上打破了学校与社区、家庭之间的区隔，使得合作方形成共有的愿景和目标，以满足儿童全面成长的需要。

其次，跨界合作是教育界与科技界、艺术界、卫生、环保、媒体等文化艺术和专业技术组织的合作。这种跨界合作对于外部资源丰富的城市学校来说尤为重要，如中小学与科研院所实验室的合作、戏剧与中小学课程的结合、媒体与学校社团组织的合作、足球教练与小学体育课程的结合等。当前有很多"××进校园"的项目，但这些项目主要依靠学校教师来进行，显然教师拥有的资源和机会有限。如果学校教育打开校门，将科技、文化、艺术等因素有机地融入学校活动和课程，便可以极大地弥补学校教育的不足，使得跨学科的项目学习和研究性学习顺利开展，为学生走向社会创造更多有意义的经验。如果学校关上校门、封闭办学，成为"教育孤岛"，就会在面对诸多问题时一筹莫展。

最后，跨界合作是教育界与实业界等多个行业的合作。一种发展的新趋势是——跨度越大，跨界合作成果越大，催生的新事物的生命力和竞争力越强，当然其难度也越大。如中国职业教育质量不高，其中一个重要因素就是只依靠教育界的力量去办职业教育，并且职业教育在教育系统内相对被边缘化。与之相对，职业教育办得好的国家一方面强调职业教育的价值，另一方面则强调跨界合作，运用灵活的社会合作机制提升职业教育的质量。如德国双元制的要义便是学校、企业和职业咨询机构之间相互合作，职业教育直接与就业市场接轨。①这种跨界合作不仅避免了教育系统对政府的过度依赖，也获得了企业的专业技能支持，实现跨界合作多方共赢。可见，跨界合作为解决教育系统内部几乎无法解决的问题提供了新的思路。

总之，社会合作使得社会网络组织有序、多元、强劲有力，为基础教育改革提供多种教育资源和动力机制。其中，政府可从事无巨细的管理琐务中逐渐抽身，而重在建构保障社会合作良性运转的制度。

四、社会参与：教育改革的制度革新机制

社会参与主要指多元主体包括公民和社会组织参与公共事务的管理。透明化的公共领域与制度保障是社会参与实现的前提条件。哈贝马斯将公共领域分为强公共领域与弱公共领域，其中，强公共领域与政府相关，通过设置强有力的制度而形成关系，如议会辩论；而弱公共领域是以一种特定的方式将私人与社会联系在一起，如舆情。②哈贝马斯认为强公共领域是必要的，弱公共领域也非常重要。在新媒介社会、自媒体时代，弱公共领域的参与方式更为灵活、效果更为显著。弱公共领域以特定的方式和私人社会领域关联在一起，这种关联使居于边缘的社会群体比政治中心更敏锐地察觉并识别新问题的情势。③弱公共领域实现的重要方式是社会参与。公民参与社会治理会塑造更加健康的社会结构，并在此基础上有效地提升社会信任度。④社会力量参与教育改革主要有以下两种形式：一是社会力量参与教育政策制定的链条；二是社会力量参与教育制度协商机制。

---

① 夏成满.德国"双元制"职业教育制度及其启示[J].江苏高教，2005(1)：24-27.
② 谈火生.民主审议与政治合法性[M].北京：法律出版社，2007：227-230.
③ 谈火生.民主审议与政治合法性[M].北京：法律出版社，2007：238.
④ 王泓.新时代我国社会信任的构建与发展[J].甘肃社会科学，2019(1)：200-205.

（一）社会力量参与教育政策制定的链条

教育政策的制定通过公众参与实现从个人吁求到集体行动的转变，从起点上个体问题的提出到终点上国家政策的制定，体现出社会参与教育政策制定的关键作用。事实上，"问题并不是通过某种政治压力或对人的认识的重视而引起政府决策者关注的"①，而是由于与私人生活领域、与社会相关领域相互关联。公共领域与政治中心相比更能敏锐地察觉新的社会问题以及这些问题产生的情境。哈贝马斯认为，核军备竞争、克隆研究的风险、生态危机、第三世界的经济恶化、女性问题、移民问题、种族问题、文化认同问题等这些自20世纪70年代以来不断突显的新的社会问题，无一不是首先由社会群体提出并引入公共领域的；相反，国家机构和大型政治组织往往只是在公共领域对这些问题进行讨论和放大之后将之纳入自己的系统。②可见，公众参与相对于政府机构表现出对社会问题更高的敏感性。

公众参与将个人关注的问题变成制度设计的完整链条，这大致包括以下流程：个人感受—社会舆论—公共议题—集体行动。在这一过程中，社会组织与媒体等作为社会参与的主力军，能够将问题源流与政策源流、政治源流融合，提出新的政策建议，获取公众注意力，推动问题变成公共议题，最后将公共议题变为集体行动。以我国义务教育免费政策的推行为例，学者（智库）在其中发挥了很大的作用。由于具有教育问题的敏感性和关注弱势群体的立场，学者（智库）更能提出反映社会公众吁求的、可行的教育政策建议，为立法行动提供参考。再以推行素质教育、反对应试教育为例，由于主体分散、立场分歧，缺乏家长、学者、媒体等社会力量持续有效的联合，所以很难形成从个人感受到集体行动的完整链条，无法触发教育改革。

（二）社会力量参与教育制度协商机制

正如吴康宁所指出的，社会大众这种力量处于一种既弱小又强大的状态，

---

①[美]约翰·W.金登.议程、备选方案与公共政策[M].2版.丁煌,方兴,译.北京：中国人民大学出版社,2004：114.

②李佃来.合法性：哈贝马斯政治哲学的焦点[J].人文杂志,2010(5)：7-15.

虽然难与政府平等博弈与自由对话，但其抵抗行动足以使得改革停滞不前。[①]因此，必须重视社会参与在教育改革中所发挥的力量，形成民众自由表达教育诉求的机制。如果排除公众对重要改革决策的参与，可能会造成政策失误。"不论是公共部门还是私人部门，没有一个个体行动者能够拥有解决综合、动态、多样化问题所需要的全部知识和信息，也没有一个个体行动者有足够的知识和能力去应用所有有效的工具。"[②]公众参与不仅能够制约公权力，而且能让公众在参与过程中获得教益。

社会力量参与教育制度协商机制主要包括知晓目的、参与咨询与协商、参与监督三方面内容。第一，公众知晓教育改革政策制定的目的。借助因特网通报、电子布告栏等现代信息技术平台保障信息公开，以及开放听证会以利于公众知晓改革的目的、进展与动态。第二，公众参与教育改革政策制定的咨询与协商。在教育改革的制度创设与形成过程中，应提供公众参与和协商制定规则的机会。教育咨询制度由代表各种利益的组织和个人组成的教育咨询委员会参与制定，参与的方式包括座谈会、研讨会以及以媒体为中介的方式。政府应立法允许公众以多种方式参与公共政策包括教育改革政策细则的制定，并规定重要的教育改革举措必须满足最低程度的公众参与要求，否则便不符合程序正义的要求。第三，公众参与教育改革政策实施的监督。改革者可将教育改革政策的实施过程与实施效果公之于众，使其置于公众的关注和监督之下，增强政策执行活动的透明度，并通过论坛、质询会等形式了解与回应公众的意见。

五、夯实教育改革的社会基础

社会信任、社会合作、社会参与作为三项重要的社会基础，影响着基础教育改革的机制和进程。三者之间的关联和影响机制可总结如下：社会信任

[①] 吴康宁.中国教育改革为什么会这么难[J].华东师范大学学报(教育科学版), 2010, 28(4): 10-19, 36.

[②] [美]B.盖伊·彼得斯.政府未来的治理模式[M].吴爱明，夏宏图，译.北京：中国人民大学出版社，2001：47.

是基础要素,为社会合作划定了基本的水平线,教育改革的合作行为和参与行为只能以此为基础;各种社会合作系统和教育合作系统是核心要素,共同为教育发展提供教育动力和资源环境,并通过增强群体的博弈能力为社会参与提供机会;社会参与是更高级别的要素,发生频率较低,满足其需求的社会条件要求更严格,社会参与所产生的教育改革政策与制度也反作用于社会合作(见图12-2)。中国教育改革之所以难,其根本原因就在于中国社会信任度先天不足、社会合作不畅、社会参与匮乏。因此,要夯实教育改革的社会基础,必须在社会系统和教育系统内重建社会信任,鼓励社会合作,扩大社会参与。

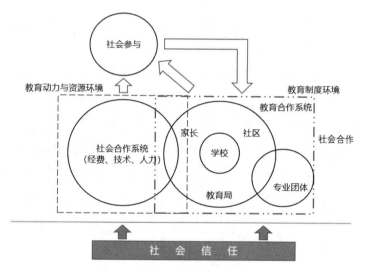

图 12-2　教育改革的社会基础

重建社会信任的关键在于将德治与法治相结合。一方面,改善社会道德风气,强调诚信美德,建构社会诚信机制,培育社会资本;另一方面,保障社会公平正义,推行法治。法律之所以能够有效地保障社会信任,就在于在国家权力机构的保障下,它能够让人们为违反社会信任的行为付出高昂的成本,并保障那些遵守社会信任规范的人们的根本权益。[①]教育系统内的信任则来自各主体之间的真诚交流、平等对话和责任分担,此基础上的社会信任相对容易建构。

[①] 王泓. 新时代我国社会信任的构建与发展[J]. 甘肃社会科学, 2019(1): 200-205.

鼓励社会合作的关键在于改变社会治理方式和教育治理方式。政府应实现从全能型政府向有限型、服务型政府的转变，为社会留出自治空间。优良的教育制度不应妨碍行动者之间积极能动的社会合作，而应该让合作变得更加便捷与顺畅。首先，对于社会网络中形成的良好合作行为，制度层面要鼓励并积极完善制度对其予以保障，如完善教育捐款制度以充分激发社会力量办学的积极性；其次，保障教育共同体的自治和教育行业的自律，而非以行政逻辑僭越教育逻辑；最后，对于难度较大的跨界合作，要建立完善的激励制度，以促使不同领域和不同行业之间达成合作。

扩大社会参与的重点在于拓宽公众和社会组织参与教育治理的渠道。在教育系统外部，通过知识分子的呼吁倡导引领教育改革，通过社会各利益集团的推动实现教育改革，通过大众传媒作为"传声筒"来实施对教育改革的舆论监督。[①] 在教育系统内部，通过教师参与、社区参与、家长参与、学生参与推动学校转型。教师参与和社区参与的推动可促使学校从垂直管理型转变为合作共生型；家长参与和学生参与的推动可促使学校从教学主导型转变为更注重满足学生发展需求的倾听回应型。

总而言之，处于攻坚期的教育改革，如果仍然以封闭孤立的教育系统内部改革为主，便会陷入被激烈教育竞争所主宰的教育改革政策的自我复制、自我强化趋势中而不自知，陷于教育整体生态的系统性退变中无法自拔。如果能够秉持开放、系统、多元的变革观，将教育改革与社会改革同步同构，让教育与社会成为尊重个体行动者主体性、保持基层活力、不断演化的自组织合作系统，则可能使得教育改革中的诸多顽固性问题迎刃而解。如此，面向未来的高质量教育体系才是可期的。

---

① 邹慧明.公众参与教育改革：可为、难为与应为[J].教育研究与实验，2020(6)：24-31.

第十三章

考试评价改革的制度创新

考试评价制度需要在选拔精英和保障能力平等之间保持平衡。在选拔精英方面，我国基础教育采取筛选分流机制建立了粗放的人才培养模式，其分流机制主要依赖于两次考试选拔，即中考和高考。孤立地看中考制度变革和高考制度变革，其改革都有可圈可点之处；然而将两者综合起来，置于基础教育整体发展趋势中进行系统的考察，会发现考试对于我国基础教育公平和质量的发展产生了强劲的影响，其负面影响在叠加之后可能会放大。因此，本文提出中考与高考制度应协同变革。并且，对于考试评价制度来说，不仅要选拔优秀人才，还要确保绝大多数人能力达标。本研究提出，必须在能力平等的视角下，建立一个能力兜底机制，用考试评价与质量检测制度来确保教育质量公平。

一、中考与高考制度应协同变革

中考的教育分流功能先于高考，其重要性和竞争激烈性有甚于高考之势。随着教育改革的推进，2014年以来，教育部启动了新一轮高考制度改革，此轮改革被认为是自我国1977年恢复统一高考以来最全面、最系统、最深刻的改革举措。[1]高考改革对于中考改革具有很强的引导和示范作用，引发了中考的连锁改革效应。2018年以来，各地相继进入"新高考""新中考"模式。

---

[1] 张志勇.考试招生制度改革的"国家意义"[J].人民教育，2014(19)：23-25.

中考和高考同处革故布新的关键时期，两者的联合在很大程度上影响甚至主导了基础教育的发展走向。当前，关于新高考制度改革的价值导向[①][②]、历史演进、现实利弊、实践完善已有若干研究，而关于中考制度改革的研究相对较少，从基础教育发展与改革的格局去探讨中考与高考制度协同变革的相关研究则更为稀少。因此，本研究将在基础教育现代化的进程中探索中考与高考制度的协同变革，以期形成更为积极的整体效应。

（一）中考与高考制度的异同

中考和高考作为学业选拔的高利害考试，其实质都是通过学业竞争来分配较为稀缺的入学机会：中考分配的主要是普通高中的受教育机会，其中尤为稀缺的是重点高中的受教育机会；高考分配的是高校的受教育机会，其中尤为稀缺的是重点大学的受教育机会。考试公平是大规模选拔考试的基本原则，也是教育公平的重要体现。从考试公平角度看中考与高考，两者既有相同之处，也存在一定的差异。

1.考试的机会均等与权利平等

考试是打破等级身份和世袭特权、依据能力获取发展机会、实现社会流动的重要工具。一般认为，19世纪以来欧洲考试制度的建立借鉴了我国科举考试平等竞争、择优录用的经验，这一制度突破了贵族政治的束缚，确立了以能力为导向的公平分配原则。[③]考试公平是一个混合性概念，多种公平诉求混合其中，主要包含机会均等与权利平等。两者既相互支撑、有所重合，又有相互抵牾之处。历史地看，权利平等更强调民主性，强调所有人拥有普遍而平等的受教育权；而机会均等则更具精英属性，强调机会向有能力者开放，有能力的人获得更多机会。中考的考试公平更多地体现为权利平等，强调所有的学生都有权利享受高中阶段的教育；而高考的考试公平更多地体现为机会均等，即表现为同一起点的公平竞争。

[①] 边新灿，蒋丽君，雷炜.论新高考改革的价值取向与两难抉择[J].中国高教研究，2017(4)：61-65.
[②] 刘海峰.高考改革：公平为首还是效率优先[J].高等教育研究，2011，32(5)：1-6.
[③] 刘海峰.科举制对西方考试制度影响新探[J].中国社会科学，2001(5)：188-202，208.

从现实层面来看，考试公平体现为平等性公平、差异性公平和补偿性公平。①简单地说，平等性公平即人人相同，没有例外，对于相同的能力应该用同样的测量内容和测量方式，强调程序正义；差异性公平即对于不同的能力采取不同的测量方式，强调差异多元；补偿性公平即对于考试的结果运用尤其是录取名额向弱势人群倾斜。三者之中，平等性公平是基石，体现考试的权威性；差异性公平和补偿性公平是对平等性公平进行调节的手段。考试公平需要实现三者之间的平衡。对于中考和高考来说，三种考试公平的权重是不同的。中考更加强调补偿性公平，表现为指标到校、分配生的名额比较高；而高考更加强调平等性公平，突出能力为本的原则，只能通过专项计划对能力本位遴选的结果进行小修小补。

2.考试兼具政治属性和技术属性

中考和高考是依托行政权威及权力进行的人才筛选和机会分配活动。考试既具有很强的政治属性，又具有很强的技术属性。义务教育普及以来，我国基础教育形成了两次分流：一次是义务教育结束时的普职教育分流，中考通过普职分流将学业成绩落后的学生分入职业学校，将学业成绩拔尖的学生匹配到重点高中；另一次是高中教育结束后的高等教育入学机会分流，众所周知，高考承担着这一任务。

中考主要面向义务教育阶段的毕业生，以地级市为主要组织单位，其实质是一种地区性竞争。参与中考的人数规模要大于高考。不同于高考，中考不仅要发挥选拔功能，还要服务于义务教育的普惠性，强调其达标功能。2019年，中共中央、国务院出台《关于深化教育教学改革全面提高义务教育质量的意见》，提出坚持和完善国家义务教育质量监测制度，强化过程性和发展性评价。中考制度的设计必须引导义务教育的良性发展，不宜过于强调选拔功能；学生的发展也尚未定向，不宜进行太过细致的分流，所以中考制度设计的原则是简约易行、保持弹性、留出空白，更加强调促进基础教育均衡发展与教育公平。

高考主要面向高中阶段的毕业生，国家或省级政府来组织考试，实质是

---

① 褚宏启，杨海燕.教育公平的原则及其政策含义[J].教育研究，2008(1)：10-16.

以省内学子竞争为主、省际学子竞争为辅的全国性竞争。由于高考要为高等教育选拔精英人才，因此具有非常重要的战略意义和政治意义。高考既要发挥科学选才的功能，又要确保教育公平以兼顾地区差异和城乡差异，其中利益犬牙交错、观点分歧对立，稍有差池便会引发社会混乱，因此其制度设计更加精细化和规范化。

无疑，高考的政治属性与技术属性都要强于中考，高考可谓"举国大考"，而中考则是一种"区域性小考"。在我国考试制度的设计中，中考是作为高考入场资格选拔赛而存在的，因此中考变革随着高考改革而变。但是，中考具有自身的相对独立性和特殊性，并非高考的附庸。对中考与高考之异同进行审慎辨析，运用综合性思维进行制度协同变革，无疑是必要的。

（二）中考与高考制度改革的趋势

21世纪伊始，基础教育改革催生了中考制度改革的基层尝试。中考制度在综合素质评价、等级分数方面进行了积极的尝试，这些基层经验为随后的高考改革提供了借鉴。2014年，《国务院关于深化考试招生制度改革的实施意见》的发布启动了高考改革。其后，高考改革便逐渐以万众瞩目的强劲势头影响和反哺中考改革，不可避免地引发中考制度改革的追随、模仿与复制。

1. 制度进步与制度趋同

中考与高考制度的改革遵循制度演进和制度进化的技术逻辑，即不断对现有制度实施过程中出现的问题进行修补和调整，使之趋于完善。

长期以来，中考和高考都面临一个相同的问题，即选拔性考试和达标性考试如何兼顾。这个问题其实在技术上并不难解决，之所以长期得不到解决是因为其背后症结直指一个根本性问题——中等教育的目的到底是选拔人才，还是全面提高国民素质？基础教育选择了前者，重视对少数人的选拔，而忽视了大多数人的达标。当前，考试改革的指导思想是两考合一，通过建立初中学业水平考试和高中学业水平考试制度来解决这一问题。这无疑具有进步意义。然而，如果不能实现考试功能从选拔性到达标性的转化，而只是更换名称，则无疑是"新瓶装旧酒"，于事无补。

中考和高考还同时面临另一个问题：如何将不能被考试准确测评的综合

素质和创新能力纳入考试结果？两者的解决方案都强调综合评价和多元录取，试图突破统一考试的局限性。这些尝试实质上都要求降低统一考试分数所占的权重，化解"以分取人""分数至上"的片面性，但实施阻力甚大。

由于我国教育管理的垂直性、集中性特征，高考引导了中考制度的设计，中考制度瞄准、对标高考制度，甚至是对高考制度稍做简化处理后的移植和稍做改变后的模仿。高考设置选考科目的制度创新，也被部分地区的中考借鉴。如广东省中山市中考拟采用"3+3"模式，语、数、外为必考科目，"+3"科目由学生从其他学科中自行选择；北京市中考也赋权学生从文科和理科中各选一门作为考试科目。然而，选考、多元录取是否能移植到中考中？是否适合中考？毕竟义务教育强调的是共同基础，而初中生发展并未明确定向。①再如部分地区高考中的一年多考，是否适合中考？据悉，最近英国普通中等教育证书（General Certificate of Secondary Education，简称GCSE，类似于中国的中考）减少了一年多考的安排。英国教育部指出，GCSE作为一种很小的资格证书，其考试的模块化设计以及重考机会的制度安排成为学生进行大学学习所需深刻理解能力和其他技能缺失的主要因素。②由是观之，中考未必适合一科多考。照搬照抄高考制度改革会让中考制度改革迷失方向，误入歧途。

2. 制度设计烦琐化

中考和高考改革都面临考试科目增多、考试设计烦琐、实施弹性紧缩的问题。这一问题不仅是制度演进的必然产物，更是由考试的高利害结果直接引起的。

中考制度由于教育部门对于普职入学比例5∶5的硬性规定，成为高竞争的考试，50%的学生被中考淘汰进入职校。中考显然成为学生获取普通高等教育机会的最大瓶颈，所以它的制度设计也日益烦琐细密——不仅要处理选拔和达标的矛盾，还要处理保障公平与提高质量的阶段性矛盾、考试标准的统一性与多样性矛盾。③

---

① 张珊珊.中、高考改革衔接须找准切入点[J].人民教育，2015(8)：16-17.
② 李玲玲，王舒琦.回顾与展望：英国GCSE考试制度改革三十年[J].外国中小学教育，2019(10)：1-12.
③ 程红艳.废除中考选拔制度：必要性与可能性[J].中国教育学刊，2020(2)：46-52.

高考制度设计更为复杂，一直处于变动之中。首先，高考制度要考虑考试管理主体之间的权力分割问题，即考试集权与分权的关系。2000年以来，高考由全国统一高考变为分省高考，表现出考试的分权趋势；而"新高考"又建立了"全国考试＋分省学业考试"的模型，在中央和各省之间做了考试权的平衡、结合与妥协。再次，高考制度在实施过程中还要考虑公平与效率问题、考试选拔标准统一性和灵活性问题，既要确保程序正义，又要适应人才的多元化，科学有效地选拔人才。最后，高考在制度整体架构与设计上要考虑阶层差异、省际差异、城乡差异的平衡，制定合适的政策引导更多农村学生、贫困学生进入精英大学，扶助教育基础相对落后的省份，使之获得更多优质的高等教育机会。刘海峰指出：高考改革中至少存在统一考试与考查品行的矛盾、考试公平与区域公平的矛盾、保持难度与减轻负担的矛盾、考查能力与公平客观的矛盾、灵活多样与简便易行的矛盾、扩大自主与公平选才的矛盾、考出特色与经济高效的矛盾等七对两难问题。[①]要应对上述社会矛盾和技术问题，高考制度的设计必须兼顾利益相关者的多方利益，在两难中寻求平衡点，只能变得更加烦琐、精细、谨慎。

（三）中考与高考制度叠加的后果

考试制度变革之所以精细化和烦琐化，主要在于教育分流的要求及由此而生的社会压力。两次以考试为主要方式的硬性教育分流主导基础教育，成为基础教育的主要目标和任务，使中学教育成为以选拔和淘汰为重心的筛选性教育。这正是中国基础教育应试化的直接原因。所有的考试变革，目前都是在维护两次教育分流的大前提下进行的，都是对于考试制度所做的更为精细的修补。然而，修补得越精细，创新型人才的培养障碍就越多，人才脱颖而出的难度就越大。

1.加固制度壁垒

中考与高考制度设计的烦琐化使得学段分割更加牢固，制度壁垒建构得更加严密，制度的协调与互通更为困难。

[①] 刘海峰.高考改革应该坚守的价值与原则[J].人民教育，2017(Z2)：94-96.

首先,两次考试的实施各自为营,相隔时间仅为三年;两次考试都要投入大量的人力、物力资本,但两次考试没有内在关联,中考成绩只是过渡性的存在,只是选拔赛的"入场凭证",高考并不参照中考成绩。反观英国中考GCSE考试,其成绩可以作为A-Level考试和大学选拔的依据。中考和高考功能的单一化和孤立化,导致社会组织成本和实施成本的大量浪费。

其次,根据改革设计的政策文本,2016年,《教育部关于进一步推进高中阶段学校考试招生制度改革的指导意见》倡导推进初中学业水平考试省级统一命题。这意味着省级教育行政部门既要组织初中学业水平测试考试,也要组织高中学业水平测试。工作量巨大,可行性不强,因此可能导致省级初中学业水平测试要么流产,要么流于形式。其结果是,初中学业水平考试仍然是选拔性考试,与传统中考无实质性区别,只是变成了科目更多、内容更加膨胀的中考。

最后,制度之间缺乏弹性和融通空间,几乎没有为特别优秀的英才学生进行超前学习预留通道。20世纪90年代普及义务教育的过程中,初中开始与高中剥离,然而这种剥离并不彻底。许多初中依然与母体高中有着或明或暗的联系,这尤其体现在招生名额的倾斜方面,许多高中享有初中毕业生不经中考直升的通道。在社会压力下,一些城市出台取消少数优秀学生直升高中的直升生政策,这固然促进了教育公平,然而,在目前制度门槛加固的情况下,学业成绩优异的初中生如何提前进入高中课程的学习,而不是在重复训练的考试竞争中为提高区区几分成绩而浪费时间、消磨灵性去钻研各种难题、偏题、怪题、冷门题,依然是一个制度难题。

2.加剧过度竞争

目前的中考与高考制度努力尝试将学业水平考试和选拔考试结合起来,然而这种结合还处于草创阶段,还很生硬,尚未实现有机结合。所以中考与高考改革制度中的两考合一、全科开考、随学随考的结果是考试次数更多、考试科目增加,相应结果是学生负担更重。初中计分科目显著增多,许多地区从传统的核心科目拓展到体育、实验操作、历史、地理、生物、道德与法治等,其总分值从改革前的500余分,膨胀到700~800分,有些地区总分值甚至高达900分。无疑,学生每日用于完成作业的时间激增,睡眠时间更难以保证。高中学业水平考试亦是如此，共计14门课程被纳入考试，大部分地区有9门课程要参加省级统一笔试，且一科可多次考试。考试几乎贯穿于初二、初三和高二、高三整个学段，六年学习时间中约有一半时间在为备考冲刺做准备。学生运用题海战术大量刷题，学习体验和知识基础也因此变得更加碎片化。学生自主学习和自主思考的空间被严重挤压，学习热情、学习兴趣和有意义的学习体验被考试碾压。考试本只是教育的工具，却本末倒置变成了教育的目的，完全主宰了教育。

多元评价、综合素质考评等考试改革，固然体现了科学选才的需要，但其背后更加深刻的社会逻辑是竞争的升级迭代——在社会文化水准提升之后，课本知识竞争不足以有效地区分人才，因此，必须用更加灵活、更有难度的方式来遴选人才。所以，多元评价等制度变革背后是随着社会文化程度提高而水涨船高的教育竞争。

虽然利用考试减轻学生负担是一种不切实际的幻想，但是，考试引起的学生负担应该控制在必要的合理的竞争范围之内。考试是必要的恶，或者说是一种有代价的善，如非必要，考试应该尽量少地进行；如果一定要进行，考试科目与方式也应尽量精简。我们必须弄清适度竞争与过度竞争的区别。教育系统的设计不能把学业竞争塑造成最终的目的，必须为真正的教育和学习留出足够的时间和空间。如果一切只是为了在竞争中胜出，得出胜负之后，学生的心灵已经疲惫，热情已经耗尽，教育为时已晚，那就属于危害教育的过度竞争。①

3. 累积教育不公

西方学者提出了两种理论假设来揭示教育不公。一是"最大限度地维持不平等"（maximally maintained inequality）假设。这种假设的主要观点是只有当上层阶级在特定教育阶段的教育需求达到饱和状态的时候，基于阶级出身的优势比才会下降，否则不平等将继续维持。二是"有效地维持不平等"（effectively maintained inequality）假设。它由拉夫特瑞和麦豪等人提出，他们

---

① 陆一，朱敏洁.美国的"少年班"何以成立：一种高选拔适度竞争的英才教育路径[J].国家教育行政学院学报，2019(9)：61-68.

认为对于任何已经普及的教育来说，社会各阶层的竞争将围绕教育的类型和质量展开，教育不平等在这些阶层仍将持续存在。①两种理论假设均可解释中国教育的公平问题，虽然我国高中阶段教育入学率已达90%，但中上阶层对于中等优质教育资源的需求还未得到充分满足。因此，中等教育便成了维护阶层权益和促成社会分层的一个重要机制，中考与高考便是促进这一社会分层过程的利器。

在整个社会日趋民主化的过程中，中考和高考被组合起来充当社会分流的控制器和社会精英阶层的守门员。之所以寒门难出贵子，其症结并不仅仅是高考，而是中考和高考的累加效应。通过中考，教育系统将大量社会文化资本薄弱的群体淘汰出局。一些研究揭示，农村子弟上大学难的症结是中考。初中升高中阶段的城乡升学率差距持续扩大才是农村家庭子女上大学相对机会下降的源头。②因此，中考存在巨大的社会排斥功能，是一种强制化的社会淘汰机制。③

令人不安的是，考试变革在不断加固教育分流、堵住分流漏洞（包括减少加分项）的同时，也在"公平"的名义下变得越来越僵化。公平被完全看作平等性公平，被误解为完全一样、毫无弹性，差异性公平的观念被忽视。而与此同时，任何试图在这种刚性分流格局中创造的有限弹性和有限自由，如自主招生、特长招生、保送生等都可能被特权阶层利用，演化成新的教育不公，所以结果便是这些政策不得不缩水——缩减名额、收缩专业、减少优惠和提高门槛。这便是大规模考试的教育"公平悖论"——强调平等性公平会导致制度僵化，强调差异性公平则可能导致教育特权。

（四）中考与高考制度协同变革的目标

如果不对基础教育发展的未来走向和国际趋势做系统思考，不将考试放在教育系统改革的背景中纵观全局去思考，而只是对考试制度本身做不断的

---

① 杨宝琰，万明钢.城乡社会结构变动与高中教育机会分配——基于甘肃Q县初中毕业教育分流的分析[J].华东师范大学学报（教育科学版），2013，31(4)：27-38.
② 李春玲.教育不平等的年代变化趋势(1940—2010)——对城乡教育机会不平等的再考察[J].社会学研究，2014，29(2)：65-89，243.
③ 程红艳.废除中考选拔制度：必要性与可能性[J].中国教育学刊，2020(2)：46-52.

修补完善，使之精致化，可能会"一叶障目"。整体上看，我国基础教育处于高中教育普及化的阶段，这一阶段高中教育性质和目标发生了质的转变，从向高校输送人才转变为整体提高国民素质，陶冶人格、健全身心、培养综合能力应该成为高中教育的主要任务。换言之，高中教育不应该是选拔教育，而应该是素质教育，高中职业教育也应更加强调共同文化基础与核心素养的培养。中考与高考改革应该在这个大背景下进行，以提升基础教育质量、保障基础教育公平、弱化教育分流为鹄的。

1. 提升基础教育质量

历史上，中等教育出现得相对较晚。不同于初等教育和高等教育，中等教育在19世纪人类工业革命后才开始兴盛。在西方社会民主化转型中，中等教育的主要使命是为国家培养官吏。20世纪以来，随着中产阶层队伍的壮大，中等教育开始普及。中国的中等教育在新中国成立之后有了突飞猛进的发展。然而，中等教育尤其是高中教育，主要目的是为大学选拔人才，似乎并不具有独立价值，而是高等教育的附庸。改革开放之后，经过30余年的探索，中等教育发展到整体转型的关键时期——是延续旧传统，坚守高选拔高竞争的发展路径，还是探索新道路，让每个学生都能充分发挥个人潜能？显然，能够服务于后者的考试，才是有益于教育的考试。

首先，合理的考试制度应该有利于学生的差异化发展。人的成长具有差异化和个别化，高中阶段更是如此。如果无视这种差异化，而试图用统一考试将所有的人都拉到同一条轨道上进行同质化发展，会造成对人力资本的极大浪费。

其次，合理的考试制度应该有利于学生的共同发展。教育不能仅屈从于社会控制和选拔的压力，还要促进所有学生的共同发展。教育最重要的是培养人，而不是选拔人。考试要为每一个人的终身发展和人生幸福服务，接受教育的过程不是一场区分优劣先后的马拉松，而是一次次自我检查、不断超越的跳高。[①]在高中实现教育普及，为分流选拔目的而存在的中考制度应该逐渐萎缩直至消失，如此，促进学生自由发展、自由学习的教育才能够活过来；

---

① 文东茅.高考改革中制度、能力与人心建设的系统联动[J].中国教育学刊，2019(6)：6-12,18.

在高等教育大众化的时代，高考的分流功能也必须控制在有限范围内，这一功能应该弱化而非强化。

最后，必须认识到考试促进学生全面发展的功能非常有限。初中学业水平考试和高中学业水平考试均遵循全科开考的原则，考试范围覆盖国家规定的所有学习科目，引导学生认真学习每门课程，避免严重偏科；将义务教育课程设置方案所设定的除综合实践活动外的全部科目纳入初中学业水平考试范围，促使学生认真学好每门课程，完成国家规定的义务教育学业。诚然，列入考试科目会为学科争取一定的重视，然而，其作用毕竟有限，被列入考试科目的学科也会迅速地应试化。如体育被列入中考科目后，很多学校只注重训练考试项目，而忽略学生身体素质的提升和健康生活习惯的养成。考试本身就是一把双刃剑，既使得考试科目获得某种重视，又让人们带着它步入歧途。因此，要保障学生的全面发展，不能依靠"将每门学科纳入考试科目"这一定式思维，而要依靠加强教育督导、改善学校评价等综合治理方式来实现。

2. 保障基础教育公平

我们必须认识到教育公平不能仅靠考试这种方式来调整。考试并非医治社会不公的灵丹妙药，相反，考试可能会放大教育不公，甚至提供将教育不公合法化的机制。如果人们将纠正教育不公的希望完全放在考试上，考试会承重过多，最终将变得越来越僵化、扭曲。

因此，必须在整个教育系统和社会系统中创设公平氛围，使得考试公平成为水到渠成的自然环节。其中，最重要的是促进基础教育均衡发展。考试过度竞争存在的客观土壤是教育质量的校际差距。中考压力主要是因为高中阶段学校的差异比较大，高考压力也主要是因为高等教育学校的差异尤其是一流高校与普通高校的差距日益拉大。因此，推进基础教育均衡化、缓解高等教育非均衡化态势会降低考试压力。例如，发达国家学生选择高校时狂热的"名校情结"比较少见，主要原因在于其高校身份化、等级化程度较弱，高校各有千秋、差异化发展。2002年以来，基础教育均衡发展成为指导基础教育发展的一个基本政策。各地在推进义务教育均衡发展方面进步显著，学校硬件改善明显，教师收入差异显著缩小。然而，小升初择校依然普遍，中考升学依然压力巨大。这说明初中阶段与高中阶段的均衡发展已经遭遇体制瓶颈，改革已经触碰"天花板"。初中阶段的非均衡发展日益表现为公立学校与私立学校的办学差距，而高中阶段的非均衡发展主要表现为重点高中与普通高中的差距，这种差距因为生源与师资的差距而得到长期维系和固化。如果高中教育不推行教育均衡发展政策，初中的非均衡发展就无法从根本上实现突破。

3. 弱化教育分流

基础教育国际发展的总体趋势是保障公平与提升质量，具体表现为缩小学生成绩差距和提高学生整体学业成绩，前者甚至比后者更为重要。用考试去测量不同族群和不同地区的学业差距，并致力于缩小这种学业差距，实现不同族群教育质量的整体提升，是发达国家教育考试的重心。

从国际教育分流趋势来看，推迟分流、弱化分流是大趋势。大多数发达国家以大规模考试为主要手段进行的教育分流只有一次，即高考。而高中入学机会的分配很少依靠大规模的统考，而是以学校自主选拔为主。

其一，大多数国家弱化普职分流，更多的是以普职柔性定向为主。一方面，随着科技日新月异的发展，高中阶段更加强调共同基础与核心能力，普职分流的重要性与迫切性降低；另一方面，普职分流的方式也不再采取权威硬性规定、统一组织的考试形式，而是采取比较柔和的、基于平时成绩的、由学校推荐为主的做法。例如，德国虽然普职分流较早，但分流方式不是通过大规模统一考试来进行的，而且分流之后普通学校和职业学校的教育是互通的，可以相互转学；法国的普职分流，也是结合学生意愿和平时成绩，由学校做出推荐。从这些发达国家的教育实践可以看出，作为普职分流工具和为优质高中挑选人才而存在的统一中考，已经没太大的存在必要。当然，作为义务教育整体质量检测而存在的中考仍有必要存在，其代表案例便是英国GCSE考试。

其二，高考分流多使用在全国范围内进行的大规模考试，其信效度高，具有权威性。比如法国拥有可以与中国高考相比拟的高中资格证书考试制度。据法国教育部统计，2015年参加高中毕业会考的考生为684734人。法国高中毕业会考形成了一个考试模式多样化、权威性强的完备体系。它在民众的心目中，是机会均等和学校民主化的标志。法国高中毕业会考主要有三类，即普通类会考、技术类会考和职业类会考。①同样，英国 A-Level 考试、美国 SAT 和 ACT 考试，也因其科学性和权威性被大众认同。法国、英国和美国教育考试的经验表明：在全国范围内，借助行政权威和专业力量，建立一个专门组织高考的全国性专业机构是可行的。以国家力量组织的高信效度的全国性高中学业水平考试制度在我国至今尚未建立，这对于一个考试大国来说是非常不相适宜的。

（五）中考与高考制度协同变革的实现路径

正所谓"解铃还须系铃人"，深陷应试教育泥淖的基础教育必须倚重考试制度改革与重构，才有可能走出困境。然而，目前对于完善考试制度所做的修补，根本无力承担上述任务。所以，考试改革的步伐还要迈得更大——最重要的是实现考试功能的变化，将单纯以选拔为目的的考试进行技术改造，使之同时发挥教育质量检测功能，形成一种服务型评价体系。

1. 建构基础教育质量国家监测体系

教育部教育考试院从 2010 年起便在海南省开始了考试评价制度的改革，其实践证明，将大规模的选拔考试和学业水平测试结合起来，使得考试形成互相联系、互相配合的有机整体，并在此基础上建立起全方位、多层次、发展性、个性化的考试评价体系，可以实现大规模考试和学业质量评价的共赢。②

实现考试功能转变的关键是将选拔性考试与学业水平考试真正有机地结合起来，合二为一，其具体设想如下。

其一，用省级初中学业水平考试制度取代地区中考制度。初中学业水平考试制度的重心上移到省级，有助于提高考试的权威性和科学性。省级初中学业水平考试可以发挥多重功效：既可以从整体上监控省内义务教育质量发展的均衡状态，又可以用作考试选拔及初中生毕业的依据。考试科目以语文、

---

① 王兆璟，王艳艳. 我国高中学业水平考试与法国高中毕业会考的比较分析[J]. 教育理论与实践，2016, 36(1)：16-19.

② 王蕾. 大规模考试和学业质量评价[J]. 教育科学研究，2013(8)：46-51.

数学、外语、自然科学等核心科目为主,不宜全科开考。考试时间集中在初三,成绩以等级分数形式呈现,弱化成绩排名和区分度,将考试可能对初中教学带来的负面影响控制在最低水平。以英国的GCSE考试为例,其考试成绩分为9个等级,具有良好的区分度,2010—2018年,GCSE考试通过率与高分率分别稳定在70%与20%左右。[①]未通过考试要求的学生,不能授予初中毕业证,但有补考机会。如此,将初中教育的重点从只关注考上重点高中的学生转移到关注不能通过学业水平考试的排名后30%的薄弱学生身上,不仅强调优秀率,也强调合格率,无疑对于应试教育具有某种程度的纠偏作用。高中入学选拔也主要参照初中学业水平考试成绩、平时成绩和综合素质评价;招收特长生等特殊才能学生的学校可自行组织考试,但必须参照学生的初中学业水平考试成绩。

其二,加大高考全国统考的力度,建立全国统一的高中学业水平考试制度以取代分省学业水平考试制度。1993年,我国建立了高中毕业会考制度,2000年教育部将会考管理权下放到省,之后会考制度名存实亡。"新高考"提出的高中学业水平考试制度是会考制度的延续与革新。当前,以省为主建构高中学业水平考试体系,重复建设,考试成本高;"国考+省考"的夹心模式是一种不稳定的过渡期产物。高考变成全国统考、取代分省考试,建立全国统一的高中学业水平考试制度是改革的必然趋势。我国垂直集中的教育管理方式、统一的课程标准和教科书,都为建立全国统一的高中学业水平考试制度奠定了坚实基础。正如学者所指出的:高中学业水平考试如若由国家统一组织,权威性、公平性最强;只有国家主持的高考才可能有效平衡各阶层间的利益,找到最佳的社会均衡点。[②]可以说,我国建立全国统一的高中学业水平考试制度的时机已经呼之欲出了。全国统一的高中学业水平考试可一考两用,发挥达标与选拔的双重功能,彻底实现两考合一,其成绩既是高中毕业证书发放的凭证,也是高考选拔的依据。全国高中学业水平考试的考试方式和计分方式可以维持"新高考"的做法,给予学生有限的选考自由,使得

[①]李玲玲,王舒琦.回顾与展望:英国GCSE考试制度改革三十年[J].外国中小学教育,2019(10):1-12.
[②]龙宝新.站在基础教育的立场上看高考——评《高考改革与基础教育变革》[J].当代教育科学,2019(3):59-65.

考试保持一定的弹性；考试成绩采取等级计分制。其专业化、科学化程度必须提升，借助专业的考试机构，建立标准化考试题库，控制考试和评分的误差。同样，对于学校和地区的教育评估，必须首先考核其高中学业水平考试的合格率或达标率，其次才是优秀率。如此，高中教育才能逐渐摆脱对名校的狂热追捧。高校录取以高中学业水平考试为首要依据，同时辅之以更大程度的自由裁量权，发挥高校的主体作用，如此缓解全国统考带来的考试缺乏弹性、不能有效甄别创新思维和综合素养的功能性纰漏，促进招考分离。①

2.简化中考制度

总体上看，弱化基础教育的分流功能是整个国际基础教育发展的趋势，也是我国高中教育普及化背景下的必然选择。与这一态势相反的强化中考设计、使得中考设计更加精细烦琐的思路无益于基础教育的长远发展。因此，中考制度需要简化。

首先，普职分流柔性化。一方面，扩大普通高中入学比例，在教育发达地区，这一比例可以设置为70%~80%；增设综合中学，提升普职融通力度。另一方面，条件成熟时，职业学校入学可不设置固定比例，主要根据学生个人意愿入学。

其次，促进高中特色化发展。重点高中等级宜减少，只设置2个等级，考试分数分档也不宜太多。在一些高中质量差距不大的城镇地区或高中数量较多的城市密集地区，可逐渐试行随机分配入学或就近入学。

当然，在省级初中学业水平考试制度尚未建立时，中考仍需要发挥自身作用，中考制度也不应简单地仿效高考制度，其设计宜简不宜繁，考试科目宜少不宜多。我国的省级中考制度设计应该抓核心科目，而不宜贪多求全。结合国际经验以及中国教育传统，中考可以将语文、数学、英语、自然科学和公民类课程设置为核心科目。

3.建立中考与高考改革的制度协同机制

建立中考与高考改革的制度协同机制，首先，要完善考试改革的协同管

---

① 郑若玲，庞颖.强化高等学校主体性地位——论招生改革的价值转向[J].教育研究，2019，40(12)：88-98.

理机制。中考涉及初中与高中的过渡衔接，高考涉及高中与大学的衔接，两者的联合实际上将大、中、小学整个教育系统牵涉其中。高考改革和中考改革不能只是出于考试制度完善的需求，两者之间需要打破封闭回环，进行整合，实现两者之间的相互配合、协作与支持，形成良性循环态势。

中考与高考制度都应该结合自上而下和自下而上两种决策机制，这既需要中央和基层教育行政官员的沟通对话、各级教育考试机构的具体实践，也需要深耕一线的大中小学教师和校长的参与讨论、教育理论者和技术专家的合作、家长等社会力量的广泛支持。闭门决策、部门利益至上都是有碍于考试制度变革的做法，促进利益相关者的多元参与才能使考试变革形成社会共识。

其次，要完善初中与高中的协同育人机制，打破初高中课程和培养目标的壁垒，有效实现初中与高中的衔接，实现两者在文化、资源等方面的共享，加大对于六年一贯制中学的探索力度，形成科学系统的育人体系。

最后，还需要破除考试制度的壁垒，为有天赋的英才学生打通成长的快车道和特别通道，建立提前选拔制度。"一锅煮"的考试制度并不适合这些学生，反而让这些学生在参与常规考试的过程中浪费了聪明才智，国家也可能因此失去可与发达国家科技竞争相抗衡的拔尖的创新型人才。因此要进一步探索高中与大学协同育人和课程衔接机制，鼓励成绩优异者进行大学先修课程的学习。

考试以系统的方式存在，并作为社会的子系统参与社会母系统的整体运行。它既具有自身的特定系统与功能，又依托于外部世界系统而存在，并通过不断发展与完善回应各外部系统，同时，在与外部系统交互、互动的过程中，形成和衍生新的功能。①在基础教育现代化的过程中，考试系统的变革在多种社会矛盾中夹缝求生、崎岖前进。当前，考试不但需要科学化，更需要秉持系统思维，通过考试功能变革与制度设计协同进行力度更大的转型性变革和步伐更大的系统性变革，将考试这种有代价的善以最低的成本实施。

---

① 刘海峰，李木洲.兼顾公平与科学的高考改革[J].中国考试，2015(9)：3-9.

二、能力平等视域下教育质量公平的意蕴

新中国成立以来,教育公平的推进历经权利平等、机会均等[①]、质量与结果公平[②]三个阶段,不断从形式公平趋于实质公平。学界逐渐认识到教育公平与教育质量密不可分:没有公平的质量是少数精英群体的质量,没有质量的公平是低层次循环的公平。质量与公平的耦合使得质量公平在新时代成为教育公平的核心关切。然而,当前对教育质量公平的研究尚处于起步阶段,人们或认为教育质量公平是人们对教育输入、过程和结果的满意度[③],或认为其是平等地享受教育内部资源所达到的理想化效果[④],均未能揭示教育质量公平的独特诉求。实践中,教育质量公平的评价标准也比较粗放,强调教育资源投入标准化与入学机会均等化,主要从生均教育经费、入学率等指标考察教育质量公平。显然,这些并不能自发转化为教育结果公平。

在当前建构高质量教育体系的背景下,我们需要一种什么样的新质量公平观?对于这个问题,我们不能仅从教育供给或效率角度回答,而须聚焦于教育结果,即学生在学校之中与走出校门之际的综合素养与学业能力是否差距过大,入学起点的能力差距在学校教育系统中是否被放大,学校教育是否能使来自不同阶层的学生获得同样的能力提升等。毫无疑问,公平而有质量的教育不应该扩大学生在入学起点的能力差距。已有研究表明,我国城乡学生的认知能力存在显著差异[⑤],流动儿童在父母受教育水平、教育期望、家庭收入、家庭学习资源、数学成绩等方面的得分均显著低于城市儿童[⑥]。PISA

[①] 杨东平.从权利平等到机会均等——新中国教育公平的轨迹[J].北京大学教育评论,2006(2):2-11+189.

[②] 余秀兰.关注质量与结果:我国教育公平的新追求[J].南京师大学报(社会科学版),2019(1):29-38.

[③] 王海英.质量公平:当下教育公平研究与实践的新追求[J].湖南师范大学教育科学学报,2013,12(6):32-39.

[④] 许邦兴.关于义务教育质量公平的思考[J].陕西师范大学学报(哲学社会科学版),2008(4):119-123.

[⑤] 江求川.家庭背景、学校质量与城乡青少年认知技能差异[J].教育与经济,2017(6):21-30.

[⑥] 张云运,骆方,陶沙,等.家庭社会经济地位与父母教育投资对流动儿童学业成就的影响[J].心理科学,2015,38(1):19-26.

测试也揭示了我国存在学生能力校际差距大等问题。社会阶层、家庭背景、城乡差异、校际差异、性别等是形塑学生能力差距的多维因素，如何缩小学生能力差距成为新教育质量公平关注的核心议题。对于能力的考量不能局限于课堂和考试中展现的读写能力、纸笔测试能力，还须从公民平等参与社会生活、获得幸福生活的角度去思考。这意味着教育质量公平要从社会发展的宏观环境和人的发展两个维度同时建构，一方面，教育质量公平的内涵必须超越教育投入、识字率、合格率等教育系统内部的效能指标，从培养公民参与社会生活角度去考察人的能力；另一方面，教育质量公平是正义社会建构的一部分，要在建构社会正义和培养公民能力的交互视角中进行反思和建构。因此，本研究引入阿马蒂亚·森和玛莎·纳斯鲍姆的能力平等理论（The Capability Approach），探讨能力平等视域下教育质量公平的理论意蕴与实践路径，旨在为当前理解教育质量公平提供新的视角。

（一）教育机会均等与能力平等

教育公平的核心诉求是权利平等和机会均等，两者结合形成现代义务教育向所有人免费开放的权利平等，并主张在分配稀缺教育资源时遵循公平竞争、择优录取的机会均等原则。

1. 教育机会均等及其局限

被称为美国"公立学校之父"的贺拉斯·曼指出，教育是实现人类平等的伟大工具，它的作用比任何其他人类发明都要大得多。[①]随着社会进步，教育的权利平等原则改变、形塑着机会均等原则。"分数面前人人平等"的公平竞争与机会均等被认为可能隐含不公平，考试是形式平等而非实质平等——学生来自不同阶层，家庭资本对学业成绩的影响使得考试竞争不仅是天赋、能力的竞争，而且在某种程度上变成家庭资本的角逐。

鉴于此，机会均等论者主张学校应消除外部障碍，尤其是家庭障碍，保证孩子们在同一起跑线上，通过自由公平的竞争取得升学、就业机会。罗尔

---

① [美]约翰·S.布鲁贝克.高等教育哲学[M].王承旭，郑继伟，张维平，等译.杭州：浙江教育出版社，2001：71.

斯认为机会均等意味着禀赋、能力、志向、动机相同的人享有相当的机会，真正的机会均等是建立在个人天赋和努力意愿上的公平竞争，而不应掺杂其他社会因素，尤其是不应受到家庭因素的不利影响。由于不同人群中天赋分布比例大致相同，所以衡量一个社会教育系统是否达至机会均等的核心标准是其高等教育系统中学生比例的分布是否和人口比例分布相一致，例如，精英大学中农村学生比例是否与全国农村人口比例相一致。

科尔曼、胡森等人从教育的角度进一步指出保障教育机会均等要将"学校资源投入均等转变为学校教学效果的均等"[①]，"教育面前机会均等不仅指各校的入学对所有学生都是'平等的'，而且指各校的效能是'相当的'，从而使不同社会出生的儿童在起点上的差别得以消除。"[②]机会均等促使国家为所有儿童提供均等化的教育服务，推动免费教育发展为标准化教育，从而实质性地推进了教育公平。但教育机会均等亦有局限性，它在理想上强调每个人发挥天赋的平等机会，实际上是一种基于个人才能（包括天分与努力）的公平竞争、择优录取的程序正义，会不可避免地导向精英主义。即便是机会均等理念践行得较为成熟的美国，也显现出"形式机会均等"与"实质机会不均等"的悖谬：一方面，社会开放更多机会，女性和少数族裔中少数才能出众者得以崭露头角，精英学校的学生构成更加多元；另一方面，教育变得越不平等，少数族裔及弱势群体的出路更窄，处境更为边缘化。

2. 能力平等视角是教育机会均等的必要补充

在上述背景下，能力平等成为补充和落实教育机会均等的一个重要视角。能力平等试图在某种程度上消解建立在才能差异基础上的教育机会均等带来的"精英的傲慢"与精英主义的统治霸权——精英们相信自己是凭借能力成为赢家的，失败者是因为无能或懒惰。正如马克思所指出的，每个人的自由发展是所有人自由发展的条件，精英与大众、能力出众者与能力平常者并非截然分割、泾渭分明的群体，而是命运相连的社会共同体，他们的能力发展

---

① 詹姆斯·科尔曼.教育机会均等的观念[M]//张人杰.国外教育社会学基本文选.上海：华东师范大学出版社，1989：176-192.

② [瑞典]托尔斯顿·胡森.社会环境与学业成就[M].张人杰，译.昆明：云南教育出版社，1991：6-8.

是互为条件、相互促进的。罗尔斯进一步强调，天赋差异正如阶层差异一样是武断的，是上帝之手掷骰子般的随意播散，并不具有道德上的合理性[①]；也就是说，个人天赋实际上并不仅属个人，而是社会共有资产，其收益在一定程度上应由社会共享。"不要让跑步最快的人穿上铅鞋，而应该允许他们全速奔跑。但同时也要承认，他们赢得的这些收益并不只属于他们。鼓励有天分的人发挥他们的才能，但要认识到这些人才在市场上获得的回报应该与整个社会分享。"[②]

阿马蒂亚·森指出，真正的机会平等必须通过能力平等（或消除能力方面的不平等）实现。[③]能力平等不是仅关注教育资源和教育机会的分配，而是将注意力更加聚焦于教育的对象与结果——人本身。它关注这样一个核心问题：走出校门时学生所拥有的能力能否保证他未来生活的前景？每个人是否都有同样的通过教育获得幸福生活的机会？大量研究发现，城乡学生学业能力差异巨大，"农村地区整个中学阶段（初中、高中和中等职业学校）的累计辍学率高达63%"[④]。另一些研究显示，留守儿童因父母缺席而发展滞后，随着这些孩子长大，中国超过三分之一的成年人（即超过4亿人）将倾向于认知能力水平较低。[⑤]在流动学校上学的流动儿童，其学业成绩甚至比被父母留在农村地区的留守儿童还要差。[⑥]如果教育质量公平不能缩小这些差异，不能提升这些学生应对社会挑战和参与社会生活的能力，教育质量公平将是空洞无物的。从某种意义上说，社会发展程度并不取决于精英群体的能力状况，而是受制于大众群体的能力平均水平，尤其是受制于最弱势群体的"能力短板"。因此，能力平等视角试图纠正当前我国绩效考核中偏重升学率的"教育

[①] [美]罗尔斯.正义论[M].何怀宏，何包钢，廖申白，译.北京：中国社会科学出版社，1988：102.

[②] [美]迈克尔·桑德尔.精英的傲慢：好的社会该如何定义成功？[M].曾纪茂，译.北京：中信出版社，2021：143-144.

[③] Sen A. Inequality reexamined[M]. Cambridge：Harvard University Press，1995：7.

[④] 史耀疆，马跃，易红梅，等.中国农村中学辍学调查[J].中国改革，2016(6)：18-27.

[⑤] Li H，Loyalka P，Rozelle S，et al. Human capital and China's future growth[J]. Journal of Economic Perspectives，2017，31(1)：25-48.

[⑥] Wang X，Luo R，Zhang L，et al. The education gap of China's migrant children and rural counterparts[J]. The Journal of Development Studies，2017，53(11)：1865-1881.

GDP主义"和过度重视学业竞争的"教育锦标赛"评价制度，引导教育政策与教育评估制度更加关注为数众多的学业不良和学业失败学生，更加聚焦于缩小学生的能力差距，消除造成学生能力差距过大的教育制度性和结构性因素，尤其是消除让个体受资源匮乏、文化剥夺、地理不利、环境差异、特殊经历等社会情境限制而能力匮乏的因素。

能力平等论者强调依据个体发展需要差异化地配置资源。"基于资源平等的基础教育财政投入公平理念假定个体是同质的，并强调相同个体享有相同投入，但现实中个体存在天生禀赋及生活环境的差异，相同的教育投入不一定带来相同的教育结果。"①例如，一个残疾儿童可能需要更多的经济补助用于医疗，一个有阅读障碍的儿童可能需要额外的教育资源以拥有有效参与社会阅读及写作的能力，一个有音乐天赋的儿童可能需要好的音乐老师以实现个人潜能，一个深处偏远山区、上学路途遥远的儿童可能需要家门口有所优质学校，等等。如果仅强调教育机会均等和均等化的教育资源投入，往往会如阿马蒂亚·森所言，"极能打动人心的'人人平等'修辞对'人际差异性'视而不见，这种漠视导致事实上的不平等"。无差别、均等化的教育资源与机会分配并不可取，须依靠差异性公平、弹性均等化政策保障教育质量公平。

（二）能力平等及其意蕴

艾丽斯·M.杨认为："正义在概念上必须包含使人获得能力的意涵，不仅关系到分配，还涉及个体发展与实现潜能、开展集体交流与合作所必需的制度条件。"②在诸多正义观论证中，存在两种不同取向的正义理论："一方是作为分配的正义，以消费为取向、用占有性的个人主义来看待人；另一方是作为能力和权利的正义，要求对人持有一种更加能动的观念。"③分配正义观关注基本善与资源的分配，却忽视了作为主体的人的发展状况和生活质量。

---

①李祥云，童泽峰.发展公平而有质量的义务教育需要多少财政投入——以B县和W县小学为案例的研究[J].宏观质量研究，2022，10(4)：118-128.

②[美]艾丽斯·M.杨.正义与差异政治[M].李诚予，刘靖子，译.北京：中国政法大学出版社，2017：46.

③[美]艾丽斯·M.杨.正义与差异政治[M].李诚予，刘靖子，译.北京：中国政法大学出版社，2017：109.

针对分配正义观的局限，阿马蒂亚·森和纳斯鲍姆等人提出能力平等的社会正义观，这对于人们理解教育公平具有重要的启发。

1. 能力平等正义理论

能力平等正义理论是阿马蒂亚·森在反思罗尔斯式平等缺陷的基础上提出的。罗尔斯认为，正义社会对基本善（如权利、自尊等）进行平等分配，并指出分配对象限于理性的、具有社会合作能力的道德人，未将动物、理性程度欠缺者及心智障碍者包括在内。"罗尔斯虽关注社会弱势群体，但他的正义体系中首要关注的是能够正常参与社会合作体系的正常公民，并未给予身体残障者更多基本善的倾斜。"①虽然在社会立法中可对他们投入更多资源，但阿马蒂亚·森认为这些资源并不足以减少他们与常人的能力差异，反而因为标签效应让他们更为弱势。

有鉴于此，阿马蒂亚·森提出能力平等正义理论弥补、拓展平等的论域，为公平实践提供理论支撑。他认为能力指标可从个体所具有的整体优势评价其生活质量，因而优于基本善（资源）的方法。能力不仅指个人的内在能力，它还对外部客观条件——资源、环境、制度等提出要求，国家和社会要为具备基本能力的人提供可以发挥能力的空间，不能让人的能力沉睡或闲置，"能力理论坚持培养人的基本能力，且强调国家应该提供实现能力的机会，以达到混合能力的水平"②。

阿马蒂亚·森也认为正义社会不应走规范理论完美划一的"先验路线"，而应走不断纠正社会不公正现象的"经验路线"。能力平等是一种新型的社会正义理论，旨在减少公民之间的能力差距，当然这种减少不是出于平均主义的考虑。正如斯坎伦所列举的，"假如中国和美国男人的预期寿命分别为70.4岁和74.2岁，而非洲马拉维人的预期寿命只有37.1岁。如果出于某种原因中国人和美国人的预期寿命下降了，从而导致'国际预期寿命差距'的缩小，我们并不会认为这是件好事。反对这种'差距'的真正理由是人道主义的，

---

① 李娴静.论人际比较的标尺——以约翰·罗尔斯与阿马蒂亚·森为中心[J].道德与文明，2021(2)：141-150.

② 王行知.能力与基本善：纳斯鲍姆回应阿马蒂亚·森与罗尔斯的争论[J].学术研究，2021(5)：18-23.

即改进马拉维人的生活。平等概念在这里所起的作用是工具主义意义上的,即消除这种'差距'的意义仅在于这样做有助于实现人道主义的目的。"①能力平等也是如此,正义社会应致力于公民能力的整体提升,"目标是要为每个人,为所有人培育能力,而不是将有些人用作一种手段,以此去促进其他人或所有人的能力"②。能力平等的首要关切是减少权利匮乏带来的能力褫夺,促进弱势群体的能力提升。

2.何谓能力?何种能力?

能力是什么?阿马蒂亚·森和纳斯鲍姆的阐释主要源于古希腊哲学家亚里士多德的启发。亚里士多德从出于意愿的选择出发,指出选择似乎总是针对我们力所能及的事物③,强调选择意图、选择能力引导行为或实践,有选择自由并做出正确选择的能力对个人德性与幸福至关重要。阿马蒂亚·森从亚里士多德"如何施展选择能力"的理论谱系出发阐述能力理论,认为能力是一种基于选择的实质自由,是一个人决定过什么样的生活时所拥有的选择和行动范围,即主体运用选择能力、选择机会做出抉择、获得发展的过程。能力包含机会和过程两方面,即个人过上自己所珍视的美好生活的所有可供选择的机会总和及实践过程的可能性。"作为一种实质自由,关注焦点不是一个人占有的资源,也不是一个人的成就,而是一个人实际上能够做什么(无论他是否会选择使用该机会)。"④

能力包含"机会—过程—结果"这三维结构,具体体现为个人实际所拥有的选择的自由、范围和广度,它们在很大程度上决定着个人将潜在机会变成现实的可能性。阿马蒂亚·森区分了"不被禁止的可能性"与"真正的可能性":"如果有100名申请者申请1个职位,'不被禁止的可能性'可以理解为1%;如果将'可能性'理解为确实具有该项职位的能力,那么在100名申

---

① 陈真."道德"和"平等"——哈佛大学斯坎伦教授在华访问演讲录[J].哲学动态,2005(9):42-46.
② [美]玛莎·C.纳斯鲍姆.寻求有尊严的生活——正义的能力理论[M].田雷,译.北京:中国人民大学出版社,2016:25.
③ [古希腊]亚里士多德.尼各马可伦理学[M].廖申白,译.北京:商务印书馆,2003:66.
④ 李娴静.论人际比较的标尺——以约翰·罗尔斯与阿马蒂亚·森为中心[J].道德与文明,2021(2):141-150.

请者中具有相应教育背景和任职能力的大概只有2人，那么这2人获得该职位的可能性则为50%。阿马蒂亚·森的能力主张更倾向于第二种解释，他反对将机会仅仅理解为'不被禁止'。"①阿马蒂亚·森援引了一个广为人知的例子，即一个节食的富人和挨饿的穷人，两者的功能性活动相同而能力不同——前者是自由选择而后者是别无选择。在目的性活动中，在没有选择和有选择两种状态下，个体所拥有的实质自由大为不同。能力是在天赋力量基础上经由后天培育发展起来的，具有流变性、动态生成性等特点。虽然能力受个体拥有的资源、机会等影响，但阿马蒂亚·森始终认为能力比资源和机会更重要，因为后两者转化为可行能力时受制于多种因素，诸如个人因素（如新陈代谢、身体状况、性别、阅读技巧、智力），社会因素（如公共政策、社会规范、歧视行为、性别角色、社会等级、权力关系），环境因素（如气候、地理位置）②，因此具有很大的不确定性；而能力更为明确地体现为人类现实生活的实践表现。

对于个体需要何种能力，阿马蒂亚·森提出了基本设想，纳斯鲍姆则提出了多种有利于公民过上有尊严的生活和参与社会生活的能力，并试图提供能力目录。能力目录具有一定的开放性，可以根据需要增减；目录中的能力内容既具有不可通约性，也具有相互联系和相互支持的关系；能力具有地域性，要求穷国像富国一样设置较高的能力标准显然是不切实际的。③能力平等为教育质量公平提供了新的视角，"教育平等的能力视角指向参与社会所必需的'各种功能'（functionings）与'真实机会'（opportunities）的平等，在无数可能通过教育和学校教育发展起来的能力中，能力路径建议促进和扩大那些平等参与社会所必需的能力"④。能力平等并非要将所有人的能力拉平、抑制优秀人才的能力提升，而是意味着"受教育者平等地享有高质量的教育，不仅保证受教育者平等的受教育机会，更重要的是通过教育能够确保每个学

---

① 李石.平等理论的谱系——西方现代平等理论探析[M].北京：中国社会科学出版社，2018：196.

② Robeyns I. The capability approach: A theoretical survey[J]. Journal of Human Development, 2005, 6(1): 93-117.

③ 王行知.能力与基本善：纳斯鲍姆回应阿马蒂亚·森与罗尔斯的争论[J].学术研究，2021(5)：18-23.

④ Terzi L. Capability and educational equality: The just distribution of resources to students with disabilities and special educational needs[J]. Journal of Philosophy of Education, 2007, 41(4): 757-773.

生平等地获得'同样成功的机会'"①。因此，衡量学校教育质量公平的标准之一是"是否能够有效促进能力较强学生、男孩、某些种族群体或家庭经济地位较高学生的发展，是否可以同样有效地促进能力较弱学生、女孩、少数民族群体、家庭经济地位较低学生的发展"②，致力于促使弱势群体学生与优势群体学生获得同样的能力进步。

（三）能力平等视域下教育质量公平的三重意蕴

教育在公民能力提升中意义重大，纳斯鲍姆肯定了教育的"孵化性运作"——教育极大地增加了人们选择工作、进行社会参与和政治参与的能力与机会。相比机会均等与效用平等，能力平等不仅关注每个儿童是否获得均等的资源份额或机会，而且关注合宜的、充分的资源能否转变为公民参与社会与实现幸福生活的基本能力。能力平等尤为关注弱势群体是否遭遇系统排斥与能力剥夺，处境不利人群是否平等地享有高质量教育，低社会阶层/低学业成就者是否达到充足的能力标准。

1. 合规范性：教育质量公平的要求是确保公民底线层次的能力门槛

教育质量公平的规范性要求是强调公平而有质量的教育，至少要保障每个适龄儿童都有权利享受均等化基础教育并具备底线能力，达到最低限度的能力门槛和标准。纳斯鲍姆将人性尊严置于能力框架的核心，认为多元能力清单关涉最低限度正义社会的尊严、体面与绝对门槛，不具备这些核心能力将不可避免地导致人的尊严受损。她认为多元能力可分为三种类型：与生物性和物质性需要相关的能力，与作为能动者个人基本利益相关的能力，与作为社会性存在个人基本利益相关的能力。③本研究借鉴梅勒妮·沃克梳理的能力清单④，列举纳斯鲍姆的能力清单和其他以能力理论为基础制定的清单中与

---

① 吴刚平.我国义务教育的机会公平与质量公平[J].河北师范大学学报(教育科学版)，2000(1)：39-44.

② 魏晓宇，苏娜.学校教育可以兼顾公平与质量吗?[J].华东师范大学学报(教育科学版)，2021，39(8)：116-126.

③ 拉斯·尼尔森，大卫·V.阿萨尔森，牛文浩，等.能力主义的充足性原则：能力与社会正义[J].国外理论动态，2018(6)：58-70.

④ Walker M. Towards a capability-based theory of social justice for education policy-making[J]. Journal of Education Policy, 2006, 21(2): 163-185.

教育有关的能力,并将其划分为生存生活能力、理性情感能力、社会参与能力(见表13-1)。

表13-1 不同研究者的核心能力清单

研究者	能力清单类目总数	与教育相关的能力		
		生存生活能力	理性情感能力	社会参与能力
玛莎·纳斯鲍姆(Martha Nussbaum)	10	①生命 ②身体健康 ③身体健全	①感觉、想象和思考 ②情感 ③实践理性	①归属 ②其他物种 ③娱乐 ④对外在环境的控制
迪帕·纳拉扬,帕蒂尔·佩特奇(Deepa Narayan&Pattil Petecsch)	10	①身体健康 ②身体完整	①情感完整 ②尊重和尊严 ③想象力 ④信息和教育	①社会归属感 ②文化认同
萨比娜·阿尔凯尔(Sabina Alkire)	5	—	①赋权 ②知识	①就业 ②人际关系
英格丽·罗比恩斯(Ingrid Robeyns)	14	身体完整和安全	①教育和知识 ②尊重	社会关系

多元能力清单代表人类价值的一般维度,不同地区、国家与群体的具体清单还有重新建构的空间。如表13-1中的迪帕·纳拉扬和帕蒂尔·佩特奇进行的跨文化贫困评估中,列举的"来自穷人之声的10种能力",基本与纳斯鲍姆的能力清单重合;萨比娜·阿尔凯尔的多维贫困清单重新审视能力与人的发展的关系;英格丽·罗比恩斯从学校、课堂性别不平等的产生过程构建能力清单,指出有限教育是不够的,健康、安全、尊重与良好社会关系等能力对个体参与教育来说非常必要。

底线式公平旨在保障每个人的底线能力处于门槛之上,"核心能力必须实现,不然就称不上是有尊严的人类生活"①。如果部分群体一种或几种核心能力处于门槛之下,他们的生活品质是没有尊严的,社会正义也荡然无存。费

---

① 叶晓璐.纳斯鲍姆可行能力理论研究——兼与阿马蒂亚·森的比较[J].复旦学报(社会科学版),2019,61(4):52-59.

里德曼认为，如果大多数公民没有最低限度的文化和知识，也不广泛地接受一些共同价值准则，稳定而民主的社会将不复存在。①正义的底线社会主张，"提供人们各种能力得以开展的外在条件，满足每个人行使某种功能'基本门槛'底线的社会才是正义的"②。能力平等尤为关注如何消除因性别、种族、地域造成的社会羞辱和制度性歧视，确保残障、智力低下儿童也能具备基本的读写、算数和推理能力，通过扫盲教育、全纳教育确保所有公民达至底线层次的能力门槛。

2.合发展性：教育质量公平的目标是提升公民较高层次的可行能力

教育质量公平的发展性目标是提升主体较高层次的可行能力，并缩小可行能力的差距。阿马蒂亚·森这样界定可行能力："一个人有可能实现的、各种功能性活动组合的实质自由。"③可行能力高度关注个体已经实现和具有实现能力（潜能）的功能性活动，即他所享有的真实机会和积极自由，以此评估人"能做什么""成为什么"的内在状态，并以此作为判断个体生活质量和福利水平的标准。可行能力是由一系列相互关联的生活内容所构成的功能性活动：底线层次是满足个体基本的可行能力、最初的要求、最基本的生活内容方面的需求，诸如营养供给、不患病、不早夭；高阶层次是满足个体复杂的社会活动、更为复杂的成就方面的需求，诸如受到良好的教育、能够体面地参与社会活动。

如何确保个体拥有参与社会活动的能力？仅提供义务教育是不够的，需要促使个体拥有更为高阶的可行能力。教育适足论者艾米·古特曼指出，民主教育要确保所有孩子都具有参与民主过程所必需的能力。这种"充足教育"具有最低限度的文化基准，检测的功能性文化基准是具备一定的理智能力、能找到一份工作、使自己和家人过一种体面的生活。④要获致这种能力，成为有益的公民和生产者，个体需要至少接受高级中等教育，以深入地掌握现代

---

① [美]米尔顿·弗里德曼.资本主义与自由[M].张瑞玉，译.北京：商务印书馆，1986：83-84.
② 王俊斌.论当代"能力取向理论"发展及其对高等教育之影响[J].教育科学期刊，2012(2)：1-21.
③ [印]阿马蒂亚·森.以自由看待发展[M].任赜，于真，译.北京：中国人民大学出版社，2012：63.
④ [美]艾米·古特曼.民主教育[M].杨伟清，译.南京：译林出版社，2010：151-175.

科学和现代社会的基本原理、基础知识。美国学者罗斯高指出，一个国家要超越中等收入陷阱，在教育上必须保证大多数人至少接受高中阶段教育，这样才能确保人才具有适应经济变化和行业调整的可迁移能力与继续学习能力，不会因行业变迁而失业。[①]

3. 合需要性：教育质量公平的理想是拓展公民高阶层次的能力集合

高阶层次的教育质量公平关注主体需要，将可行能力转化为对所珍视生活的追求，即"集中注意去做他们有理由珍视事情的可行能力，去享受他们有理由珍视生活的自由"[②]。阿马蒂亚·森的能力集合在纳斯鲍姆那里体现为复杂的混合能力。能力集合可以决定个体发展的高度，"一个人的能力集合愈大，实质自由就愈多，可能选择的职业、身份和地位种类愈多，能够达到的成就也愈大愈多元"[③]。一般来说，高等教育使可行能力借助更为广博自由的文理知识得到进一步的发展。随着高等教育大众化，这种之前隶属于少数精英的能力开始"飞入寻常百姓家"，成为有能力公民追求的高阶层次。

合需要性的质量公平的衡量标准是能否拓展所有学生的能力集合，而非仅拓展优势群体或精英大学学生的能力。不同于义务教育、高中教育的生存驱动，高等教育是发展驱动，聚焦于有意义的美好生活。合需要性的质量公平旨在使每个人都充分实现潜能，体现教育的多样性、个性化、专业化。需要注意的是，能力门槛、可行能力比高阶能力集合更为基础和重要，它们是高阶能力集合的前提条件且关涉所有公民，对基础教育质量公平意义重大。因此，后文主要聚焦基础教育质量公平。

三、能力平等视域下教育质量公平的分配原则

教育资源如何分配才能缩小学生能力差异，确保实现能力平等？能力平

[①] 张林秀，易红梅，罗仁福，等.中等收入陷阱的人力资本根源：中国案例[J].中国人民大学学报 2014，28(3)：8-18.

[②] [印]阿马蒂亚·森.以自由看待发展[M].任赜，于真，译.北京：中国人民大学出版社，2012：71.

[③] 戴台馨.从经济思想家Amartya Sen的"发展"观点谈身心障碍生的潜能发展[J].全人教育学报，2011(8)：159-180.

等理论出现之前，人们在功利主义的效率优先与资源主义的运气均等中产生"效率抑或平等"的争议。能力平等论者主张教育资源分配突破资源均等与效用平等的窠臼，强调平等、优先与充足原则。这三大原则整体上按照罗尔斯的字典式排序，排在前者的比居于后者的更重要；但由于教育实践情境的多元性和复杂性，在不同情境、关系模式中需要遵循不同的原则。

（一）平等原则：确保全民达到底线式能力门槛

平等原则要确保所有公民都达到底线式能力门槛，重点保障弱势群体的基本能力，通过消除或矫正社会歧视和排斥等不平等而实现真正的平等。正如罗尔斯所言，"为了平等地对待所有人，提供真正的同等的机会，社会必须更多地注意那些天赋较低和出生于较不利社会地位的人们。这个观念是要按平等方向补偿由偶然因素造成的倾斜"。[①]

建构实质平等与差异补偿相结合的义务教育均等化公共服务体系成为时代所需。教育公共服务的目标是普惠性公正，即确保适龄儿童接受相当水平、相当质量的义务教育并具备底线能力和基本能力，能够参与到社会生活中。当前的义务教育公共服务的均等化，必须克服城乡、阶层和校际三大重要因素独立或交互重叠影响所造成的教育质量差距，推进区域内义务教育的生源均衡与师资均衡。对农村地区和薄弱学校的教育经费和资源投入不仅要优先保障和提高标准，而且在数量和质量上要确保所有学生达到底线式能力门槛；不仅如此，还要安排专项经费用于改善城乡薄弱学校教学质量与提升处境不利学生的学业成就，为薄弱学校提供师资优先发展的资源投入。切实缩小义务教育阶段学生学业水平的城乡差距、阶层差距和校际差距，这才是优质均衡教育的核心要义。

（二）优先原则：优先提升弱势群体的较高层次可行能力

当所有学生都达到底线式能力门槛后，教育质量公平的优先原则需要回答优先发展谁的较高层次可行能力、优先满足谁的能力发展需求、优先把教

---

① [美]约翰·罗尔斯.正义论[M].何怀宏，何包钢，廖申白，译.北京：中国社会科学出版社，1988：96.

育机会给谁、优先提升谁的质量等问题。基于能力平等视角给出的答案是优先保障社会处境不利、资源匮乏群体的教育质量，提升与拓展他们的可行能力。社会处境不利的少数族群学生以及低社会阶层、低学校质量、低学业成就学生，"由于无法接受良好的教育，不仅在求学期间成绩落后，而且在步入社会后面临就业难、收入低、健康差等一系列问题，甚至终生难以发挥自身潜能"[①]。相比社会优势群体，弱势群体更依赖于学校教育给他们提供的能力发展机会。

第一，建立多重平等测度指标，根据地区、家庭收入、就读学校等综合指标精准甄别处境不利人群，而非仅依据农村户籍、少数民族等单一指标进行粗略甄别。21世纪以来，英国政府探索、建立并不断完善背景招生政策，基于一种个体、学校、地区等不同层面多重平等测度（multiple equality measure，MEM）指标体系，以是否获得学校免费餐、照护参与者、就读学校等数据信息精准识别申请人的贫困程度，精英大学以此确定额外考虑、优先面试、优先录取、降级录取等招生倾斜的不同力度。我国可借鉴以上经验，精准甄别教育弱势人群，优先满足他们的入学需求，确保他们在优质高中和精英大学的就读比例持续增加。

第二，优先满足低收入家庭-低成就学生的学业辅导需求。学校提供的补救教育、个性化指导、课后服务等要优先满足低收入家庭-低成就学生，提高他们的可行能力。"如果一个学区没有足够资源向所有合格学生提供'补充教育服务'，学区就必须优先满足低收入家庭-低成就学生的需求。"[②]美国实施NCLB（No Child Left Behind）法案时，通过多元形式，如为薄弱学校的低学业成就者提供一对一指导、小组教学、交互式电子教学等实施"补充教育服务计划"。我国学校也急需为低收入家庭-低成就学生提供多种方式的学业补救教学和指导服务，帮助他们改善在教育竞争中的落后状态，重拾个人发展信心。

第三，优先满足低收入家庭-高成就学生能力发展的个性化需求。优先发

---

① 英国新愿景：实现公平的卓越教育[EB/OL].（2017-03-22）[2023-09-10].https://news.gmw.cn/2017-03/22/content_24025623.htm.

② 孔令帅.兼顾公平与效率："美国补充教育服务"政策评析[J].比较教育研究，2010，32(9)：48-52.

展贫困地区才能出众学生的多元能力,最好能依据按需分配原则,将优质课程和兴趣课程向他们无偿、免费开放,使得他们在学校中能学习由于家庭资本局限而无缘接触的文化知识和才艺技能等。例如,为有音乐禀赋的农村贫困学生提供财政资助的免费钢琴课,为体育才能出众的贫困学生提供教练的免费指导等。

(三)充足原则:提升学业质量标准实现能力充足

伦理学家哈里·法兰克福特对德沃金等人"钝于禀赋,敏于志向"的均等主义展开批判,认为分配正义不应该是使每个人得到同样多的东西,而是使每个人得到足够多的东西以达到充足门槛。[①]这意味着随着社会发展,较低的能力门槛要逐渐将标准提高到能力充足门槛。这主要依赖以下两种途径:一是能力门槛达成的认定标准不断提高,如从要求及格水平到要求熟练掌握;二是能力门槛本身的标准不断提高,较高层次的可行能力标准也不断提高。能力平等确保所有学生能力达至充足,在充足线之上的能力差异国家则无须过多关注。

能力充足教育主张将高质量视为最低限度的标准,从而使所有学生都能达到高标准的学业要求,这是发达国家教育改革的一个重要趋势。英国政府颁布的绿皮书《每个孩子都重要:为孩子而改变》(*Every Child Matters*: *Change for Children*)从家庭背景、特殊需求、身体智力状况等因素确认处境不利与具有被社会排斥危险的儿童,将学校教育的质量目标聚焦于帮助儿童达到尽可能高的教育标准。美国《每个学生都成功法案》(*Every Student Succeeds Act*,ESSA)建立了一个衡量学生学业能力的较高标准:各州至少在数学、阅读和科学等学科领域制定适用于全州范围内公立学校和学生的挑战性学科内容标准;各州至少设置三种学业成绩标准等级,即基础、熟练和高级;确保绝大多数学生都达到熟练等级,并与本州高等教育系统的入学要求相一致。

---

① 哈里·法兰克福特.作为一种道德理想的平等[M]//葛四友.运气均等主义.南京:江苏人民出版社,2006:177-196.

能力充足原则要求转变资源分配与财政支出的均等化倾向，如美国的义务教育发展理念与财政拨款政策经历了从公平到充足的转向，制定充足政策评估的相关标准。"州政府提高生均最低经费的基准线水平、设定'高的最低'（high-minimum）学业质量标准、为处境不利学生提供达成州教育内容与成就标准的机会、制定'人人成功'的教育政策。"①西方国家曾以GNP（国民生产总值）的8%、政府财政预算支出的20%等指标作为教育充足的标准。我国不能以教育支出占GDP（国内生产总值）的4%作为教育充足的标准，资源投入的总量无法衡量教育质量公平的程度，也绝不代表学生的充足能力已经实现。

四、能力平等视域下教育质量公平的制度保障

能力平等视域下教育质量公平不仅需要教育资源分配的保障，还需要多元制度保障。首先要消除由制度歧视造成的能力匮乏，取消教育体系中制度性、系统性教育排斥的机制，如流动儿童进入城市公立学校就读的入学壁垒和升学障碍、对职业教育的隐性歧视等，树立有差异而卓越的多元教育质量观。尤为重要的是，建构基于能力平等的教育质量公平监测制度，监测学生的能力差距，并据此建立基于能力平等的教育问责机制。

（一）制定教育质量公平评价的能力标准

质量公平不应被简化为各项要素、指标构成的选拔型与测量型标准，"质量评价标准是用于衡量教育活动及其价值的具体化、情境化规则"②，必须将学生能力标准运用于学校教育质量公平评价的标准制定与体系监测之中。能力标准的制定可依据课程标准、核心素养等前期成果，赋予省级教育行政部门自主权，依据多元社会主体平等参与的教育治理原则，在专家、教师、公

---

① 薛二勇.美国教育充足财政政策的实践：专业评估的视角[J].教育发展研究，2012，32(23)：28-32.
② 王海涛，董玉雪，于晓丹，等.教育质量评价标准的价值建构[J].湖南师范大学教育科学学报，2017，16(1)：103-108.

众等多元主体协商的基础上达成衡量教育质量公平能力门槛标准和可行能力标准的重叠共识,并通过教育法规将其制度化。

第一,义务教育质量公平评价须设置合理的能力门槛标准。"义务教育不一定提高儿童的能力,在一个义务教育制度非常成功的国家,如果教育系统以'自上而下'的方法强调竞争性,孩子们倾向于学习考试所需科目。在这种教育体制下,孩子们别无选择而只能按照别人告诉他们的去做,即使提供义务教育,他们也被认为'能力有限'(limited capabilities)。"[①]因此,我国必须建构义务教育的底线式能力门槛,且其能力目录应扩展范围、提升质量。各省设置最低学业质量标准,涉及读写能力、生活能力和公民素养等内容。

第二,高中教育质量公平评价以较高层次可行能力标准为基础。较高层次可行能力目标对高中阶段的教育提出了新要求,一方面,可行能力必须超越应试所需要的读写能力,强调面向未来参与社会经济生活和政治生活所需要的公民素养、科学文化知识和初步职业能力等;另一方面,能力平等视角不能容忍高中阶段培养出来的学生能力差距过大,尤其不能容忍教育制度制造的能力褫夺。因此,高中阶段的学校虽然要多样化,但是学生可行能力的整体提升要优先于能力差异,即高中阶段要确保教育质量公平,缩小不同类型学校学生在可行能力方面的差距。在制度设计上,可尝试为普通高中、职业高中等多样化高中确定一些共同的、必要的可行能力标准,并以此作为获得高中毕业证书的基本要求。随着高中教育义务化进程的推进,高中阶段学生的可行能力可逐渐与高等教育入学要求相对应,应更强调终身学习和批判性思维等能力。

(二)建构多层级的教育质量公平监测体系

一个优良的教育质量公平监测体系可以监控教育质量公平评价标准是否达成及达成程度。学生的可行能力是多方面的,为了便于监测和节约成本,"国家-省级"教育质量公平监测体系可以将学生最为核心的能力作为监测范围,利用大规模考试重点监测学生的语文、数学、外语和科学能力(见表13-2)。

[①] Saito M. Amartya Sen's capability approach to education: A critical exploration[J]. Journal of Philosophy of Education, 2003, 37(1): 17-33.

表13-2 "国家-省级"教育质量公平监测体系

监测层次	监测内容概览	监测数据来源
国家基础教育质量公平监测	①义务教育阶段4/8年级监测学生整体能力的发展状况 ②重点监测区域、重点监测群体能力与能力门槛的差距 ③重点监测区域、重点监测群体能力是否达到基本标准 ④重点监测区域、重点监测群体与优秀/平均成绩的差距	①中国义务教育质量监测体系 ②高中学业水平测试 ③全国性评估、调查等
省级基础教育质量公平监测	①动态监控省域内学生能力发展整体水平 ②动态监控省域内学生年度能力进步情况 ③动态监控省域内城乡/不同阶层学生学业差距 ④动态监控县域之间学生能力发展差距 ⑤动态监控县域内城乡学生能力发展差距 ⑥动态监控县域内学生能力发展的校际差距	①省域义务教育质量监测体系 ②初、高中学业水平测试 ③学校评估报告与自评报告 ④区域期末考试、抽样调查 ⑤第三方评价等

第一，建构国家基础教育质量公平监测体系，主要包括：监控全国范围内义务教育过程中的关键年级及义务教育结束时学生整体能力状况；监控全国范围内东西部、城乡、各阶层学生能力发展的差距，并定期发布完整的监测报告；重点监测农村地区、偏远山区、少数民族地区，低社会阶层、残疾儿童、流动儿童、女童等群体的能力是否达标，监控他们与优秀成绩、平均成绩间的差距，敦促差距较大地区缩小不同背景学生的学业成就差距。

第二，建构省级基础教育质量公平监测体系，并与初中、高中学业水平测试结果相联系，主要包括：动态监控本地区学生能力发展的整体水平，监控县域之间和县域之内学生的学业城乡差距、阶层差距和校际差距；动态监控学生的年度能力进步情况，对学校实行过程性评价和增值性评价，确保学校教育让所有学生都获得进步。

（三）建构基于教育质量公平评价的问责制度

在教育质量公平监测体系的基础上，能力平等视角要求进一步建立地区教育问责制度，促使地方教育行政部门的注意力焦点进行重新分配——改变教育评价制度中过度看重升学率、重点率和"清北率"的倾向，改变教育资源分配中过度依靠名校的倾向，对中等程度和学业落后学生给予更多关注，对区域薄弱学校和边缘学校给予更多投入，将提升全体学生能力和减少学业能力差距视为教育绩效考核中的关键指标。

第一，建构基于能力门槛（义务教育阶段）和较高层次可行能力（高中教育阶段）学业标准合格率与熟练率的问责制。对学生整体能力表现不佳、未达到熟练率特定比例的低质量地区与校际差距过大的低公平地区加大问责力度；对成绩不佳的薄弱学校加大干预力度。可借鉴美国的ESSA法案甄别"需要改进的学校"的做法——"学业成绩在最后5%、高中毕业率不到67%，或学业表现持续不佳的学校将视为不成功"[1]，对薄弱学校进行更大力度的政策扶持，利用资源倾斜、购买第三方服务等方式促使薄弱学校脱困。

第二，建构基于学生能力补救机制的问责制。敦促地方教育行政部门投入经费为学业落后学生建立课后辅导和补救机制，尤其是加大对于关键学段（如一年级）、关键科目（如阅读、英语和数学）的补救教学的投入，政府应为补救教学安排专项经费和督导考核机制；考核学校对学困生的帮扶及学困生进步的情况；对两极分化严重、学业成绩落后者所占比例过大的学校提出整改建议。

第三，建构面向处境不利群体教育补偿与资助的问责制。对未能有效保障弱势群体入学机会、未能缩小弱势群体能力差距、未能面向贫困人群提供教育补助金的地方教育行政部门进行问责。

能力平等为教育质量公平提供了一个崭新的理论视角。能力平等语境中的能力遵循"下要保底，上不封顶"的原则，意味着要确保底线能力达到门槛标准，混合能力与能力集合不断扩展并趋近于人的全面发展。能力平等既是马克思主义追求人的自由而全面发展的理想的正义社会的必然诉求，也是建设高质量教育体系的应有之义。新时期的教育质量公平观应以能力平等视角为指导原则，整体提升人的可行能力，并切实缩小学生学业成绩的城乡差距、阶层差距和校际差距，通过重构教育评价制度来扭转当前过度看重升学率、名校率的精英主义倾向教育质量观。

---

[1] 陈斌.让每个学生都成功——ESSA与奥巴马政府的教育政策倾向[J].教育研究，2016，37(7)：149-155.

第十四章

中国教育现代化进程中人的精神重建

第一次世界大战之后,欧洲社会哀鸿遍野。站在人类文明发展的十字路口,胡塞尔指出:欧洲面临精神危机和科学危机,"现代人让自己的世界观受实证科学支配,并迷惑于实证科学所造就的'繁荣'"[①],实证科学不再探寻整个人生有无意义。的确,现代性是一个不断祛魅的世俗化和理性化过程,现代性所推动的科技日新月异的发展已经将人从栖居的历史和土地上连根拔起,人在精神上渐渐无家可归。当今世界,物质主义、消费主义在全球蔓延,工具理性和技治主义过度膨胀,现代学校执着于培养人力资本和提升综合竞争国力,越来越远离人类真正的精神世界。中国教育以高度竞争、长时学习、严格规训为主要特点,在培养合格公民和有效劳动者方面取得了巨大的历史成就,但同时也产生了越来越明显的副作用,学生在获取知识的同时产生了越来越强烈的意义匮乏、情感枯竭和精神危机。重新发掘教育中的精神生活维度,无疑对于中国教育重建精神家园具有重要的启示作用。目前,学者在科学精神、人文精神等精神具体体现方面进行了大量研究,但对于关涉人类整体存在意义和终极目的的精神教育研究相对较少,精神教育的特点、条件、实践路径等依然晦暗不明。

---

① [德]埃德蒙德·胡塞尔.欧洲科学危机和超验现象学[M].张庆熊,译.上海:上海译文出版社,2005:5-6.

一、精神的内涵

何为精神（spirituality）？从历史上来看，精神具有非常鲜明的宗教属性。然而，随着现代思想的发展，精神逐渐褪去了宗教色彩，具有越来越浓厚的人文主义色彩。中西哲学研究对于"精神"这一概念达成了一些共识：与物质存在的客观性、自然性相对，精神是指人存在的主观性、社会性，是伴随物质世界进化而产生的一种更高级的运动形式；精神是人的特性，而不是物的特性；人类精神世界主要体现为以符号形态存在的科学、艺术、文化、哲学等；个体精神生活包含理想、信念、意识等。①这些共识对于人们理解精神具有启发意义。然而，这些共识对于精神的描述仍然是粗线条的，未能具体勾画精神与意识、理性、思维等活动的本质差异。

（一）精神的定义

对精神进行定义难度很大，众说纷纭。总的来说，近代以来主要有两个理路，即人文主义理路与实证主义理路。前者主要从哲学角度对精神进行规范性的建构。古典哲学的集大成者黑格尔认为精神是人类意识发展的最高阶段和世界本质，"既认识到自己即是一个现实的意识同时又将其自身呈现于自己之前的那种自在而又自为地存在着的本质，就是精神"，"精神是自己支持自己的那种绝对实在的本质"②，精神是自在、自足而完备的。当代哲学家更加看重精神的道德和价值层面，试图对精神做出超越形而上学的更为现实的解释。如认为精神是一种自我转型，使一个人从自我中抽身出来，与自身之外的一切产生联系，这种自我转型可以从一个人的爱、同情、宽容、宽恕、幸福、慷慨、责任与和谐中显示出来。③美国教育学者帕尔默则将精神定义为

---

①王坤庆.论精神与精神教育——一种教育哲学视角的当代教育反思[J].华中师范大学学报（人文社会科学版），2002(3)：18-25.

②[德]黑格尔.精神现象学[M].先刚，译.北京：人民出版社，2013：6-7.

③Roso C. Global perspectives on spirituality and education[J]. International Journal of Christianity & Education, 2015, 19(2): 153-154

一种与比自身更大的事物之间的联系。他说:"我所说的'精神的'并不是指任何信仰传统的信条表述……我的意思是,精神性是与比自我更大、更可信赖的事物之间的联系——古老而持久的人类追求、自己的灵魂、我们彼此、历史与自然世界、无形的精神之风、存在的神秘事物。"[1]另一些人则认为,精神被理解为与神圣事物建立联系的个人追求。[2]

实证主义理路主要运用实证手段,对于精神的核心特点和内容要素进行描画,并试图对精神进行操作化测量。一项研究将精神的内容领域分成三个部分:一是自我实现,这意味着对现实、自发性、创造力、高峰经验、个人成长、超然脱离等主题比较成熟的认知和对深厚人际关系的成熟感知;二是超越,这意味着对超自然现实的信念,对自我超越和对人的整体性存在的理解;三是生命的终极意义,这意味着要意识到信仰启发的指向性和生命的本体论意义。[3]罗伯特·福尔曼进行了一系列访谈,以加深对精神的理解。在汇总结果时,福尔曼注意到了人们使用该术语的四种模式。第一种模式是与内部而不是外部有关的经验,如人们可能会使用冥想和其他技巧来进入内心世界;第二种模式是通过整体和全体的术语来确定的,人们将自己和所有的现实都看作某个精神现实的一部分;第三种模式与联系感密切相关,强调与更大宇宙中一切事物的联系;第四种模式中的精神被确定为非理性和非线性的,强调主观而非客观。福尔曼总结道:精神似乎指向我们自己的直觉、非理性的冥想面,即寻求内在和外在联系以及整体感的那一面。[4]

综上所述,精神是个人对于自我、自然世界、物质世界的超越意识,并通过与更大世界建立联系而获得的整全感,这种整全感趋向于寻求生命的终极意义。

---

[1] Palmer P J. Evoking the spirit in public education[J]. Educational Leadership,1999,56(4):6-11.

[2] Kraus R. The many faces of spirituality: A conceptual framework considering belly dance[J]. Implicit Religion,2009,12(1):51-72.

[3] Kontrimienė S. Assessing spirituality as the ultimate end: Development and validation of the Humanistic Spirituality Inventory[J].Journal of Humanistic Psychology,2019(26):1-24.

[4] Laurence P. Can religion and spirituality find a place in higher education?[J]. About Campus,1999,4(5):11-16.

（二）精神的特点

精神对个体及其生命来说，具有某种始源性和终极性的意义，它不仅"是一切个人行动的不可动摇和不可消除的根据地和出发点"，"而且是一切个人的目的和目标"。①精神不仅具有观念的和现实的概念本性，而且实现了三个方面的统一，即单一物与普遍物的统一、思维与意志的统一、伦理与道德的统一。②

首先，精神是单一物与普遍物的统一。精神是属于人的，具有个性和内向性等特点，但精神不是私人的、主观的。个人精神是客观精神和普遍精神经由人向内心世界深度探寻而建立起来的统整性和具体化形态。"自我意识，作为精神，同时又是一种否定的统一性，它把个体性与普遍物或现实与自我的相互分离否定地统一于一身。"③我国哲学家朱熹也提出"理一分殊"，认为同样的天理在不同的人和物上表现出不同的形态。宋明理学中心学的集大成者王守仁也曾用"纯金"来指代人身上的纯粹精神，认为尽管私欲如同杂质一样使得金子不纯，但金子在每个人身上都有。所以，精神虽然是个体性、内向化的，却不同于工具理性的仅为个人利益精打细算，而是一种价值理性。

其次，精神是思维与意志的统一。精神既非单纯的对象意识，也非单纯的自我意识，而是包含两者又超越两者的综合意识。精神具有体验性，具有强烈的情感体验，但精神不是个人情绪，因为它融合了理性和情感。因此，精神并非与理性相对，而是理性的升华。

最后，精神是伦理与道德的统一。伦理强调共同体的习俗和规范，道德则更强调个体出于意志的自愿选择。精神统摄伦理与道德，并试图消除两者的分歧，使两者和谐共融。精神固然可能表现为审美的空灵和飘逸状态，表现为灵光闪现的认知顿悟状态，伦理与道德却是精神构成中厚重而深沉的部分，在人身上可以表现为宗教、信仰、价值观和良知。

---

① [德]黑格尔.精神现象学[M].先刚,译.北京：人民出版社，2013：6.
② 樊浩.现代道德教育的"精神"问题[J].教育研究，2009，30(9)：26-34.
③ [德]黑格尔.精神现象学[M].先刚,译.北京：人民出版社，2013：51.

二、精神教育的特点

有学者认为,精神教育是旨在形成健康心理品质、引导和谐道德生活、培育崇高精神信念的教育活动的总称。[①]另有学者认为精神教育内容包括心理教育、道德教育和审美教育。[②]这些研究具有启发意义,但仍似意犹未尽,未能彰显精神教育的独特性和超越性。精神教育的根本特点是在人的心智上打开一扇窗户,让人看到更大、更光明的世界。简言之,精神教育是向伟大事物敞开的教育。

(一)精神教育是向伟大事物敞开的教育

教育界曾就教育到底是以学生为中心还是以教师为中心这个问题产生激烈的争论。美国教育学者帕尔默的回答是:教育既不是以学生为中心,也不是以教师为中心,而是以伟大事物为中心。这是极有见地的见解。

什么是伟大事物?这似乎是一个只可意会不可言传的概念。传统上,伟大事物是在各文化中被赋予神圣意义的符号,如图腾崇拜等。现代人们对于伟大事物的定义更为宽泛,认为伟大事物超越日常经验和日常生活中重复出现的、例行惯例式、单调琐碎的平庸事物,它既可能是古典主义所称的人性的高贵德性和卓越品质,也可能是东西方文明中人类对于真善美的精神追求及其精神产品,如伟大思想、杰出的艺术作品、科学发明等,还可以是自然界的奇迹与壮美山河。凡此种种,伟大事物带领个体超越狭隘的自我意识,带领个体认识世界的整体性。正如哲学家施泰纳所指出的:

> 人是有限的存在。首先他是位于其他存在者之中的一个存在……宇宙应当是一个统一体、一个自我闭合的完整的整体。事件的洪流从未中断。由于我们的局限性,那些事实上并非个别的东西,向我们显

[①] 王坤庆.论精神与精神教育———一种教育哲学视角的当代教育反思[J].华中师范大学学报(人文社会科学版),2002(3):18-25.

[②] 庞桂美.人的精神世界的建构与精神教育[J].当代教育科学,2010(7):8-10.

现为个别之物……在一个紧密联系的概念体系中，我们的理智只能把握一个个单个的概念。这种分离是一种主观行动，是以以下情形为条件的：我们与世界进程并不是同一的，而只是位于其他存在中的一个存在。但是人的精神性面向让我们超越个体，将自我与世界联系在一起，只有通过思想，我们才能超越个体，关联到普遍世界。①

向伟大事物敞开心智，强调的是伟大事物向个体理解开放的建构性。施特劳斯学派认为，面对伟大事物和经典名著，"我们应该成为专注和温良的倾听者，而不是指挥或裁决者。因为我们还没有资格去做评判"②。然而，如果伟大事物被认为是完全客观和绝对的，伟大事物在普通个体眼中便了无生趣，个体便对伟大事物敬而远之。帕尔默反对客观主义的旁观者知识观，认为真理是怀着激情和原则就重要事物进行的永恒对话。③我们今天对于伟大事物的学习，目的不再如过去的教师那样告诉学生的"你们必须学会像荷马或莎士比亚那样去看待世界"，而是"荷马与莎士比亚有许多和你相同的考虑和想法，他们的论著可以扩展你对世界的认识"。④

（二）精神教育以心智教育为中介

传统上，身体被视为与精神相对的物质性存在，一些人认为要实现精神的升华必须无视和弃绝身体，通过斋戒、禁食、苦行甚至是鞭笞自己才能体会到精神的存在。而现在的精神教育更加强调身体、心智（意识、思维与理性）和精神三者的和谐统一。精神发展仍然要对肉体的食色之欲进行节制，然而，身体的节奏、感受、活动、平衡等成为实施精神教育的基础。施泰纳认为，人由身、心与灵（或者说精神）三者结合为一体，身体是人存在的物质基础，精神是人存在的永恒超越本质，两者借助心智中介得到沟通。⑤

---

① 王俊.现象学与人智学：一个曲折的思想关联[J].浙江学刊，2020(5)：142-149，2.
② 王晨.美国名著教育方式之争及其问题[J].教育学报，2009，5(5)：13-17.
③ 王晨.美国名著教育方式之争及其问题[J].教育学报，2009，5(5)：13-17.
④ [美]帕克·帕尔默.教学勇气：漫步教师心灵[M].吴国珍，余巍，等译.上海：华东师范大学出版社，2005：104.
⑤ 蔡连玉，傅书红.华德福教育的理论与国内实践研究[J].比较教育研究，2013，35(7)：31-35，41.

黑格尔系统地探讨了意识与精神的关系问题，认为意识经历了从感性与知觉发展到知性、理性和精神的一个连续的过程，对它最初察觉到"在那里"的东西获得越来越丰富的理解。"意识认识到，对象或它察觉到的东西的'内容'并不仅仅只是这个、这里、这时的纯然直接性，而是一个有着多种属性的统一事物。"①随后，意识发现认识的对象也是可变化的，开始专注于自我，对象性思维转化为自我意识，随后对象扩展到由自我意识本身的活动所造成的世界，即道德、科学、艺术、哲学等。由此，意识抵达精神领域。

心智教育或知识教育是精神教育的中介，精神的养成要经由知识的获得和理性的壮大，然而只强调理性智能或逻辑思考的知识教育是无法到达精神领域的。知识教育受制于对象化思维，认识对象与认识主体处于分离状态，未能合二为一；精神的关注不在对象，而在人类自身，其重要特点表现为二元性的消散——在自我与环境之间、刺激与反应之间、过去与现在及未来之间几乎没有区别。②精神有着独特的本质直观、超验还原式的认识方式，知识教育却主要诉诸理性的逻辑推理。因此，"为学日益，为道日损"，知识越多越觉得无知，只注重攫取知识和占有知识的教育反而导致了学习者精神的空虚；而解放心智的教育才能真正促进学习者精神的生长。

（三）精神教育强调个体精神经由体验而建构

个人精神体现为个体的心灵自由、内心丰盈、自我完整。个体成长不能仅仅被看作与直接环境在刺激-反射过程中建立起的神经联系，而是应该被视为人类进化历程中某种普遍人类意识的重现或现实的回响。并且，个体成长中的精神建构，必须是在承继历史文化传统和精神传统的过程之中、在与自我意识的不断互动过程之中、在对现实的理解与改造中建构生成。个体通过身体活动、理性思维、社会实践等不断促进意识发展到理性，理性上升为精神。由于精神的个人性和内向性特点，精神发展不能与人类体验相分离。精

---

① [英]斯蒂芬·霍尔盖特.黑格尔导论：自由、真理与历史[M].丁三东，译.北京：商务印书馆，2013：99.

② Bogdan D. Musical spirituality: Reflections on identity and the ethics of embodied aesthetic experience in/and the academy[J]. Journal of Aesthetic Education，2003，37(2)：80-98.

神体验的重要特点是联系感和超越感。精神体验有神圣体验、关系体验、超越体验和审美体验。

神圣体验即与神圣事物相遇的体验。宗教上的神圣体验,主要在于感觉到和上帝建立了个人联系。世俗意义上的神圣体验,则更多地来自高尚品德与高贵人性的感召,如对于圣贤和英雄义士高尚情操的崇拜之情。

关系体验即与真实他人的相遇,一种心灵相通的联系感。这里的关系可以是人与人之间存在的联系,也可以是个人与社区、自然界、宇宙之间的关系。通过与他人或"他者"之间的这种关系和联系,意义得以建构和维护。

超越体验即自我被提升之后的超越体验和获得生命能量的赋能体验,这可能是冥想、静默中的完整体验,也可能是一种超越自我的忘我状态,或达到完美状态的巅峰体验。马斯洛对此有过经典的广为人知的表述:"一望无际的地平线在眼前展开,迎面扑来的是一种从未有过的强大和无助的感觉,一种狂喜、惊异和敬畏的感觉,一种迷失在时空之中的恍惚的感觉,一种深信某些极其重要和有价值的事情发生了的感觉。如此经历之后,即便在日常生活中,个体也能获得某种程度的转变和成长。"[①]

审美体验即超越时空维度和必然性的诗意与美感。音乐是一种整体体验,它利用身体、空间、时间和关系来提供一种神圣体验。当我们从音乐的角度感受美时,"我们超越了世俗的生活,被更高的力量感动了,触及扩展了的我们自己和世界的现实"[②]。

三、精神教育的价值

一朵荠花,开在篱墙边。用功利的目光审视,这一朵荠花何其渺小,何其卑微,就如同用功利的目光审视人类,那可贵的、灿烂的生命之光,一定被尊贵和卑贱的权衡审视所遮蔽。[③]精神教育试图超越现实的物质和功利视角,关切心灵,唤醒人性。

[①] [美]卡尔·罗杰斯,杰罗姆·弗赖伯格.自由学习[M].3版.王烨晖,译.北京:人民邮电出版社,2015:54.

[②] Debenham P, Debenham K. Experiencing the sacred in dance education: Wonder, compassion, wisdom, and wholeness in the classroom[J]. Journal of Dance Education, 2008, 8(2): 44-55.

[③] 叶朗,顾春芳.人生终极意义的神圣体验[J].北京大学学报(哲学社会科学版),2015,52(3):195-200.

（一）唤醒平凡人的高贵人性

从精神的视角来看，可以看到篱墙边荠花的灿烂，看到偶然和短暂的生命之中永恒意义的显现，看到包含在自然和现实景象之下的神圣奇迹。即便是卑微的野花，也有其内在的生命价值；每个普通的心灵都有与伟大和神圣进行内在联系的通道。"人是一个双重的和矛盾的存在物，是高度极化的存在物，他既类上帝也类动物，既高尚也卑贱，既有自由又有奴性，既有能力上升也有能力下降，既能实践伟大的爱和牺牲也能实践极端的残酷和无限的利己主义。"[①]每个普通的人性都可以与伟大事物产生联系而唤醒其内在的高贵，让良知苏醒，让在现实生活中折戟的梦想激活、信念壮大。这就是精神教育的美好愿景。

从现实的角度看，要让教育系统注意到每个普通学生可贵的精神之光、平凡之美、平凡之善，是相当困难的。中国的教育系统是在多重制度逻辑的利益博弈中形成的错综复杂的体制网络，每个人都深陷其中。如福柯所言，这一利益裹挟的权力渗透的规训体制可以自动化、匿名化地连续运行。这一体制无法实现它所声称的"以人为本"的理想。无疑，教育体系需要精神的启蒙与重构，以使体系不至于倾轧个体的精神。

作为后发型现代化国家，中国教育以追赶为主，整个民族强烈地期待我国产生一些世界一流大学、诺贝尔奖得主、大师级人物、科技巨人、行业精英等。然而，巨人、精英的成长扎根于让普通人充分发挥他们潜能的教育之中，不注重平凡之善、只将普通学生当作边角废料淘汰的教育系统不可能培养真正的精英。真正的精英教育，在于唤醒每个普通人的高贵品质和精神追求，让精英自然而然地从平凡人中涌现。如此，精英们不是"没有心肝的技术专家"，也不会只沉醉于追求社会荣誉、物质利益和攫取权力这些世俗的成功，而是雅思贝尔斯所称的"精神贵族"，他们以精神追求为志业，做谔谔之

---

① [俄]尼古拉·别尔嘉耶夫.人的奴役与自由——人格主义哲学的体认[M].2版.徐黎明，译.贵阳：贵州人民出版社，2007：19.

士，意志坚韧、胸怀博大、情操高洁。他们"昼夜不停地思考并为此消瘦形体……敢冒险，静听内心细微的声音并随着它的引导走自己的路……有勇气正视失败"。①

（二）解放人们的心智

良好的知识教育可以通向精神启蒙，错误的知识教育会导致精神退化。威廉·德雷谢维奇曾对美国的精英大学教育进行抨击，认为这些大学的优秀学生失去了自我，为了优秀而优秀，最终成了斗志昂扬却没有灵魂的学习机器，如同一群优秀的绵羊。②中国的知识教育则更为糟糕，知识竞争的丛林法则限制了人们的心智，知识学习被过度渲染为一场为了争夺未来生存机会的你死我活的厮杀。正如柏拉图所说，知识教育被固化现实的"洞穴"主宰与支配。学校教育通过记诵、反复训练、题海战术让学生掌握考试所需要的知识与技巧，但这些无助于学生对于现实和自我的了解，只在此时此地的"教育洞穴"中具有工具性效用。更重要的是，这些知识早已被剥离了其产生土壤中的鲜活的精神文化属性，已经变成了"罐头式"的信息食品被储藏起来，咀嚼这些知识并不能让学习者获得充足的精神养分。

精神教育要通过向伟大事物的敞开解放学生的心智。演绎、推理等工具理性只是精神的一个方面，而非精神的全部。超越性体现了人性的丰富性——向世界的开放性、不断否定给定性、不断指向未来的可能性、不断改变生活和改造世界的目的性。③精神教育通过让学生阅读伟大著作、理解人类历史和苦难、探索知识演进历史，引导学生进入可能世界，探寻生命意义的源头。"教育的原则，是通过现存世界的全部文化导向人类灵魂觉醒和根基，而不是导向由原初派生出来的东西和平庸的知识。"④如此，学生不再沉溺于无聊的卡通片和刺激的网络游戏，而去阅读经典书籍，进入一个由符号筑成

---

① [德]雅斯贝尔斯.什么是教育[M].邹进，译.北京：生活·读书·新知三联书店，1991：148.
② [美]威廉·德雷谢维奇.优秀的绵羊[M].林杰，译.北京：九州出版社，2016：7.
③ 鲁洁.超越性的存在——兼析病态适应的教育[J].华东师范大学学报(教育科学版)，2007(4)：6-11，29.
④ [德]雅斯贝尔斯.什么是教育[M].邹进，译.北京：生活·读书·新知三联书店，1991：3.

的精神世界；他们不再关注标准答案，而是去理解什么是真实与意义。在语言学习中，学生不是只进行知识解剖和记诵练习，而是感受到了诗意的美感；在历史学习中，他们不是只获得了一大堆没有关联的细节，而是感受到了人类的苦难和智慧；在自然科学学习中，他们不是只掌握了定理，而是窥见了科学世界的神秘与美感。更进一步，他们反思此时此刻和日常生活的"洞穴"意识，揭示其中的虚假、琐碎、重复和无意义；发现未来的可能性，并有能力使这种可能性变成现实。换言之，他们不再是此时此地的中国人，而是要走向世界的中国人和走向历史的人类一员。

更加现实地说，知识生产和知识创新不是被现实物质利益和社会荣誉驱动，而是来自个体在精神世界的自由探索。好奇、想象、诗意、感动、顿悟、灵感、创造等都是精神健康的重要指征。压抑人精神的教育系统不可能产生创新。

（三）安顿人们的心灵

当下的中国教育带来了比较严重的精神危机，焦虑、抑郁、苦闷、怀疑普遍存在。人为什么会产生精神危机呢？别尔嘉耶夫认为，人的个性和自我是凭借两条对立的路径建构起来的：一条路径是通过客体化走出主观性，人的本质被抛向客体世界，个性找不到自我；另一条路径则是通过超越走出主观性，超越是对超主体世界的让渡，是与他者和世界的相遇。[①]两者应该是相辅相成的，即个体在通过知识学习走向客体化的同时也需要不断进行主体化建构。"每一项认识都改变了认识者。改变了的认识者必须在他的世界中寻找关于他自身的新认识。人类的意识之流就是这样不平静地向前流动……"[②]换言之，个体向外部世界寻求意义的知识学习和向内部世界寻求意义的自我建构应该是同时进行的，精神致力于消除存在于自我意识之间的裂痕，实现两者的统一。如果两者失衡、跛足前进，个体就找不到生存的意义。

精神教育通过唤醒个体的高贵人性，赋予学生更多的存在意义。这种意

---

① 尼古拉·别尔嘉耶夫.人的奴役与自由——人格主义哲学的体认[M].2版.徐黎明，译.贵阳：贵州人民出版社，2007：30.

② [德]卡尔·雅斯贝斯.时代的精神状况[M].王德峰，译.上海：上海译文出版社，2008：7.

义不是当下胜出、未来成功，也不仅仅是心理意义上的自我效能感和主观幸福感，而是自我与伟大事物建立联系之后获得的和谐感、完整感以及由此产生的一种深刻的持久的平静的喜悦。在这种平和宁静的心境中，个人实现了身体、心智、精神的浑然一体的融合，一种力量感、自我价值感、存在意义感自然而然、不着痕迹地充满个体的心灵，"内部世界和外部世界天衣无缝地互动畅流，无止境地共同创造着我们和我们居住的世界"[①]。个人实现了与自身的和谐，不会自我分裂，不会自己与自己搏斗，心中也不会经常浮现一些诋毁、攻击或指责自己做得不好的声音，各种念头和欲望不会如野草般蔓延，如找不到出口的蝙蝠一样四处横飞；个人实现了与他人的和解，不会被畏惧、怨恨、愤怒、委屈等负面情绪和人际纠葛缠绕；个人实现了与外部世界的交融，不会被存在的空虚、无意义压迫，不再感到孤独厌倦，不再感觉被抛弃。从这个角度来看，精神教育具有心灵治愈的功能。

与伟大事物的相遇、对于伟大事物的体验（甚至自己成为伟大事物的一部分的神圣体验）、审美体验、超越体验等，更能极大地激发人的精神力量和内在潜力。正如维特根斯坦所言，"如果我们将永恒不是用来指无限的时间长度，而是永恒存在的话，那么永恒的生命就属于活在当下的人"，个人不再将永恒特征与自身局限性与必死性对立起来，"我瞥见了永恒，尽管意识到了自己的局限性，但我知道无限是好客且安全的"。[②]于是，生的恐惧或死的恐惧不再时时萦绕心头，生命的短暂和有限不再构成对人的精神的威胁或者重压，因为人寻找到了那个永恒存在的生命之源，融入了那个永恒存在的生命之源。在那里，他感到万物一体，天人合一。[③]个体进入一种平静、美好的精神状态，进入一种超越个体生命有限存在和有限意义的心灵自由境界。

四、精神教育的条件

注重短期实用主义和狭隘功利主义的教育容易遮蔽精神之光，而当前中

---

① [美]帕克·帕尔默.教学勇气：漫步教师心灵[M].吴国珍，余巍，等译.上海：华东师范大学出版社，2005：5.

② Van der Merwe L, Habron J. A conceptual model of spirituality in music education[J]. Journal of Research in Music Education, 2015, 63(1)：47-69.

③ 叶朗，顾春芳.人生终极意义的神圣体验[J].北京大学学报(哲学社会科学版)，2015, 52(3)：195-200.

国教育中沉重的学业压力和考试竞争,也没有为精神的自由生长留出空间。教育的图景如此黯淡,故而须从理论上来探究个体精神成长的条件。

(一)精神教育由精神自由造就

精神教育的前提条件是精神自由,精神成长在精神自由中涌现。精神自由是自由概念图谱中最高的价值。哲学家冯契曾指出,哪怕是深陷囹圄,也不妨碍精神的自由翱翔。然而,对于学生来说,精神自由建立在个体行为自由和求知自由的基础上。

更确切地说,精神自由与学生学习自由密切相关。对有创造精神的人来说,考试则意味着自由学习的结束。[①]在教育系统中,自然不能奢求学生拥有选择学习内容和考核方式的自由,但自由思考和自由表达是学习自由的核心要素,这是世界上所有的教育系统都不能轻易否认的。自由思考和自由表达使得学生能够有意义地主动学习,将知识和个人经验连接起来,也使得学生心智开放,能够沿着内心深处和外部世界两个维度进行更加深入的探索与建构。

教师的教学自由是学生学习自由的条件。海德格尔在一次讲座中提到:"教比学更难……为什么呢?并不是因为教师必须拥有丰富的知识储备,随时准备运用。教比学更困难是因为,教要求做到的是允许别人去学。真正的教师要做的是让学生自由学习……就这一点而言,教师要走在学生前面,与学生相比,教师需要学习的东西更多——他必须学会如何让学生自由学习。"[②]教师的教学自由不仅是选择教学内容、安排教学进度、评价教学效果的自由,更体现为教师的精神自由。在教育体制层面,如果教师不能按照自己认为美好的方式来教学,教学创新的勇气被考核要求与上级意志压制,教育良知和教育梦想不被承认,教师的精神也会因缺乏营养而发育不良。在个人层面,教师自由表现为克服了教学恐惧和职业与生活的分离,实现了教学与自身的

---

① [德]雅斯贝尔斯.什么是教育[M].邹进,译.北京:生活·读书·新知三联书店,1991:146.
② [美]卡尔·罗杰斯,杰罗姆·弗赖伯格.自由学习[M].3版.王烨晖,译.北京:人民邮电出版社,2015:40.

融合，实现了自我认同和自身完整。教师在学生面前展示了真实的生活。"教学不论好坏都发自内心世界。我把我的灵魂状态、我的学科，以及我们共同生存的方式投射到学生心灵上，我在教室里体验到的纠缠不清只不过是折射了我内心生活中的交错盘绕……教学提供了通达灵魂的镜子。"①

（二）精神共同体的营造

孤独的个体难以体现人性的高贵。精神表现出来的形式就是一个相互承认的共同体，个体的自我意识在另一个自由的自我意识之中得到承认，因此在他人身上拥有自己的真理性。②个体应该在与其他人的联合中使自己浸入作为历史具体之整体的世界，以便在普遍的"无家可归"的状况中为自己赢得一个新家。③教师与学生的关系也是如此，教师要用他们的心灵来教学，要认识到他们真正的职业实际上不是教数学或语文等学科知识，而是教孩子。④教育要以作为教育目的的共同理想——也就是伟大事物——为前提。教育者必须拥有不倦地向成长中的一代展示什么是人生意义的勇气和力量。⑤

同时，教师在教学生的时候也实现了自我的精神救赎。他们专心致志地从事某项工作，工作与欢乐的分歧在他们身上消失了。他们全神贯注于某一件事，忘记了他们的伪装、拘谨和畏缩——彻底献身于这件事。⑥教师作为一个资源丰富的、会犯错的、充满人性的学习促进者，引导学生察觉伟大事物的存在，将学生带入伟大事物，让学生感受伟大事物的魅力，思考伟大事物与人们之间的关系。教师无须学生仰望和崇拜，而是与学生结成精神伙伴，彼此都激发内心的善和无法估量的力量。以学习伟大事物为中心，教师和学

---

① [美]帕克·帕尔默.教学勇气：漫步教师心灵[M].吴国珍，余巍，等译.上海：华东师范大学出版社，2005：3.
② [英]斯蒂芬·霍尔盖特.黑格尔导论：自由、真理与历史[M].丁三东，译.北京：商务印书馆，2013：125.
③ [德]卡尔·雅斯贝斯.时代的精神状况[M].王德峰，译.上海：上海译文出版社，2008：176.
④ Palmer P J. Teaching with heart and soul: Reflections on spirituality in teacher education[J]. Journal of Teacher Education, 2003, 54(5): 376-385.
⑤ 彭正梅.价值中立与价值灌输：布雷钦卡教育学思想研究[J].教育学报，2009，5(5)：42-48.
⑥ [美]马斯洛.人性能达的境界[M].林方，译.昆明：云南人民出版社，1987：50-52.

生结成了精神的共同体，正如原始人聚集在火堆周围一样。[1]如此一来，学校生活有了新的意义，光照进了教室——精神之光、心灵之光放射出来，"照亮了一个原本平凡的世界，照亮了一片风景，照亮了一泓清泉，照亮了一个生灵……照亮了霞光万道的清晨，照亮了落日余晖中的归帆，照亮了一个平凡世界的全部意义，照亮了通往这个意义世界的人生道路"[2]。

五、精神教育的方法

传统意义上的提升精神主要是通过个体禁欲和避世的自我修炼来实现的，现代意义上的精神教育则更加注重通过体验性和参与性等积极教育的手段来建立人与外部世界的多重联系，获得超越世俗功利和狭隘自我的体验。精神教育认为人的精神是在社会实践中建构的，因此也强调社会实践的价值，但精神教育还有其独特方法——聚焦于伟大事物的领悟式发现、交互式理解、个人化表达与具身式融合。领悟式发现即通过隐喻与象征方法来领悟伟大事物的存在及其与日常生活的联系；交互式理解即通过对话与重演，让学生在历史与现实的交互作用中体察伟大事物的精妙与曲折之处；个人化表达重在通过想象与创造来表达对伟大事物个人化的理解和再创造；具身式融合强调通过沉思与静默实现自我意识与伟大事物所承载的客观精神的主客融合性重构，形成具身认知。

（一）隐喻与象征

不同于理性分析的教育，精神教育以隐喻和象征的方法来唤起理性直观。故事描摹了人类的精神生活，是人类经验的交织之网，具有意义的开放性，是很好的精神教育素材。神话、童话、寓言常以微言大义的故事形式启发人们思考人类精神的起源。一位教师将语言学习与启蒙精神很好地联系起来，

---

[1] [美]帕克·帕尔默.教学勇气：漫步教师心灵[M].吴国珍，余巍，等译.上海：华东师范大学出版社，2005：108.

[2] 叶朗，顾春芳.人生终极意义的神圣体验[J].北京大学学报(哲学社会科学版)，2015，52(3)：195-200.

他在教给学生格林童话故事"生命之水"之后,进行了故事拓展,试图让学生体会到生命之水象征的探索精神。

> 拿一个木盆,在里面装上水,象征生命之水。用几把椅子象征山脉,一块木板作为狭窄的峡谷,几张桌子拼成一个地道。一连好几天,孩子们一个接一个小心翼翼地双手捧着装有生命之水的木盆,开始他们的旅途……旅途结束时,他们多么开心!他们总是兴致勃勃地看着同学们携带着象征生命和学习的自我进化之水,一路努力奔波,最终到达终点。从教育学上说,这个练习是他们旅途开始的一个隐喻,需要八年时间去完成。途中会遇到各种困难,但只要每个孩子具备了良好的意志力和克服困难的决心,就一定会继续前进……对我们而言,每个人都需要以自己的方式捧着生命之水上路。①

仪式也具有象征意义。仪式偿还性象征功能将整个族群集结为一个类似于"十字架"的结构:横向上将所有同族人团结在一起;纵向上将本族群的传统文化一代一代地传袭下去。②同样,学校中注重培养的精神往往也可以通过具有象征意义的多种活动和仪式得到加强,如欢迎新人的开学仪式、庆祝成长的成人礼仪式和庆祝成功的毕业仪式等。仪式活动通过个人参与塑造了历史记忆和群体精神。

(二)对话与重演

哲学家认为"语言是存在的家园",人类语言蕴含丰富的精神维度。一些学校学习和演出莎士比亚的戏剧,剧中高贵的语言激发出每个人的高层自我,演出成为许多学生学习生涯中最难忘的一幕。更直接的方式是阅读经典书籍,并围绕其中的思想进行讨论与对话,这使得古人与今人、历史与现实、普遍思想与个人体验产生直接的交互联系。无论是美国永恒主义教育强调读西方

---

① [美]特林·芬瑟.学校是一段旅程:华德福教师手记[M].吴蓓,译.北京:人民文学出版社,2006:27.
② 彭兆荣.重建中国仪式话语体系——一种人类学仪式视野[J].思想战线,2021,47(1):71-79.

经典著作，还是当前中国一些先行者学校强调深入学习中华优秀传统文化经典名著，对其进行学、问、思、辨、行五步骤学习，都是有益的尝试。

包括各种知识和学科演进的历史表现了中西文化里人类精神对于包括真、善、美、良知、永恒正义等在内的伟大事物的探索过程。精神探索可以通过重现历史伟大时刻、重现伟大人物的人生轨迹等方式来理解人类精神苦难和曲折发展。伟大人物是伟大精神的可视化载体，各科教师都应注重学科史，将伟大人物融入学科知识，通过个人传记的阅读、人生选择道路的辩论、今昔对话等多种方式深化学生对于人类精神的理解。一位教师将历史课变成了历史重大时刻的重演与重构，历史在沉睡中"复活"了，学生成为历史伟大时刻的"参与者"。

美国国家年度教师比格勒创造性地运用各种教学方法，他的历史课上没有无趣与枯燥，只有参与、投入与兴奋——装扮成古希腊城邦的公民探讨重大问题，模拟最高法院研讨宪法里的微妙玄机，开展对威廉·凯利上尉的军事审判，帮助约翰·肯尼迪赢得1960年总统大选，从上了年纪的老兵口中获取第二次世界大战的一手资料，实现到麦加的朝圣之旅。[①]

（三）想象与创造

自然景观与自然变化常常会激起个体的生命意识和生命反思，学生会从中感悟生命的诞生、繁盛和蛰伏。审美体验与文学艺术的结合、历史与现实、日常与梦幻的交织往往会激起个体深刻的惊奇与敬畏之感，一种博爱、豁达的高尚感觉油然而生。华德福教育在人类精神的创造性表达方面做出了卓越的探索。他们不用固定的教科书、谨慎使用多媒体等现代科技，小心翼翼地保护儿童的想象力和创造性。比如，通过想象重现令人敬畏的自然力量。

> 我们观察狮子的天性，把自己想象为狮子，感受他在环境中体验到的快乐和满足。我们必须进入狮子的呼吸和循环过程中，这样才能

[①] 龚兵，王丛丛.卓越教师之谜——聚焦"美国国家年度教师"[J].中国教育学刊，2015(4)：92-95，100.

体会到它的满足感。在他的血液向上奔涌、呼吸的节拍向下运行之间，是处于往返的、动力平衡状态中，它轻松地掌握着的对立的力量。①

强调创造性的艺术教育和科学教育，也是精神教育中不可或缺的一部分。华德福教育特别强调通过音乐、绘画、舞蹈、戏剧表演等充满想象力的方式创造性地表达学生对于世界的个人理解。科学知识的学习与艺术形式的自我表达相结合——物理学习中学生与哥白尼、布鲁诺等科学家和发明家相遇，写下了对他们的赞歌；在光学探索中，学生通过棱镜观察光线，并通过水彩画来深化对色彩世界的探索。

（四）沉思与静默

虽然教育是语言的艺术，但教育也需要留白，需要通过静默创造安全的精神空间；沉思与静默使得人们可以抵御外部世界试图使得个人完全社会化和物化的压力，实现主客体融合。沉思具有认知的意义，正所谓"寂然凝虑，思接千载；悄然动容，视通万里"。亚里士多德也认为沉思是最完备自足、最美好的幸福。

沉思也具有审美和道德意义。在心斋坐忘中，个人排除思虑和欲望，摆脱身体与心灵的束缚，洗心去欲，物我两忘。此时，澄明的存在向个体敞开，个体走出被引诱、异化而拘谨的常人之沉沦状态。具身认知使精神无意识地嵌入人们的身体活动与心理活动。对于这种美好，卢梭进行了如下描述。

> 我计划把我这颗心平素的状态描绘出来，这颗心正处在任何一个普通人都不会遭遇到的最奇异的境地里，我觉得完成此举最简单、最保险的办法莫过于将那些孤独一人的漫步以及漫步时充盈心间的种种遐想做一个忠实的记录，那会儿我的脑袋整个儿放开了，思想也无遮无拦地一泻千里。一天之中，只有在这孤独沉思的时刻，我才是完全

---

① [美]特林·芬瑟.学校是一段旅程：华德福教师手记[M].吴蓓,译.北京：人民文学出版社，2006：102.

意义上的我，才完全属于我自己，没有牵挂，不受妨碍，真正可以说是天性使然了。[①]

在沉思与静默中，人可以重新发现自我，倾听内心的呼声，赋予自身生命独特的意义。这是可以让个体摆脱信息爆炸时代产生的"信息饥渴症"、物质主义时代产生的物质崇拜的精神栖身之地，可以让人从热闹和喧嚣中暂时隔离，获得内心的宁静祥和。无疑，精神教育是混乱无根的现代性与狭隘功利的现代教育的"解毒剂"，也可以帮助"无家可归"的人重建家园。

中国教育依然前进在现代化的路上。教育现代化包括教育要素现代化、教育制度现代化、育人方式现代化、治理模式现代化等因素，是在个体、组织、系统三个层面同时发生的综合的系统性变革。毫无疑问，这些多层次、多维度、多要素的变革都深深地扎根于人的精神家园之中，依靠社会大众和教育者的精神追求与教育理想去推动。基础教育改革和学校变革亦是如此。教育是为了人、属于人的实践活动，也是人与人在交往与合作之中产生的文化沟通和精神交流活动。人，尤其是人的精神追求，是教育改革的初心，也是教育改革永不衰竭的动力与灵感来源。

---

① [法]卢梭.一个孤独漫步者的遐想[M].袁筱一，译.桂林：漓江出版社，1996：16.

参考文献

[1] [美]A.奥肯.平等与效率:重大的抉择[M].王奔洲,译.北京:华夏出版社,1999.

[2] [印]阿马蒂亚·森.以自由看待发展[M].任赜,于真,译.北京:中国人民大学出版社,2013.

[3] [德]底特利希·本纳.普通教育学——教育思想和行动基本结构的系统的和问题史的引论[M].彭正梅,徐小青,张可创,译.上海:华东师范大学出版社,2006.

[4] 程红艳.为了公平与质量——基础教育学校变革探究[M].济南:山东人民出版社,2015.

[5] [英]玛丽·道格拉斯.制度如何思考[M].张晨曲,译.北京:经济管理出版社,2013.

[6] [加]迈克尔·富兰.变革的力量:透视教育改革[M].中央教育科学研究所,加拿大多伦多国际学院组织,译.北京:教育科学出版社,2004.

[7] [美]弗朗西斯·福山.信任:社会美德与创造经济繁荣[M].郭华,译.桂林:广西师范大学出版社,2016.

[8] [美]弗朗西斯·C.福勒.教育政策学导论[M].2版.许庆豫,译.南京:江苏教育出版社,2007.

[9] [英]戴维·弗里斯比.现代性的碎片[M].卢晖临,周怡,李林

艳,译.北京：商务印书馆,2003.

[10] [美]芬瑟.学校是一段旅程——华德福教师手记[M].吴蓓,译.北京：人民文学出版社,2006.

[11] [美]约翰·泰勒·盖托.上学真的有用吗[M].汪小英,译.北京：生活·读书·新知三联书店,2010.

[12] [美]韦恩·K.霍伊,塞西尔·G.米斯克尔.教育管理学：理论·研究·实践[M].7版.范国睿,主译.北京：教育科学出版社,2007.

[13] [美]吉纳·E.霍尔,雪莱·M.霍德.实施变革：模式、原则与困境[M].吴晓玲,译.杭州：浙江教育出版社,2004.

[14] [美]David Hopkins.让每一所学校成为杰出的学校：实现系统领导的潜力[M].鲍道宏,译.上海：华东师范大学出版社,2010.

[15] [英]安东尼·吉登斯.社会的构成：结构化理论纲要[M].李康,李猛,译.北京：中国人民大学出版社,2016.

[16] [美]库姆斯.世界教育危机[M].赵宝恒,译.北京：人民教育出版社,2001：

[17] [英]迈克尔·罗森.尊严：历史和意义[M].石可,译.北京：法律出版社,2015.

[18] [美]约翰·罗尔斯.正义论[M].何怀宏,何包钢,廖申白,译.北京：中国社会科学出版社,1988.

[19] [法]保尔·朗格朗.终身教育引论[M].周南照,陈树清,译.北京：中国对外翻译出版公司,联合国教科文组织出版办公室,1985.

[20] [美]亨利·明茨伯格.明茨伯格论管理[M].燕清联合组织,译.北京：中国劳动社会保障出版社,2004.

[21] [美]罗伯特·K.默顿.社会理论和社会结构[M].2版.唐少杰,齐心,等译.南京：译林出版社,2015.

[22] [英]T.H.马歇尔,安东尼·吉登斯等.公民身份与社会阶级[M].郭忠华,刘训练,编.南京：江苏人民出版社,2008.

[23] [美]道格拉斯·C.诺思.制度、制度变迁与经济绩效[M].杭行,译.上海：格致出版社,上海三联书店,上海人民出版社,2014.

[24] [美]玛莎·C.纳斯鲍姆.寻求有尊严的生活——正义的能力理论[M].田雷,译.北京:中国人民大学出版社,2016.

[25] [美]B.盖伊·彼得斯.政府未来的治理模式[M].吴爱明,夏宏图,译.北京:中国人民大学出版社,2001.

[26] [美]帕克·帕尔默.教学勇气——漫步教师心灵[M].吴国珍,等译.上海:华东师范大学出版社,2014.

[27] 沈祖芸.变革的方法[M].北京:新星出版社,2023.

[28] [美]W.理查德·斯科特.制度与组织——思想观念与物质利益[M].3版.姚伟,王黎芳,译.北京:中国人民大学出版社,2010.

[29] [英]路易丝·斯托尔,[加]迪安·芬克.未来的学校——变革的目标与路径[M].柳国辉,译.北京:北京大学出版社,2010.

[30] [日]藤田英典.走出教育改革的误区[M].张琼华,许敏,译.北京:人民教育出版社,2001.

[31] 谈火生.民主审议与政治合法性[M].北京:法律出版社,2007.

[32] [德]马克斯·韦伯.经济与社会(第二卷)[M].阎克文,译.上海:上海人民出版社,2009.

[33] 吴康宁.教育改革的"中国问题"[M].南京:南京师范大学出版社,2015.

[34] [古希腊]亚里士多德.政治学[M].吴寿彭,译.北京:商务印书馆,1965.

[35] 叶澜,李政涛,等."新基础教育"研究史[M].北京:教育科学出版社,2010.

[36] 杨东平.教育的重建[M].上海:上海社会科学出版社,2016.

[37] [日]佐藤学.学校的挑战:创建学习共同体[M].钟启泉,译.上海:华大师范大学出版社,2010.

[38] 郑永年.中国的知识重建[M].北京:东方出版社,2018.